张卫 袁佳红 编著

成为孩子
喜欢的大人

给幸福家长的
成长课

天津出版传媒集团

天津人民出版社

图书在版编目（CIP）数据

成为孩子喜欢的大人：给幸福家长的成长课 / 张卫，
袁佳红编著. -- 天津：天津人民出版社，2022.11
　　ISBN 978-7-201-18864-5

　　Ⅰ.①成… Ⅱ.①张…②袁… Ⅲ.①家庭教育
Ⅳ.①G78

中国版本图书馆 CIP 数据核字（2022）第 195937 号

成为孩子喜欢的大人：给幸福家长的成长课
CHENG WEI HAI ZI XI HUAN DE DA REN：GEI XING FU JIA ZHANG DE
CHENG ZHANG KE

出　　版　天津人民出版社
出 版 人　刘　庆
地　　址　天津市和平区西康路 35 号康岳大厦
邮政编码　300051
邮购电话　（022）23332469
电子信箱　reader@ tjrmcbs. com

责任编辑　岳　勇
装帧设计　书香力扬
责任校对　余艳艳

印　　刷　成都兴怡包装装潢有限公司
经　　销　新华书店
开　　本　880 毫米×1230 毫米　1/32
印　　张　10. 25
字　　数　225 千字
版次印次　2022 年 11 月第 1 版　2023 年 3 月第 1 次印刷
定　　价　68. 00 元

前　言

张　卫　袁佳红

孩子来到我们身边，我们的生命就开始改变了。

我们看到孩子如花朵一般的笑容，就恨不得把世界上最美好的东西给他们。

可是随着孩子长大，他似乎不那么可爱了，他比不过同学，考不到好分数，作业磨蹭……身边的大人也跟着变了，亲亲宝贝的呼唤越来越少，还时常做出让孩子难受也让自己难受的事情。在一些家长看来，在当下教育的环境中，孩子们不刻苦学习，不吃点苦头，还能怎样呢？焦虑之中，他们用"我是为孩子好"来宽慰自己，巴望孩子能理解自己的苦心，寄希望于未来孩子能幸福。

可是孩子现在就过得不幸福，将来能幸福吗？

这个巨大的难题把众多家长拦在那里。

我们是家长，也是一线老师，天天和孩子们在一起。站在孩子的立场，我们惊讶地发现，很多孩子收不到家长的爱，很多孩子不喜欢自己的父母！我们常能听到孩子们的哭诉：爸爸妈妈对我严厉苛刻，给我巨大压力！他们喋喋不休地给我讲道理，却从不愿意听我说话！父母只关心我的分数，总是把我和其他同学攀比！父母管控太多，我好像困在牢笼里……孩子们说这些话的时候，眼里常常泛着泪光。

有个孩子写道：

我多想像一只

自由的小鸟

可我的嘴像被胶带封住

不愿意说话

只愿独自哭泣

孩子们的泪眼，家长的叹息促使我们不得不想：我们怎样能帮到孩子和家长？如何让孩子们发展良好，同时获得幸福感？

想到教育的复杂性，我们决定先从自己的孩子和学生入手，在实践中寻找答案。

在与孩子们的互动中，在不断地学习与反思中，思路慢慢浮现出来——

当我变身童话王国的国王，带着孩子们玩拼音卡，玩字卡，孩子们学得兴致勃勃的时候；当我变成故事大王，带着孩子们经历有趣的旅途，孩子们听得全神贯注，不肯下课的时候；当我不断给孩子积极的反馈，用小贴纸记录孩子点滴进步孩子们便劲头十足的时候……

我们发现，学习过程加入游戏会变得轻松高效。

当我们把孩子们分成学习小组，孩子们一起分享交流就怡然兴奋的时候；当孩子们以小组为单位开展各种活动，大家一起克服各种困难创造精彩的时候；当孩子和伙伴共定目标，互相帮助，达到自己设定的目标，变得自信的时候……

我们发现，合作与交流能让孩子的成长之旅愉悦丰盛。

当我们对孩子说，我们来玩一玩吧？孩子立刻会兴致勃勃地参与的时候；当我们和孩子一起做运动、做游戏、做美味，孩子两眼放光的时候；当我们和孩子在玩乐中，孩子绽放出光彩，让我们惊喜的时候……

我们发现，和孩子玩在一起，会有意想不到的多重收获。

……

当我们怀着开放的、好奇的、敬畏的心走近孩子们的时候，时光会被他们点亮，幸福会自然而然来临。

在这个过程中，我们最大的发现是，自己曾经的局限和痛苦源自禁锢的思维方式——我们太自以为是，太不了解孩子了。我们以为孩子弱小无知，时时需要大人监督帮助灌输，实际上孩子生来就有自主性、创造性，只要我们尊重他们，愿意聆听他们的心声，给他们机会，给适当的引导，他们就能做得很棒。孩子们创作的诗歌、作文等各类作品，常带给我们惊喜和反思。有一个学生曾对我们说——希望因为我们的努力，让老师们对中国教育充满希望。

这些由孩子们带给我们的启示和力量成为我们不断探索的强大动力。

原来，孩子的世界是广袤的原野，待我们去发现。孩子那里，其实就有最有价值的答案。而这些答案，教育类的书其实也早有相关论述，只是我们没看见孩子的时候，这些真知灼见入不了我们的心。

由此看来，我们要改变的重点是自己，而不是孩子。

2011 年，我们在公益平台和一批同路人一起进行家庭教育的研究，这段经历让我们的认知又上了一个大台阶。我们分享的主题，来自家长关注的重点和难点，在和家长互动的过程中，我们发现，外界环境固然是造成家长们焦虑迷茫的重要因素，但很多方面的问题来自他们的理念系统，来自他们的思维方式。

知乎"大牛"采铜说过一段令我们印象深刻的话：

一个人心中最难解的那些问题，通常不是源自我们知识的匮乏，而是思维方式的禁锢，这些禁锢悄无声息，自己无法察觉，却总是能把人局限在一个狭小的认知牢笼中。这也是我们遇到难题没有办法在知乎或者在百度上直接找到答案的原因，我们要做的是不断地去拓宽我们的眼界，不断优化我们的思维方式。

这段话给我们很大的提示——外界环境一时没办法改变，但我们可以帮助家长优化思维方式，改变看待孩子的眼光。

于是，我们的课就从家长关注的重点难点出发，以鲜活生动的案例来连接，以专业的研究成果为参照，以教育之道为根基，力求有道有术有趣，帮助家长建立有助于孩子健康发展的理念。我们的系列课程得到家长的热烈欢迎。在那几年里，我们不断拓展讲述的主题，不断优化课程。我们这群同路人每周一次的陪伴，让家长们有了明显的变化。一批家长反馈说，因为自己观念的改变带来了行为的改变，孩子也进入了健康发展的轨道。

几轮下来得到的良好反馈给了我们极大的鼓舞。

在教育这个复杂系统中，没有点石成金之法，但重要的抓手可以带来系列变化。经过数年的探索，我们找到了育儿的重要抓手——和孩子建立良好的关系，满足孩子的成长需要（尤其是精神方面的需要），成为孩子喜欢的大人。这也是让孩子发展良好也能获得幸福的秘诀。

为什么要赢得孩子的喜欢？我们的意见是——

第一，良好的亲子关系和师生关系是教育得以顺利进行的重要基础，没有这个基础，教育不会有好效果。中国人比较重视"关系"。孩子是否喜欢你，是检验你和孩子"关系"的重要指标，也是教育者对孩子施加影响的重要条件。

第二，孩子天性纯良美好，有无限潜力，有向上生长的力量。只要方法得当，他们乐意朝着对他们有益的方向努力，并不愿意轻松散漫，无所事事。孩子们属于未来。走进他们的世界，孩子们会带给大人很多启发、很多巧妙的解决办法。可以说，孩子们喜欢的标准，总体上更有利于孩子的发展。

第三，成为孩子喜欢的大人这个指标简洁明了，是目的，也是手段。教育理论繁多，不易掌握。孩子们往往比大人更接近教育大道。走进孩子心灵，被孩子喜欢，和孩子彼此成全，是高效实用的手段。

第四，孩子的成长不可逆。出了问题再来解决，难度太大。成为孩子喜欢的大人，即便孩子出了点问题，容易发现也容易解决。建立在良好关系上的必要管教，会很有效果。

当然，成为孩子喜欢的大人，对于当下的家长来说，不是简单的事情，它的背后有理念，有方法，它需要爱，更需要智慧。

不管是陪伴学生还是自己的孩子，我们都曾走过很多弯路，有过艰难的心路历程。幸运的是，因为和孩子们关系良好，因为得到过很多帮助，得到过很多学习机会，有幸对连接爱与智慧有很多体验和感悟，我们最终找到了育儿的幸福之路。

现在我们将多年在家庭教育方面的积累整理出来，力求做成有价值的书。家庭教育太过复杂，家长要是进行系统学习恐怕要花几百个小时。为了尽可能贴近家长需要，我们将教育的基本原理融入到家长关注的主题中，这些理念从人生锚点、家教要素、成长主题、提升空间四个方面展开，从扩大视野和优化思维方式这个角度来诠释，力求用最少的容量，为家长提供最有价值的内容。

这里有开解思维盲区的思路，有关于人生意义的发现，有解决孩子成长问题的主题研究，有创造新可能的心法。其中，有我们个人探索的经验，有和同路人一起在公益平台共同研究的心得，有家长反馈后重新优化的解决方案，有广受家长欢迎的主题不断迭代的成果。

从实践中来，寻找相关理论，再到实践中去，是我们探索的主线。在这本书中，我们力求将宏观的"道"，中观的"术"，微观的"体感"都呈现出来，其中的核心，就是帮助读者成为孩子最喜欢的大人，享受和孩子共同成长的幸福。

家长好好学习，孩子天天向上。

让我们一起学习，成为孩子们喜欢的大人，和孩子们一起去创造美好的未来。

致　谢

感谢黎红卫、胡友谊、何剑、王红、庄健、曲纪云、胡红卫、余程远、周莫涵、严曲东、陈晴、田巍、张卫婷、刘文丽、金朝晖、谢湘莉、张伟等老师，感谢你们为本书的形成贡献了宝贵的智慧。

感谢陆杨、董向卿、肇恒志、姚颖等同仁在课程推广方面的大力支持。

感谢一路理解支持我们的家长们和朋友们。

目录 CONTENTS

☞ 第一部分　人生锚点 ☜

☞ 第三部分　成长主题 ☜

☞ 第四部分　提升空间 ☜

第一部分

人生锚点

站高一线

拥挤而沉重的起跑线

在跟家长接触的过程中，我们都普遍地感受到了一种浓重的焦虑情绪。当我们细细追溯这种焦虑的源头，发现大都与这句话密切相关：不要让孩子输在起跑线上。

这样一句广告词，非常精准地切中了那个时代家长们的心理焦点，并迅速流传。在独生子女的时代，许多家长都把竞争的重点转移到了孩子的教育上，面对这样的宣传，许多家长就失去了理智的判断。

那么这场关乎人生的比赛，它的内容是什么？它的规则、它的要求又有哪些？很多人没有想明白就被裹挟着一路向前，唯恐落后。在教育问题越来越被重视的今天，我们有必要对"孩子的人生起跑线"这样一个主题进行分析，以明确育儿的方向。

网上有一个视频很火。视频记录的是一个 5 岁左右的小女孩在家中背乘法口诀。从 1×5 到 9×5 都背得还算熟练。但每当背到 3×5 这里，她就会不由自主地看一眼父母，然后卡住。然而父母则是用越来越强硬的态度要求她记住3×5，最后孩子哭了，说："我永远都记不住这3×5，这3×5太难啦！"

这一幕看着挺让人心疼的，父母的语气由开始的着急不耐烦，到后来的愤怒强硬。视频里，孩子一直在认真地背诵，并没有做什么糟糕的事情，是什么让家长的情绪焦急愤怒？

情绪的背后是心声。很多人有一个深深刻在心里的信念，那就是不能让孩子输在起跑线上。为什么要将这些知识的受众者变得逐渐低龄化呢？因为背后有一条他们思考的逻辑线——孩子起步得早一点，成绩就好一些，这样就可以一路读名校，赢得高分，读好的大学，进入社会就可以成为精英，这样，孩子的人生就可以达到一个理想的高度。

家长这样推想，一定有自己的道理。这道理源自自己的成长经历，也源自对社会的认知。但这个道理是否完全正确，是否就应该成为孩子人生的指导方针呢？

我们来做一个理智的分析，会发现逻辑线里的每一个前者，对于后者来说都是充分不必要的条件。比如有些孩子就是按照正常的秩序一路过来，他的成绩一样的好；有的孩子即便起步早，成绩未必就好，甚至会一塌糊涂。

在生活中不难发现，好多白领、骨干、精英都不是名校毕业，名校毕业的一些学生，在工作中处理事情的能力，未必就好。家长们按照自己的设想为孩子设计的这样一条人生路线，未必就能达到想要的效果。

最怕的是，当孩子跟不上的时候，家长有意无意中牺牲孩子的身心健康去换取计划的推进，结果孩子不但找不到好工作，还产生一堆让人后悔不已的问题。

如果偏重高考这个目标，而忽略了一个相对长的人生的整体目标，甚至还对整体目标有伤害，这个时候就要引起我们的警惕。我们再来看一个例子。一个躺在摇篮里面的婴儿，背后竖的牌子是"高考倒计时6574天"，这似乎只是父母的一个玩笑，但是连开玩笑都离不开高考，可见高考在他们生命中的印记多么深刻！

通过刚才这两个案例，我们很容易读懂一些家长和孩子的情绪。我们的孩子在面对家长强力助攻的时候，很抵触，很无辜；我们的家长在快速迭代的大环境里，很焦虑，不想输。

明明现在各方面条件好了，家长更关心孩子成长了，付出得更多了，结果却不尽如人意。为什么会这样？

首先我们要看看我们跟孩子不同在哪里。

我们做不到把怎样做家长的知识都储备好了，再来养孩子。通常是有了孩子，跟着自己的感觉，跟着既往的经验走。

我们这一代人的成长在一个"慢"时代，有足够的时间让我们学习知识，取得经验，获得成功。而我们的孩子却生长在一个经济社会高速发展的时代，上一代的经验已经跟不上新时代对孩子的要求。当家长的经验无法起到作用时，焦虑便产生了。

另外，随着教育回报率的日渐增加，众多父母对教育的重视和投入程度大大提高，孩子面临的竞争压力也越来越大。

著名社会学家郑也夫在《吾国教育病理》中指出："中国教育的问题出在竞争过于激烈，教育不是变成提升人能力的工具，而是人和人之间竞争的军备竞赛。"

在这样的大环境下，在拥挤而沉重的起跑线上，众多家长变得无奈而焦虑。

新的解题思路

无解的背后，有我们不愿认命的决心，源于我们对孩子深切的爱。所以我们仍会努力去寻找破局点。

如果将时代的背景切换，将自己的背景扩大，将时间轴延长，通过剖析一些问题，跳出原有的思维定势，我们能发现新的解题思路——

第一个思路：利用互联网找到新平台

互联网解构了传统社会中心化结构，让军备竞赛造成的人才金字塔坍塌了。在互联网的环境下，学习和工作平台更开放了，更优质了，教育的生态就会产生从量到质的变化。

过河的桥有千万座了，千军万马就不必挤独木桥了。当年无解的问题，借助互联网的高速迭代和发展，或许多年后，就不是问题了。

只是在此之前，我们要有所预备，留下可能。不要将所有鸡蛋都放在一个篮子中。

第二个思路：建立更长远更开阔的目标

我们来厘清一个问题：你是希望你的孩子赢得高考的高分，还是希望他赢得一生的幸福？

有人可能马上会说，这两个问题前后是关联的！不赢得高考，连一份好的工作都找不到，何来幸福？

真的是这样吗？我们来看看不同的目标会带来怎样的差异。

布鲁姆的思维金字塔将人的思维水平划分为六级，从下往上分别是"记忆、理解、应用、分析、评价、创造",这是一个思维逐步升级的过程。

图 1.1　布鲁姆思维金字塔

我们把它从中间划分一下,下面的三层称为低阶思维,上面的三层称为高阶思维。

如果你的目标是希望获得一个好的考试分数,从记忆、理解来到应用这个层次你差不多可以按下暂停键了。因为"分析、评价、创建",会花费大量时间精力,而花的这些功夫对考试分数直接作用不明显,不如在低阶思维那个部分多几次循环,反复巩固之后,更能确保卷面考试的分数令人满意!

中国基础教育的扎实,主要体现在这个部分。学习者的思维优势主要是博闻强记。另外,在以分数为标准的学校体系中,你和同学之间的关系是一种竞争的关系。

但是如果你着眼于未来的幸福,你就会更关注高阶思维部分。因为我们已经来到了互联网的时代,云存储、大数据几乎都成了我们大脑的外挂。有一些知识点,我们记不清,只要检索一下，马上就能找到原文。把有限的脑资源用来多做分析评价创造，找到一些志同道合的人组队。

针对自己感兴趣的问题，收集海量的信息进行分析评价，构建出自己独有的观点、设想，甚至还可以把这些观点、设想产品化，这样会为未来的幸福奠基。

低阶和高阶的区别还在于，如何面对时间的考验。在面对未来趋势的冲击时，低阶与高阶的受损率是不一样的。人工智能已经来到我们的身边了，记忆的东西，很快地就能够通过记忆卡存储到人工智能里面去，低阶思维的工作很容易通过人工智能的方式来处理。那么我们在低阶部分积累的优势，很快就会被稀释掉，这是一个巨大的损失！未来几乎享受不到早年学习的红利，这是多么大的浪费！

著名人工智能专家李开复说，我们胜过人工智能的阵地是爱与创造，它们是人工智能代替不了的。而高阶板块的深研，让你练出了人工智能替代不了的东西，可以让你长时间享受这个红利。

青少年时期就与同伴建立比较亲密的关系，就开始了与创造相关的思考与研究，跟工作对接紧密，这对孩子整个一生都是很大的祝福。

另外，赢得人生的关键是人际关系，是意义和快乐，它更关注情商、灵商，更注重成长的体验与过程；赢得高考的关键是学业成绩，它更关注智商，更注重努力的结果。他们背后需要的系统是不同的。厘清了自己的目标，你会有完全不同的关注点。

但这两个看似矛盾的系统，仍然会有一条黄金中道，或者说，总有切换的空间，整合的可能，这里的关键是激活孩子的内驱力，发挥孩子的主动性、创造性。当孩子坚信自己的价值，知道为什么而学习，很多困难都能转化为成长机会。

当你看到他们背后的系统，你会有清晰而笃定的认知，这样能减少心理内耗，提高努力换来的功效。

如果你想为孩子制定更长远更开阔的目标，为孩子留下更多的发展空间，你会发现，家庭教育大有可为，孩子的校外时间大有可为。（后文将对努力的方向方法展开阐述。）

第三个思路：用时间的跨度来稀释焦虑

孩子的成长，在不同时期会有不同需求。至少，在童年期、青年期，孩子还不必面对中考、高考。这个时期，培养良好的亲子关系，培养孩子对学习的热爱，培养良好的学习习惯和人格，给孩子丰富的感性经历，对孩子益处多多，同时也能为孩子未来的发展打下坚实的基础。

另外，孩子在家里的时间，双休日加上节假日，超过了在校时间。这些时间资源，家长都可以为孩子做适合其个性化发展的安排。

我们还可以把自己想象成一个六七十岁的老人，试着用那个时候的眼光来回望我们的当下，不去做老年才后悔的事情。我们来设想一下，你的孩子现在 30 岁，而你差不多 60 岁了，那时，你和孩子的关系会发生哪些改变？我们先看孩子，孩子 30 岁，差不多走入了职场，60 岁的我们呢？职业生涯差不多就到站了，你必须退出职场！你在退出，孩子在进入。那个时候你跟孩子交流的话题也会改变，你会再跟他谈学习吗？（你可能盼望的是孩子多回来看看自己，可是孩子会怎么回应你呢？那是要看你早年对孩子的情感存款如何。如果早年孩子想要你多陪伴，你没有空，现在孩子也没有空来看你。这就是生命的轮回！你陪他长大，他才愿意陪你变老。）

如果说早年，你对孩子心性品性的养成关注很少，你说他脾气不好，性格不好，那你就只有后悔的份。因为早年你没有花时间参与到他内在生命的成长里去。（你往他的情感账户里面存的款也很少，这个时候你指望他对你多么的好，会有点心虚，甚至会尴尬。）

站在老年回望当下，当下的我们是不是要改变一些做法？比如自己的时间和精力不要全部都盯在孩子的学业上，分出一部分精力来参与到孩子内在生命的建造，还要在孩子的情感账户里多一些存款，与孩子建立良好的关系。

从 60 岁到百岁，人生还有 40 年，我们都希望跟孩子之间有个好关系，这个时候我们多一些情感存款，将来好用。这样想了之后，你就会明白，哪些东西要看淡，哪些东西要加强？这样一调整，你就有了平静和缓的心态，给孩子留出了成长空间，也给自己留出了快乐的心情。

现在没有专门培训家长的全日制学校，对家长似乎也没有优良中差的等级标准。什么样的家长是好家长？你可能说不出来。学习成绩好的孩子的家长都是好家长？这样的标准太单一了。

扁鹊的故事特别耐人寻味。扁鹊出生在中医世家，家里还有大哥和二哥，有人问了这样一个问题："你们兄弟三个谁的医术最高啊？"扁鹊认真地想了想，这样回答道："论医术，我大哥最高，他总是防患于未疾，在不得病的时候预防；二哥的医术次之，他总是调理于小疾，人吃五谷杂粮，小病小灾是难免的，但发现了之后，他能及时调理；我的医术其实是最差的，因为送到我这里来的，不是奄奄一息的，就是缺胳膊断腿的，我总是被迫救治于大疾，但我的名气反而最大。"

扁鹊区分高下的标准值得借鉴。什么样的家长是好家长？对照这个标准你就很容易对号入座了，防患于未疾的家长是最好的。当然偶尔也会因为一些事情耽误了，孩子有点小毛病，及时止损，及时弥补，及时调理又恢复到正常的状态，这样的家长，我们也点赞。

最痛心的是有些家长，他们对于陪伴孩子陪伴家人的意识很薄弱，他们总是愿意把更多的时间和精力投入到自己的事业中。最后他可能取得了一定的成就，但是孩子出问题了，成绩全面亮了红灯，兴趣几乎全无，甚至连跟人交往都成了问题，整天玩游戏，沉溺在虚幻的网络世界里。这下他们着急了，赶紧拿着赚回来的钱到处去找专家，希望孩子能回归正常。这对你，对孩子的生命来说不但是浪费，还可能是一种极大的伤害。这种状态是我们最不愿意看到的。

为了成为好家长，我们需要对未来有预见。

未来社会的人才速写

站在起跑线上，我们有必要看看远方的蓝图和目标，了解未来的趋势。

把握大的时代脉搏，家长要站在时代的前沿，把握好前行的方向。

未来是属于孩子们的，立足当下，展望未来，才不会迷失。

那么孩子生活的未来社会有哪些特点呢？

第一，专业、行业、职业在迅速发生变化。

我们上大学的时候填报志愿，都会选一个专业，大学毕业参加工作，我们会进入一个行业，在职业生涯的几十年时间里，只要不是因为表现的特别优秀主动跳槽，或是因为表现的特别出格被开出，多数人不大会改行跳槽。

可孩子日后的职业生涯，跨行跨界就比较平常了。大数据显示，未来世界500强的企业，它们的成活率从当初的50年，现在都已经下降到只有30年了。

500强尚且如此，中小型企业存活率就更低，所以说在这样的一种情况下，我们的孩子未来工作的时段里，有些人可能会被迫跳槽7次，这中间需要的心理调适能力远超过上辈。

第二，成功缺少认同，幸福要靠自己。

现在价值观变得多元了，可能有些人在关注体育项目，有些人在关注古代文化；有人追求财富，有人追求地位，有人追求诗和远方。

在这样的情况下，幸福一定要靠自己，虽然政府在不断提高全体民众的幸福指数，但是落实到每个人身上，幸福感是主观感受。

我有一个美女同事，是独生子女。她家在广州，大学毕业以后分到深圳来工作，结果在她试用期还没满的时候，因为家里煤气泄漏，她的父母在睡梦中双双离开人世。

这个晴天霹雳把我的同事震懵了！好长时间她都难以从这个阴影里面走出来。有一年的夏天，她为了散心，来到了一个小县城。临近中午，她找了一个干净的餐馆坐下来休息。过了一会儿，门口进来一对父女，走在前面的爸爸提了一个琴盒，后面跟着的小姑娘扎着马尾辫、化了妆，穿着公主裙，好像是去参加了一个演出或者考级之类的活动，但小女孩的表情好像不太高兴。

等到他们坐下来之后，爸爸就开始跟小女孩谈话，他说："女儿啊，爸爸当初送你去学琴，不是希望将来有一天，你能进入到某个大乐团去当演奏家，也不是希望你在当下的学习中突飞猛进，尽快考到多少级，爸爸只是希望在将来的某一天，爸爸妈妈都不在你的身边时，你又遇到了过不去的坎，没有别人能够帮到你，爸爸希望你能够打开琴盒拿出琴来，深情地为自己拉上一曲，当熟悉的旋律响起的时候，你能够找到早年被爸爸妈妈围绕着的那种幸福的感觉。"

听到这里，我那位同事的眼泪，不由自主地就飙出来了！因为那位有前瞻眼光的爸爸为女儿讲述的未来场景，正是当下的她正在经历的现实。就在那一刻，她对幸福有了更深切的感受。

幸福要靠自己，在不久的将来就会发生。

第三，理性逐步减退，概念日益增加。

以前我们说，学好数理化，走遍天下都不怕！好多白领高管都崇尚理性的思考，科学的管理，为企业提高效益。

可是现在这种理性在慢慢减退，概念在逐渐增加。美国有一个著名的企业叫麦肯锡，它是一家著名的咨询公司，从来不愁名校的优秀毕业生过来找工作，每年进出的员工都多达上千人。

近些年来，它的人力资源部总监（HRD）发现了一个变化，那就是在 2000 年之后大约 10 年的时间里，他们公司招收的那些头脑一流的名校毕业生减少了，但每年新招毕业生的总数没有变，那到底是谁抢占了这些工作机会？经过核对，发现替换他们的是那些做设计从事艺术的人才。那些搞音乐、搞艺术的人为何替换了原来的名校高才生？经过与多位主管的交流，他终于明白，艺术讲究的是感觉，要具备敏锐的观察力、大胆的想象、独特的眼光。这些人长期浸泡在艺术的氛围里面，有着与众不同的洞见。比如，当项目主管把准备好的方案漂亮地呈现完毕，其他的人都提不出来意见了，可是艺术生的脑袋就不一样，他会有一些新奇的概念冒出来，基于他的概念做出的方案，给公司带来了超凡的创新价值。这就是艺术生从宏观上给到一个团队的助力，这就是概念的颠覆。

春江水暖鸭先知。艺术的价值呈现方式会得到越来越多的彰显。

那么在概念的时代，需要怎么的人才？著名学者丹尼尔·平克在《全新思维》一书中给出的答案是：

第一，高感性。高感性的人能够观察当下的趋势，感知到市场的变化，凭着直觉，凭着感性的认识洞察到发展机会。

第二，能编故事。无论是你的经历还是别人的经历，你要能够把它合理裁剪编辑，形象生动引人入胜演绎出来，让人觉得既有料又有趣。

第三，情感丰富。能够深入体察他人的情感，熟悉人与人之间微妙的互动，还有为自己和他人寻找快乐。未来很多的时候，我们的幸福要靠我们自己，我们不但要自己快乐，而且还能带着大家伙一起乐，这种能力在将来会很受追捧。

第四，发掘意义和目的。我们之前的时代，注重契约关系，签订了合同，我就为你提供服务。可能到了未来，有些人愿意帮你做事，但不需要你付钱，他这样做只是为了实现他自己生命的价值，找到生命的意义。

未来的职场最王道的能力是哪些呢?

那就是——整合、好玩、意义、共情、设计、故事。

整合,就是将各种资源重新组合、跨界,形成新的作品,创造出新的可能。

好玩,就是能让人觉得轻松有趣。很多家长觉得好玩是没有什么意义的,还不如多刷几道题,但是在将来,好玩是王道的能力,因为只有知道什么是好玩的,才能够设计出有魅力的产品。

意义感,就是能够去做一些发现生命价值和意义的事情,自我领导和领导他人都需要它。

共情,就是能够同理对方,站在别人的角度思考,甚至比别人思考得更深入的能力。

设计感,就是创造出一种新的解决方式,让事情得以顺利进行。

故事,人人都爱听故事,会讲故事,就是能洞察到他人内心的需求并且用生动的方式演绎展现。

将这六大能力图像化,就是这样的。画出一个六边形,图文并茂,看起来更直观。(这幅图来自古典老师的《超级个体》。)

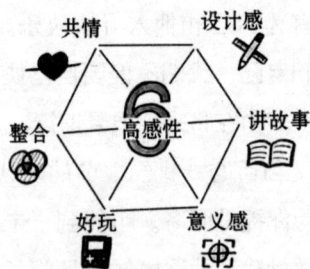

图 1.2

假如现在我们的面前有一个帅哥，他的身上兼顾了这六大高感性的能力，我们可以这样说：这个人他会讲故事能跨界，理解人心、有品位，有趣有料有追求。

职业规划专家古典老师说，在每个时代，能用自己的能力跟那个时代最先进的生产力合作的人，都是那个时代的赢家。今天这个时代，最厉害的就是懂人性又懂电脑的人。他的洞见，发人深思。

"望子成龙"是很多家长的愿望。那么未来30年，人们心中的"龙"，即各行各业的领军者，必须具备哪些品质？研究未来的学者预测，除了懂电脑网络技术，能与先进的生产力结合，还有以下三点必不可少：

一是心灵结构要完整。是说一个人成长的过程中，无论是家里还是学校里，都拥有安全支持的环境。父爱母爱充分，心灵成长的养分丰富。

二是人格素养要很丰富。是说一个人有人格的魅力，善于与人交往，体察他人需要，对家庭和社会有责任有担当，内在格局宽大。

三是道德自律要良好。现在是法治社会，法制越来越健全，但它只是划定了底线，即不能做什么。但作为个体，只守着底线是不够的，因为只有厚德才能载物，当德不配位的时候，心底的私欲和贪念就会出来作祟。

眺望未来，立足当下，教育的重点是什么呢？

著名教育专家沈祖芸老师在她的"2020全球教育报告"中说，教育这个系统，需要找到基本轨道彼此联动，才能应对未来世界的挑战。这个轨道就是回到教育的本质，也就是人之为人的特性。

让每个人经过教育成为更好的自己，拥有自己的核心素养，具备适应力和持续学习的能力，是教育应对未来挑战的唯一道路。

人之为人的最大优势就是综合解决问题的智慧，运用批判性思维与创造性思维去实现创新，有效沟通，管理情绪，用爱与世界连接。

回到人之所以为人这个原点，就是我们要抓的关键。

赢得人生

家长的普遍心态是不想输，那么赢的人生是一种什么样的状态呢？

有人说，成功是有多少人真正地关心你爱你。这话谁说的？巴菲特。

有人说，衡量人生的标准是有多少人因为你变得更好。这是哈佛商学院的教授克里斯坦森说的。

古人对君子的要求是达则兼济天下。当你自己过的不错的时候，你就要去资助其他人，成全他们，帮助他们追求他们的梦想。将来有一天，这些人在说到你的时候，他们会心存感恩地说，那是我生命中的贵人，是我生命中的恩人。那就说明你赢得了人生。

作为普通人，赢的状态是怎样的呢？那就是平衡与和谐，是家庭、工作、个人生活之间的平衡和谐。在家里夫妻之间恩爱、和谐，注重亲子关系，孩子成长得也很健康，同时对双方的父母也都是非常的孝顺，家庭营造得温馨和谐。在工作单位里，你的工作能力强，有担当，有敬业精神。对于需要帮助的同事，你总是支持他们，成全他们。同时，你有自己的精神生活，身体健康，内心笃定充实，状态良好。

当别人谈起你的时候，心里总是有一股温暖的感觉，对你充满了感恩，别人都喜欢走近你，跟你做朋友，这种状态就是普通人赢的状态。

如果我们要用一幅图画来形象的表述这种状态，那就是一棵树。

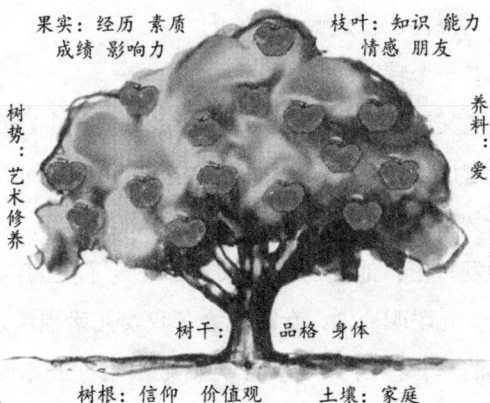

果实：经历 素质
　　　成绩 影响力

枝叶：知识 能力
　　　情感 朋友

树势：艺术修养

养料：爱

树干：品格 身体

树根：信仰 价值观　　　土壤：家庭

图 1.3

这棵树长得枝繁叶茂，欣欣向荣，我们用它来形容一种生命的状态，我们就会说这个人是这样的：根就是他的信仰和价值观，树干是他的品格和身体，土壤就是他和父母在一起的原生家庭，以及和自己的爱人孩子在一起的新生家庭。枝叶是他的知识能力、情感和朋友，果实是他的经历、素质、成绩、影响力。他还要有一种气质，那就是艺术修养。除此以外，还有养料，就像树需要阳光雨露一样，这个养料就是爱，你跟人交往传达出去的是爱，而别人回馈给你的也是爱，爱在流动。这样的一种生机勃勃、和谐繁盛的状态，是赢的人生的状态。

什么不能输在起跑线上

对于"不能输在起跑线上"这句话，有诸多争议。双方各执一词，难分上下。

其实，关键在于怎么解读它的内涵。

我们来看一个特别的场景。

有一位老父亲在女儿出嫁的婚礼上，做了一个幽默风趣的演讲，他的发言让很多人在开怀大笑之后产生了许多的思索。

这位老父亲特别豁达乐观，特别能够为周围的人赋能。在短短几分钟的发言里，他把自己的家人都表扬了一遍：妻子漂亮，儿子可爱，女儿聪明伶俐，女婿带给了我女儿幸福快乐。特别让人印象深刻的是，他的女儿小时候愿意跟着他开卡车、开拖拉机、装草料，甚至嚼雪茄！长大后的女儿，温柔谦卑、坚强能干，她做公益，乐于奉献，吃苦耐劳，收获众人的祝福。可见父亲对女儿的陪伴和引导，非常深入到位！孩子喜欢父亲，所以喜欢跟着父亲做任何事情。

有人说，看一个家庭培养孩子是否成功，不是看高考分数，而是看孩子是否能获得美好的婚姻生活。衡量的节点，就是在婚礼上父母和孩子的状态。

这个标准更直观、更切实际。确实，那位老父亲在婚礼上的表现，包括女儿女婿真诚甜蜜的笑容，女婿的感动，现场欢乐祥和的氛围，已经能让我们看到这个女孩未来的幸福了。我们深信，这个父亲是成功的。

从这个成功的例子我们能学到，什么不能输在起跑线上：

第一，亲子之乐不能输在起跑线上。

我们要陪伴孩子成长，也为自己留下一段快乐的陪伴记忆。亲子关系是孩子成长的重要根基，亲子关系好了，其他问题都容易解决。

有些人家庭资产很丰厚，都准备留给孩子，这些物质财富只会越用越少。而精神财富的传承，才能陪伴孩子的一生。夫妻之间恩爱、和睦，为孩子提供一个安全支持的环境，为孩子做好榜样，让孩子看到原来夫妻之间应该这样恩爱，那么他将来也会去找一个自己爱的人，建立一个家庭，像父母一样生活，把美好的恩爱感觉传承下去。

第二，思想品德的教育不能输在起跑线上。

厚德才能载物。孩子小的时候，我们就要注重他品格的养成教育，在陪伴中操练孩子的品德、能力，引导孩子做对社会有益的人。

第三，对孩子天性的认识不能输在起跑线上。

教育有个重要原则是因材施教。孩子自小会展现自己的天性，在家更容易展现自己的天性，家长多观察，多引导，发现孩子优势，发展孩子优势，让孩子成为最好的自己。未来，社会发展越发开放多元，人的潜能、人的特质会显现更大的价值。

童年，对一个人影响深远。在孩子可塑性还很大的时候，家长做好这几方面的事情，就为孩子日后的幸福奠定了基石。

孩子的人生起跑线

现在，我们回到核心主题，到底什么是我们孩子的人生起跑线？

世界是充满不确定，我们对未来的一个预判，会成为我们几十年而为之奋斗的目标。

如果一位老师，或者一位家长，他认为未来的世界是光明的，他就会尽可能鼓励孩子去尝试创新，体验精彩；如果一位老师，或者一位家长，他认为未来的社会是灰暗的，他就会做好严格的保护，让孩子唯争高分，苦渡学业。

对未来的不同预判，会导致两个完全相反的结局。

你怎么看待未来呢？

到底什么是我们孩子的人生起跑线？我想每一位家长的心中，都隐隐然已经有了答案。

我们现在揭开谜底：

家长看待这个世界的眼光，就是你孩子的人生起跑线。

这种眼光，不是与生俱来的，它是我们在长久的学习与实践中，慢慢形成的。我们孩子的人生起跑线，不是一个固定的点，而是一条移动的线。随着我们父母的认知往前移动，孩子的人生起跑线也会往前移动。孩子的人生不是一个人在跑，而是带着父母家庭的支持在跑。如果想让我们的孩子做人生赢家，我们做家长的，就要不断地学习，与孩子一同奔跑。

愿我们每一位家长都能好好学习，成为我们的孩子最美好的祝福。

本课重点:

1. "不要输在起跑线上"对众多家长影响深远,孩子的人生起跑线沉重而拥挤。

2. 未来人才要求会和现在大为不同,家长要眺望未来看当下,为孩子留下一些发展空间。

3. 我们要赢得的不是高考,而是人生,当下就要为赢得人生奠基。

4. 家长的眼光是孩子的人生起跑线。

课后思考和练习:

1. 当你在养育孩子的过程有不良情绪时,觉察一下,想想为什么会这样,自己秉持的理念是什么。

2. 未来人才的要求是什么?为此你应该在孩子的童年期做哪些准备?

幸福人生的密码

人生赢家的实验

当下的我们，希望孩子在未来的状态是怎样的呢？这些年我们在跟家长互动时，收到了很多关于这个问题的反馈。这些反馈各式各样，有四点是大家共同的愿望：第一，不错的收入；第二，美满的家庭；第三，健康的身心；第四，美好的关系。

用一句话来概括呢，家长的愿望就是希望孩子获得幸福。

但如何实现这样的愿望，大家心里没数。

如何获得幸福，是我们人类长期以来的追问。面对着人类共同关心的大课题，当下的我们虽然难有标准答案，但一些顶尖大学做过的探索与研究可资借鉴。

哈佛大学就做过一个专题的研究，叫格兰特研究。格兰特研究的主题是：什么样的人最有可能成为人生赢家？这和我们追问的怎样得到幸福，非常相似。

格兰特研究自 1938 年开始，历时七十余年，堪称人类人文学科研究时间跨度最大的一次实验。

研究人员首先界定了赢家的标准。他们将各类意见和研究成果综合起来，罗列出了 10 项标准，符合这 10 项标准的，才能称为人生赢家。

这 10 条包括：收入水平要居于中上等，也就是前 25%；60 岁到 75 岁，跟自己的孩子还能够保持紧密的关系；在 65 岁到 75 岁，除了家人，还有其他的亲朋好友；80 岁以后，仍然身体健康，心智清明；60 岁到 85 岁，拥有良好的婚姻关系……这 10 条标准中，谈收入的有 2 条，身心健康方面占了 4 条，亲密关系占了 4 条。

这些标准，似乎有点抽象。不过联想到美国总统乔治·布什，它们就会鲜活起来。乔治·布什一生活得丰富多彩，拥有世人所能想象的完美人生：他自己当过总统，儿子也是总统，他拥有着非常丰足的爱，一辈子都被爱环绕。他低调、优雅而又温和，在他的身后留下了一个人丁兴旺、和谐美满的大家族，而且他还活到了 94 岁。乔治·布什称得上是人生赢家。

这项研究的对象是哈佛大学的 268 名新生。这些人全部是白人，而且全部是男性。他们都年满 19 岁，然后像选美一样，挑选了身材健硕的人。

出自哈佛的学生，从普通人的角度看这批人，觉得他们应该就是妥妥的人生赢家。但如果有人居然不是，那么赢得人生的要素就会更清晰地浮现出来。研究人员选择他们，尽可能挑选同一起点的人群，这正是要找到赢得人生的关键要素。

这项研究要考察的是他们的一生。为了获得有说服力的研究成果，研究人员为这批学生建立档案，隐去姓名、使用编号、全程保密。对某一个对象，在两年之内要跟他联系一次，对他们进行定期的体检、随访、问卷、面谈、收集各种各样的资料，并详细记录。众多社会学家、心理学家、人类学家、教育家等都参与到这项研究中，虽历经波折，但最终完成了预定的目标。

这一群人经历了二战，经历了大萧条，经历了经济复苏、金融海啸，他们恋爱、结婚、生子，体验了职场的进退，商海的沉浮，有人成功地退休，安度晚年，而有人自毁健康，早早地夭亡。从他们中间走出了 4 位美国参议员，走出了 1 位美国总统（肯尼迪）。

让人印象深刻的，有 2 个人。其中一个在前面 15 年的随访中，取得的成绩非常亮眼，他的身心状态综合指标名列前茅，大家都看好他。可是在 30 多岁服兵役期间遭遇了一段婚外情，让他十分着迷的那位女人，患有严重的精神疾病。他在跟这个女人交往的那段过程中，生活受到极大的负面影响。很长一段时间，他都恢复不了元气，每况愈下。结果 50 岁不到，就悄然离世了。在他离世之前的几年，他几乎不再接受这样的随访。

另外一个人跟他正好相反。前面 15 年的随访收上来的记录非常糟糕，他的身心状况很差，综合排名都快垫底了。在他 35 岁的时候，他生了一场大病，生命垂危。他躺在病床上唉声叹气，觉得生无可恋。可是他人生的转折就在这个时候悄悄地到来。有一位非常有大爱的护士在这个时候走进了他的生活，对他进行了精心的陪护和心理疏导。一年之后，他的身心奇迹般地恢复了。他以后的人生顺风顺水，活到 75 岁，最后在众多家人们的陪伴中含笑离世。

为什么有些人人生比较顺利，有些人会把自己搞得焦头烂额？是什么造成了他们的不同？研究者发现，其中最重要的因素是每个人的应对机制。应对机制，简单说就是他们应对生活中的问题的方式方法。

心理学中有一个著名的 ABC 理论，A 指的是人遇到的事件，B 指的是人对事件的看法，C 指的是结果。比如你停车时，后面的人不断按喇叭，这是一个事件。你觉得按喇叭的人没礼貌，太性急，让人讨厌，这就是你的看法。你越想越生气，你就把按喇叭的人臭骂一顿，这是事情的结果。

在事件与结果之间，人要走过一个很复杂的心路历程，也就是心智模式，心理学家就把心智模式进行重点观察和分析。从中，他们得出了一个结论：

事件并不能直接产生结果，结果主要是由人的看法决定的。就像上面的例子，你觉得按喇叭的人没礼貌，你就会去臭骂他一顿。但是假设你突然发现按喇叭的人是多年未联系的朋友在跟你打招呼，你就会很开心。可见，按喇叭确实不会直接导致你生气，你对按喇叭这个行为的看法才会导致结果。

心理学家就抓住了看法 B 这一稍纵即逝的过程，做了比较详细的分析，把应对机制分为 4 种类型——

病态：猜疑、恐惧；

神经质类：压抑、逃避；

不成熟：消极、易怒；

成熟健康：幽默升华。

分类之后，他们还对这几种类型背后的原因进行了分析。结果发现，在这 4 种应对模式中，前 3 种，都是因为生活中缺少爱。而活在爱中的人，则有成熟健康的应对方式。

经过 76 年的研究，他们得出了重要结论，赢得人生的关键要素是——

第一，不吸烟。

第二，不酗酒。

第三，适当的运动。

第四，保持健康的体重。

第五，童年被爱。

第六，共情能力高。

第七，青年时能建立亲密的关系。

这几点浓缩成关键词，那就是——爱和职业精神。

这项实验的重要发现是：建立爱的关系，是这一切的基础。童年是人一生中最重要的开场，但不论你今年几岁，都有机会在爱里获得重生。一个活在爱里面的人，他在面对挫折的时候会找到健康的应对机制，迅速进入到健康振奋的良性循环。如此循环，就会不断创造成长机会，获得丰盛的收获，最终赢得人生。

我们观摩研读这项伟大的实验，从中能得到重要的启示。原来，赢得人生，不在于精心规划一个路径，避免犯错，也不是找到捷径，快速到达成功，而是要得到爱的滋养，通过很多事情的修炼，拥有仁爱、喜乐、良善的心。由此，积极健康地应对生活中遇到的问题。

这是哈佛大学告诉我们的关于赢得人生的秘诀。

幸福感为何难得

以前我看过一个访谈节目，被访谈的是一个成功的企业家，在访谈中他回望自己的心路历程：最开始从遥远的乡下来到大都市，面对着高楼大厦、车水马龙，他非常的羡慕，于是他就暗自畅想，有朝一日，我要是能够在这个城市拥有一套两居室的楼房，再应聘一个月薪3000元的工作，该多好！要是还能找一个大学生做老婆，我就死而无憾了。结果通过几年的奋斗，这一切都实现了。在他最应该感到心满意足的时候，却发现自己出了问题，出了什么问题？他突然感到自己的内心越来越空虚，找不到幸福感了，甚至觉得活着没有意思。

他的这种心理状态，让我想到了一个有趣的故事：有一个富人去拜访一个哲学家，他向哲学家请教："为什么我在有钱之后反而变得越来越狭隘、越自私了？"哲学家就把他带到一扇落地窗前，问他："向外看，告诉我，你看到了什么？"富人回答："我看到了外面的世界，还有很多人。"然后，哲学家又把他带到旁边的一个落地的穿衣镜前，再次问他："请你再看，告诉我，你又看到了什么？"那位富人回答："我只看到了我自己。"哲学家笑了笑说："其实落地窗和落地的穿衣镜，他们都是玻璃做的。唯一的区别就是落地的镜子，多了一层薄薄的"银子"。就是因为这点银子，让你只看到自己，而看不到外面的世界了。"

这点银子，也就是钱财，会让我们蒙蔽眼睛。

听到这个故事，我们不得不为哲学家的智慧叫绝。

关于钱财蒙蔽眼睛的人物故事有不少。比如，洛克菲勒，人称"石油大王"，是美国历史上第一个身家超过亿万的超级富豪。他也有非常有趣的人生拐点。

早年的时候，洛克菲勒家里很穷，他就出来打拼，希望能够找到成功的机会，后来他捕捉到了石油买卖的商机，他成立了一家很大的公司，功成名就。那时候，他发现当地的人，甚至他家族的人，都不喜欢他，而且还在后面诅咒他。他的亲哥哥做得更过分——直接把为家人预留的坟墓从家族的墓园里面搬走了，他说，我让他们埋在这个地方，他们的灵魂都不得安宁。那个时候的洛克菲勒可以说是众叛亲离。

但是洛克菲勒没有在意这些，他继续拼搏，兼并了90多家公司，组成了一个庞大的商业帝国。当他在帝国称王的时候，已经是50多岁了，这个时候的他身心衰朽，疾病缠身，瘦得像木乃伊一样，皮包骨头。他的医生不得不给他发出警告：现在，你必须在金钱、烦恼、生命这三样中选一样。

他别无选择，只能选择生命。根据医生的建议，他从工作中完全退下来，安心疗养。他只好搬到一个小镇上，用退休的节奏，开始过极简的日子。他在屋里做家务，有时候出去买菜，有时碰到邻居聊聊天，还在小镇上的电影院里面看一些搞笑的喜剧，借此来放松心情。这种慢节奏的生活，使他的身体慢慢地养回来了。

恢复了健康的洛克菲勒，开始思考，我这么有钱，为什么那么不开心？也没有感觉到幸福？他也参考了好多成功人士，看看他们在做些什么。这些人的故事帮助他做了一个决定，那就是把自己赚的钱捐赠出去，帮助更多的人来实现他们的梦想。随后他开始了行动。

当时他的身价约有10亿美元，然后陆陆续续地往外捐赠，把自己身家的四分之三都捐赠出去了，最后共捐出了7.5亿美元。

在人生的后40年，他从事慈善事业，帮助了无数人，还创办了芝加哥大学和洛克菲勒大学。后来他认识的那些亲朋好友，还有被他祝福过的那些人，都爱戴他敬佩他。他也平静、快乐、健康、幸福地活到了 98 岁。

像洛克菲勒这样，还有像前面的企业家，以及很多奋斗后到达成功彼岸的人，他们在获得阶段性的成功以后，心理上会产生一种空虚感，人们发现这是一种比较普遍的社会现象。

为什么会这样呢?

马克斯·韦伯是社会学的奠基人，韦伯标志着现代思想的成年。这个评价是非常高的。

韦伯完成了两项社会学研究的里程碑式的发现：第一，发现现代、看清现代。就是透过那些纷繁复杂的表象，看清了现代的本质性特征。第二，他反思了现代，反思到非常深层的一些问题。他的发现产生了非常大的影响。

他有一个非常深刻的洞见：现代社会的最大的奥秘，就是理性化。理性化是怎么来的? 最开始它是由西方的启蒙运动推出来的一个概念，用理性的思考破除迷信和蒙蔽。这一阵风随着启蒙运动的影响越扩越大，形成了一股非常大的思潮。当理性化思潮席卷了我们的生活的方方面面的时候，人们追求真理的热忱便得到极大地鼓舞。

在理性化思潮的引发之下，相继爆发了科学革命、工业革命、地理大发现。随着这三个大的事件相继到来，整个社会发生了翻天覆地的变化，主要体现在：物质极大丰富，科学突飞猛进，全社会的人很容易达成了共识——尊重科学、崇尚理性。

理性化和科学带来了丰富的物质，高效的合作，生活水平极大提升，人类的寿命也极大延长，200 年前人类平均寿命只有 25

岁，到 2016 年可以达到 72 岁。

但是无论是科学也好，理性也罢，它们无法解释什么是意义，什么是价值，也不能告诉我们，生命的目的究竟是什么。沿着这样的两条路往前走，找不到我们要的答案，我们就找不到幸福感了。

幸福不在我们信奉的理性与科学之中，它需要在另外的途径中找寻。

幸福的秘密

宗教信仰在探索人类幸福的路上走了几千年了，只是现代科学的发展让人们忽略了它的独特作用。很多杰出的人才都对宗教信仰有深刻的体验和认知。

当我们提到幸福的时候，就不得不提到另外一位学者，他叫泰勒·本·沙哈尔，他是哈佛大学的教授。他综合了哲学、心理学、教育学、社会学等很多的学科，研究出一套接地气的获得幸福的方法，给了我们许多的启示。

沙哈尔认为，幸福包含两个方面的要素：一个是快乐，另一个是意义，这两个点融合在一起，我们才会有幸福感。假如说一个人做一件事情，他只是有快乐，没有意义，他会进入空虚的状态。这就是为什么很多人花了好多钱去娱乐之后，不会觉得幸福。另外的一部分人能看到意义，但是在做的过程中，又苦又累，他就很难坚持去做。所以快乐和意义之间一旦失衡，就不容易找到幸福感。

当下，我们在陪伴孩子的过程中，很容易发现一些事情是有意义的，比如说好好读书，修学储能，帮助他人，为家庭为社会做贡献等，这方面我们做得不错。可是我们对快乐就容易忽略，尤其是在竞争压力大的情况下。在学业地位至高的环境下，似乎一切都要为他们让步。

《斯宾塞的快乐教育》一书，深刻影响了西方的教育。它特别强调快乐的作用。斯宾塞说，"孩子在快乐的状态下学习是最有效的，此时孩子的学习也是快乐的。"欧美教育学者在经过多年研究后得出结论：孩子们如果感到学习有意义、学得快乐，大脑被激活，能轻松愉快地学，效率高。反之，若孩子们认为知识信息不重要、没有意义，就不愿学。大脑就不释放活性物质，神经网络就不被激活，知识信息就进不了神经网络，储存不牢，记不住。

真正的学习是快乐的。只有孩子们都带着喜悦的期盼开始学习，才会在学习结束时感到意犹未尽，恋恋不舍，整个学习过程都会变得津津有味，充满乐趣。

让孩子享受学习的快乐，我们还有很长的路要走。

说到快乐，就不得不说"玩"，因为孩子的快乐和"玩耍"紧密相连。很多家长都反映自己的孩子爱玩，这让自己很着急。其实，对于孩子的社会化认知能力、想象力、人际交往能力、综合素养、好奇心、求知欲的培养与提升等，玩乐的作用可以说是居功至伟。

《玩出聪明》一书提供了大量具有创造性、娱乐性的游戏，帮助家长向孩子灌输基本的美德和情商，塑造良好的性格。它包括友爱、稳定性、个人潜力和道德上的醒悟等。

我们怕孩子因为玩影响学习，是因为怕"玩物丧志"。但对玩的神奇作用，对于怎样在玩中受益良多，我们所知不多。

但有人靠着玩，玩出了大名堂。我们来看看王世襄的故事吧，他的经历实在让人大开眼界。

王世襄是个标准的世家子弟，其先祖曾是福州城内的望族之一，父亲王继曾一度担任张之洞的秘书，后任北洋政府国务院秘书长。母亲金章女士娴雅高贵，曾留学欧洲，身为鱼藻画家，持家之外寄情绘画。少儿时期，王世襄在父母营造的宁静而闲适的家庭氛围里，快活自在。京城的各类传统玩意儿，除了京剧、养鸟这两项他没有"深情投入"，其余杂七杂八的玩意儿他都玩得有板有眼。

他玩的东西五花八门，那些东西似乎完全登不上大雅之堂。比如，蟋蟀、鸽子、大鹰、獾狗这些不起眼的动物；掼交、烹饪、火绘、漆器、竹刻、明式家具这些不入流的玩意儿。晚年的王世襄曾自嘲："我自幼及壮，从小学到大学，始终是玩物丧志，业荒于嬉。秋斗蟋蟀，冬怀鸣虫……掣狗捉獾，皆乐之不疲。而养鸽飞放，更是不受节令限制的常年癖好。"更让人吃惊的是，当他想进学校好好学习了，还在臂上架着大鹰或怀里揣着蝈蝈到学校上课。

玩这么多东西，他"丧志"没有呢？看看他的成果吧！他是诗词家、书法家、火绘家、驯鹰家、烹饪家、美食家、美术史家、中国古典音乐史家、文物鉴定家、民俗学家等。

世间能有几个人能有这么多精通的学问？如果靠着在学校一门一门地学习，哪来这样的大学问家？当然，王世襄的成才与他因母亲去世开始发愤图强、刻苦学习密切相关。但是不得不说，他的"玩"奠定了他成为名震世界的一代大家的基础。

王世襄的玩不是自由散漫地消磨时间。为了得到爱物，他舍得花钱，舍得搭工夫，甚至长途跋涉、餐风饮露亦在所不辞。为了穷究玩物的底里，他又与许多平民百姓交朋友，虚心请教。沉潜既久，他于诸般玩技靡不精通。在这个过程中，他慢慢研究起背后的学问，把它们提升到了文化的高度。玩乐的过程，也陶造了他不畏艰难、穷根问底的精神，为他日后历经磨难仍坚持坚守，成为一代大家奠定了基础。

可见，玩乐是大有学问的。我们需要重新审视它对孩子成长的作用。

获得幸福的基础

很多家长在教导孩子、影响孩子的时候，孩子不太听话。而有些家长跟孩子一说，孩子就跟着他一起做。为什么家长对孩子的影响力会有大有小呢？这就涉及另外一个范畴了，那就是依附关系。

心理学的研究发现，依附关系，是亲子关系的基石。许多亲子间的冲突或者不和谐，实际上都是依附关系出了问题。依附关系，是人与生俱来的一种动力。

李玫瑾老师分享过人之初的故事：人刚生下来的时候，在0—6个月这段时期是完全无法自理的。他的吃喝拉撒都完全需要别人来帮助，他跟别的哺乳动物不一样，有些哺乳动物一生下来可能几个小时都能够站起来走，甚至主动地去找妈妈吃奶，但是小孩子不行，你把奶嘴放在他的嘴边上，他都不会往前够一下来含奶嘴，因为他后面的脊椎发育得不成熟，他没有力气，他的一切都只有依靠别人。人本来是生物链最顶端的一个存在，可是为什么在生命之初这么软弱？

其实这里面有一个极大的祝福。当一个人完全需要靠别人的帮助才能存活的时候，他会启动自己的情感记忆，这个情感是人很特别的东西。家长和孩子最紧密的连接，靠的不是金钱，不是权力，而是情感。当你走近孩子，跟孩子互动，给了孩子舒服的感觉的时候，他就会留下一个非常丰富的情感记忆，而且会认定你是他生命中的恩人。你对他的帮助越大，你在他的情感账户里面的存款越丰富，你对孩子施加影响，就比较容易，孩子也会顺服。

依附关系，也能促使人勇于向外探索。曾有一个男孩，他父母离婚以后，跟着爸爸生活，后来他的爸爸到外地承包了一个很大的养殖场，偶尔才能回一下深圳。这孩子不想跟着他的爸爸去外地上学，他爸爸就给他请了钟点工。他爸爸回深圳来办事时，孩子就老是粘着他，哪儿都不让他去，洗个澡也要爸爸在洗手间的门口守着。这位爸爸为此特别恼火，觉得儿子胆小没用。其实，这孩子因为和爸爸的依附关系出了问题，所以根本不敢向外探索。

有一个访谈节目，讲的是一个大医院的肿瘤科医生，见识了许多人走向临终的各种表现，当主持人问他："人在临终的时候都有一些什么表现？"这位医生说："大部分都是比较崩溃，很恐惧，有的病人会跪地磕头，抱着医生的裤脚不放松，还承诺医生说，只要你能救我活命，我会给你所有。"

接下来主持人问了第二个问题:"在这些人中间,你有没有发现什么样的人在面对人生终点的时候,情绪表现得比较平和一点?是不是那些老年人,因为年龄反正比较大了;或者说是不是受教育程度很高的人,因为他们懂得很多的道理;或者说是那些有权有钱曾经位高权重或者说享受这个世界已经很够本了的人?还有,是不是那些男人他们的抗压力要强一些?"听着主持人的猜测,肿瘤科医生一直在轻轻地摇头,最后肿瘤科医生说:"一个人到底敢不敢去面对死亡,其实跟他的年龄、金钱、阶层、性别这些东西,没有太多的关联。只是跟一样东西联系很紧密,是什么呢?就是爱!就是这个人在他过往的一生中,他感受到的爱比较多,他对那些美好的感情体验得比较丰富,表达得也比较丰富。往往是这样的人,他们在面对人生终点的时候,表现得比较淡定,比较坦然。"

医生的回答一出来,全场都陷入了一种沉思的状态。如何让我们的灵魂得安舒?我们内心深处到底需要什么东西来喂养?这些问题引发了大家的思考。

医生的回答清清楚楚地告诉我们,我们需要爱!因为丰富的物质财富,可以喂养好我们的肉体,但要使我们的灵魂得安舒,我们要拿什么去喂养它?就只有爱。

爱是我们这个社会非常稀缺的资源。你要想快乐,你要想灵魂得平安,你就一定要拥有爱。这一点对我们的刺激很重。所以说我们的每一位父母在陪伴孩子的过程中,都要尽可能地给孩子提供更多的爱。

幸福人生的密码

建立爱的关系至关重要。如何付出爱，得到爱，让爱流动，活在爱中呢？

首先，我们要常常能感受到爱，让自己的内心充盈着爱的能量。这其中的关键是操练感恩的心态，凡事感恩。

感恩犹如磁铁，吸引更强烈的快乐，更充实的人生，美好的关系，隐藏在周边的祝福。感恩，会触发你积极正面的情绪，让你能用温暖的眼光看世界、看自己。当你拥有了积极乐观的心态，你就能进入良性的循环。

有人说，遇到好事我会感恩，可是有些事情我没觉得自己得到了什么好处，怎么感恩呢？

有这样一个故事，看过的人都为之动容。

大约在 50 多年前的欧洲，有一个男人，他做着一份很普通的工作——铁路局的桥梁管理员。因为铁路要穿过一条河，河上架了一座活动的铁路桥，当船要过的时候，就要把桥升起来，当火车要过的时候，又要把桥放下去，就是这样一份很枯燥的工作。好在他有一个深爱的儿子和他在一起，给了他很多的安慰。

有一天在相隔很短的时间里，一艘轮船和一列火车先后来到了这座铁路桥。轮船先发出请求，这个管理员就将桥升起来了，然后离开了控制室。结果垂直方向上过来的火车，忽视了红灯，没有减速，很快地冲过来了。这时桥还没有放下来，可是火车已经快速过来了，这个时候在河边钓鱼的儿子先发现了问题，他马上向父亲喊："爸爸，火车来得太快啦!"可是他看到父亲不在控制间，这儿子知道在靠近河边的铁路旁边还有一个地下控制室，那个地方也能把桥放下来，所以他沿着河边快速地到达了备用控制台。这个时候返回控制间的爸爸发现了火车，也发现儿子跑向了另外一个控制台。在危险即将来临的时候，就在父亲的眼皮底下，意外发生了……

儿子掉进了齿轮机里面，父亲已经没时间去救，他只能面临一个艰难的选择：要么救儿子，要么救火车! 最后这个男人不得不痛苦地做出一个选择：牺牲儿子，拯救火车上的人! 此时，坐在火车上的人，对外面发生的事情浑然不知。在匆匆而去的列车上，没有人知道他们的性命在短短的几秒钟受到了威胁。如果在那一刻男人的心中没有那种牺牲小我成全众人的大爱，火车上的人也不可能活下来!

其实我们每一个人，每一天能够平安地活着，我们就要心怀极大的感恩。因为在当下，有太多的武器能够毁灭地球无数次! 要是某个关键人物按下毁灭的按钮，我们就完蛋了。在当下，无数人在为我们的健康平安幸福付出努力，我们生命需要的每样东西，每个环节，都有人在辛勤地付出。

人到底靠什么活着? 关于这个问题，在历史的长河中，曾经有无数伟大的人物都思考过这个问题，比如大文豪列夫·托尔斯泰，就把他的思考写成了一个短篇小说，小说的名字就叫作《人靠什么活着》。

借着这个故事，托尔斯泰回答了三个问题：

（1）人心里有什么?

（2）人不知道的是什么？

（3）人靠什么活着？

主人公的三次发笑，就是因为他找到了这三个问题的答案：人心里有爱，人不知道的是未来，人活着是靠别人心中的爱。

我们活着不是靠我们自己为自己精心的计划，也不是靠我们的努力奋斗，我们活着是靠别人心中的爱。

扎克伯格夫妇有了自己的第一个孩子的时候，非常兴奋。他们没有给孩子买昂贵的玩具，或者是花费大笔钱财。他们给孩子送了一份大礼——捐一笔巨款给一个机构，一个发展人类潜能和促进世界平等的机构，去建造更好的、更加平等有爱的一个大环境。他们希望自己刚刚来到这个世界的孩子，将来能够拥有一个有爱的大环境。扎克伯格夫妇深谙幸福的真谛，他们用这样的方式爱孩子，真是让人佩服。

我们今天的安宁富足，都是由无数有大爱的人给予的。我们就活在别人给予的爱中，想到这些，我们就当感恩。

看似简单平常的感恩，会带来神奇的作用。

来看一个故事。

美国乡村的一所简易学校，那里的学生人数不多，他们一直缺少一台钢琴，以前的老师和孩子们想了许多办法也未能如愿。新来的支教老师玛丽，很快捕捉到了孩子们这个强烈的渴望。于是她给福特公司的 CEO 写了一封信，说明了学校的困难和孩子们的渴望，希望得到捐赠。一周之后，他们收到了福特CEO 的回信，简单的回信中只附赠了 100 美元。玛丽老师看到回信没有失望也没有抱怨，相反，她怀着感恩的心，和孩子们一起积极寻找新的办法，她用这 100 美元购买了一大袋优良的花生种子，和孩子们一起在学校旁边开垦了一大块地，种下了这些花生种子。

到了秋天，她和孩子们获得了极大的丰收！收益的钱足够买一台最好的钢琴。最后玛丽老师和孩子们怀着喜悦的心情，给福特 CEO 写了一封热情洋溢的感谢信，并赠送了一大袋他们自己亲手种的优质花生。收到感谢信的福特 CEO 非常感慨，他捐赠过的人很多，他们不是嫌少就是生气，真心感谢的人极少！没想到这笔微不足道的 100 美元捐赠，却收到了如此真挚的感谢！于是这位福特 CEO 再次给玛丽老师和孩子们写了回信，并随信附赠了一张 10 万美元的支票。

在这个故事中，玛丽老师的感恩之心让福特 CEO 感动不已，让他乐意加倍支持，最终创造了美好的结果。

感恩，让我们拥有爱的能量，同时，我们还要设法让"爱"的管道通畅，这样才能让爱流动。

另外，爱有保鲜期，不可能一劳永逸，就像需要给车经常加油一样，人与人之间的情感表达也需时常"加油"。爱是宇宙里最大的能量，不断接受爱，付出爱，让爱流动起来，我们就会活出良好的状态。

当我们用这样的视角来看如何为孩子营造幸福时，会发现，这是我们最乐意去做也一定能做好的事情。

愿我们每一个人都能活在爱中，赢得人生！

本课重点：

1. 赢得人生有七个要素，其中的关键是建立爱的关系。

2. 获得幸福的要素是有意义和快乐。

3. 获得幸福的基础是建立亲密关系。

4. 人是靠别人心中的爱活着的，每个人要付出爱，让爱流动，活在爱中，才能赢得人生。

课后思考练习：

1. 为了赢得人生，要做好哪些事情？

2. 你的家人感觉幸福吗？经验是什么？还有哪些地方需要改进？

3. 每天做一个感恩练习，说一说今天要感恩的人和事。

建立爱的关系

亲子关系的价值

建立爱的关系，是获得幸福人生的密码。和父母，和兄弟姐妹，和朋友，和同事建立良好的关系都非常重要。作为父母，与配偶，与孩子建立良好的亲子关系，又是重中之重。

先谈谈家长最关注的亲子关系。

童年是人一生的根，它会深刻地影响人的一辈子。有人说，幸福的人一生被童年治愈，不幸的人一生都在治愈童年。而幸与不幸的关键，就在于亲子关系。

美国著名亲子专家劳拉·马卡姆博士说："育儿过程中，要把80%的力气花在亲子关系上。"哈佛大学的格兰特研究告诉我们：赢得人生最关键的因素是建立爱的关系。因为有了爱的关系，人才会有积极健康的应对方式，才可能走向一个良性的循环，最终赢得人生。

建立爱的关系这句话让我们回忆起孩子来到我们生命中的场景。当孩子在母亲肚子里的时候，母亲的那种期盼，那种喜悦是多么幸福。孩子出生以后，父母好像不知道怎样对宝宝才好，放在口里怕化了，捧在手上怕摔了。

孩子的一颦一蹙一举一动都那么的可爱，牵动父母的心。

泰戈尔的这首散文诗写出了很多母亲对孩子的这份情感——

你曾被我当作心愿藏在我的心里，我的宝贝。……当我做女孩子的时候，我的心的花瓣张开，你就像一股花香似的散发出来，你的软软的温柔，在我青春的肢体上开花了，像太阳出来之前的天空上的一片曙光。……为了怕失掉你，我把你紧紧地搂在胸前，是什么魔术，把这世界的宝贝引到我这双纤小的手臂里来呢？

这段文字，常能唤起母亲和孩子在一起的那种柔柔的、甜蜜的感觉。在父母爱的怀抱中，孩子好像一个发光的能量球，精满、气足、神旺。这段关系里父母和孩子都获得了丰富的馈赠。

孩子学会了说话走路。孩子学说话时，父母亲一次一次不厌其烦地教，一天都会说几千上万个词汇，作为父母的人似乎从来不担心孩子能不能学会，从来也没有不耐烦，更没有说要定指标考核他。父母就是全然地接纳，全然地信赖。

孩子就在那么短的时间里，居然学会了这世界上最复杂的语言——汉语，联系自己学英语的过程，大概就能知道学会说话有多么了不起。这个过程多么神奇！孩子学走路也是一样。学会走路，孩子要学会身体的配合，非常精密的精巧的协调才可能做得到，而他居然在较短的时间里也学会了。

回想孩子学走路、学说话的过程，家长会从扶助到慢慢地放手，一直到孩子学会。在跟孩子的亲密关系中，孩子学会了这么难的本领，与此同时，爸爸妈妈好像也都升级了，好像变成了超人和强人。父母要管孩子的吃喝拉撒，不仅要实现小家庭里面各个环境的协调，还要面临工作职场的种种挑战。在这个过程中，因为新生命的诞生，因为这种亲密的关系，父母和孩子在一起创造了爱的奇迹。

在这爱的奇迹里，爸爸妈妈也不断地收获到来自孩子的爱。

网上有首很火的诗——《挑妈妈》，作者是朱尔。

你问我出生前在做什么？

我答我在天上挑妈妈，

看见你了，

觉得你特别好，

想做你的儿子，

又觉得自己可能没运气。

没想到第二天一早，

我已经在你肚子里。

这首诗感动了无数的母亲。回想一下孩子跟父母在一起那种全然的依赖——有时候父母不耐烦，可是孩子会一遍一遍地跑到你的怀抱里，一遍一遍地说，爸爸妈妈我爱你，我好喜欢你们。当父母听到这些话的时候，会觉得心都要化了，觉得为孩子做出一切都值得，孩子遇到的任何难题，自己一定能够帮助到他。

回顾这个过程，不难发现，当父母与孩子之间建立了亲密关系的时候，父母就拥有了养育孩子的最好资源、最好方法。

亲子关系出现的问题

随着孩子慢慢长大，亲子间的烦恼开始了。

　　家长与孩子的冲突一般始于孩子进入团体的时候，这时候出现了孩子作为自然人与社会人之间的矛盾。有个男孩读一年级的时候，老师都会被他急死，因为他没有办法安静地坐在自己的座位上，他会不停地走来走去，他没法听从老师的要求。他学会写字的时候，是一个点一个点地涂，然后把它凑在一起，形成一个字。他的行为和周围格格不入，可以想见，这个孩子过得多难受。

　　他的爸爸告诉老师说，孩子上学之前，我为了保护他的天性，什么都没教他，什么规则也没有给他，我就让他自然生长。没想到一上学遇到这么大的难题。这位家长不明白孩子从自然人成长为社会人，是需要一个过渡，需要一些训练的。如果过渡和训练不恰当，就容易产生较大困难。

　　还有一种冲突来自孩子的个性和集体要求的不一致。有个孩子特别喜欢画画，他上语文课数学课要画，上体育课也要画，有时搞小组活动，他就画他的，不顾及小组同学的合作要求。同学们和老师就会忍不住说他对学习不认真、不合群。可这孩子也觉得很纳闷："我喜欢画画有错吗？我跟你们不一样，有什么关系呢？"所以孩子的内心产生了这些小小的冲突，因为在学校，老师同学们对他的要求和他的家里是不一样的。父母看到孩子的样子，就会想我的孩子是不是哪不对？这个时候他的怀疑就开始了，渐渐地，亲子之间的冲突也会多起来。

　　不仅如此，来自社会的各种压力也会向家长涌过来。我们现在处在一个教育回报巨大的时代，很多父母就会竭尽全力去"鸡娃"，想方设法提高孩子各种各样的能力，以免孩子落后。家长这样选择，一方面出于生物的本能，另一方面是他看到了那么多的信息，做出了理性的选择。

　　当家长做这些选择的时候，其实有时候也会纳闷：我们小时候为什么父母可以对我们进行散养和放养？

有些社会学家就研究了这个现象，他们发现社会发展的特点和父母养儿这种方式之间是有关联的。当贫富差距特别小的时候，教育回报率相对也比较小，父母一般就容易采取散养放养的方式。

反之，当贫富差距拉大了，教育回报率更高了，父母就很难再回到散养的方式，他们就不得不为孩子增加压力。说到这里，我们不妨假设，如果父母把世界上最好的资源都给孩子，让他们使劲学习，他们是不是就能学得很棒呢？是不是就能学得很好？我们给孩子的这种苦心的教育，我们为他付出了这么多，孩子一定能跟上吗？可能有的家长会很开心地点头，我的孩子没问题。但是有的家长可能就会打鼓了，因为他明明知道自己的孩子做不到。

为什么？

有一个比喻特别生动，它来自《象与骑象人》这本书的一个诠释。

图 1.4　象与骑象人

《象与骑象人》这张图生动地诠释了人的复杂性。这个小人，相当于人的理性思考。下面这头大象相当于人的感性世界。

很多男人戒烟的过程耐人寻味。一开始抽烟的人就知道吸烟有害，戒烟有益于健康，男人的理智会告诉他：我要戒烟。可是当他闻到烟味，当有朋友递烟给他，或者当他情绪不太好，或者情绪特别好，忍不住就抽了，戒烟就失败了。

很多女性也有这类似的经历。她们决定减肥时，减肥的好处能说出一大堆。可是看到美食了，朋友聚会了，就会说我从明天再开始减肥，于是减肥了一次又一次。

孩子其实也是这样的。你以为他不愿意上课认真听讲吗？事实上，很多孩子会说，我好想认真听讲，可是我就忍不住想玩，我就忍不住想说话，我就忍不住要做跟上课无关的事情。为什么我也不知道，反正我就做不到。

回到象与骑象人这个图，我们就能理解人是多么复杂。人们的理性和感性常常是不同步的，理性上告诉我们应该做什么事，可是我们的情绪情感、身体状况等，没办法都听理性的指挥。

孩子在成长的过程中，理性感性也会有不同步的情况。所以很多时候家长苦口婆心地跟孩子讲道理，孩子也表示愿意按照父母的要求去做，可是一到实际生活中，孩子做不到。

家长在这个过程中需要做怎样的协调工作？有幅图比较直观地显示了家长的作用——

图 1.5

这幅图中，孩子不停地向前跑，不停地生长，他在生长的过程中，我们家长要像一个保护球，一个隔离带，让孩子一步一步地适应外面的世界。

有时候家长要像桥梁，孩子从自然属性到社会属性，需要一个过渡期，这个过程中家长要一步一步带着他走，就像教孩子走路一样，让他一步一步来适应社会环境的变化。

在这个过程中，我们家长有那么多的任务，我们要抓住的最关键的点是什么？中国人很信奉一句话——有关系，就没关系；没关系，就有关系。说的是我和你关系好，我在你这里存了很多的情感账户，你要我做什么，我都很乐意做。我们之间想沟通想交流，都容易，甚至你不太合理的要求，我都能够接受。反之，我们之间情感账户存款太少，即便是好的事情，对的事情，对方可能也不会为你去做。

多年前，我曾经失声，讲话时只有第一排第二排的学生听得到，后面同学根本就听不清。我非常自责，觉得自己完全在误人子弟。于是我跟孩子们商量。我说，同学们，虽然我非常喜欢你们，但是我讲课你们听不到，我想让别的老师来教你们。结果孩子们跟我说，老师不用，我们可以自学的，你就教我们怎么做，我们就照你的要求来自学就可以了。孩子们的话让我很感动。于是我开始教他们列出自学的要求计划，我也尽我所能安排一些其他的活动，安排一些别的措施，消解我的问题带给孩子们的困扰。

我能做这一切的基础，是这之前跟孩子们建立了很好的关系。差不多一年时间，孩子们的学业成绩居然没有受太大的影响。这个故事中，因为我和孩子们有了关系，所以我做的不够好，孩子们能理解我体谅我，结果也不差。

和它相反的故事是，有的孩子因为上网课很烦躁，就跟家长产生了冲突，家长催他交作业，这么一点事情竟然让孩子暴跳如雷，还有的孩子居然跳楼。看到这种事件，我们很痛心，但是也很纳闷，甚至有时候也会恐惧，这么一点事情，孩子就这样，现在的孩子是怎么了？

心理学家对此给出了一个解释：在此之前，这个孩子跟父母的关系已经很糟糕了，父母和孩子没有形成积极应对这种危机的模式。在这个过程中，面对这样的问题都不知道怎么处理。最后的吵架事件其实是压死孩子的最后一根稻草。

当孩子遇到问题的时候，先回到关系原点。有人就把关系的重要性用一个公式呈现出来，非常的直截了当——

恶劣关系+管教=叛逆
亲密关系+管教=顺服

当孩子做错了事，遇到问题，家长当然应该管教，但前提是要掂量一下，你跟这个孩子的关系到了哪一步？关系很紧密的时候，我们的态度怎样问题不大。当你和孩子的关系已经很疏远的时候，这个时候再表现出糟糕的态度，孩子内心可能就承受不住。

所以建立爱的关系，是贯穿孩子成长的主线，也是我们养育孩子的根本大法。

父母和孩子的关系

接下来我们要探讨这样一个问题，我们和孩子之间到底是一种什么样的关系？这里我们重点要理清两个问题。

第一个问题，孩子到底是不是我们的私有财产？很多人说孩子是我生的，而且我对他还有教养之责，那就近似于我的私有财产。但真的是这样吗？如果我们从人类延续的高度来看，看到的可能就不一样了。著名诗人纪伯伦将他对人生重大问题的思考写成了一首首诗，其中一首标题就叫《论孩子》，我们今天来看一看他的思考是什么？

你的儿女，其实不是你的儿女。

他们是生命对于自身渴望而诞生的孩子。

他们借助你来到这世界，却非因你而来，

他们在你身旁，却并不属于你。

你可以给予他们的是你的爱，却不是你的想法，

因为他们有自己的思想。

你可以庇护的是他们的身体，却不是他们的灵魂，

因为他们的灵魂属于明天，

属于你做梦也无法到达的明天，

你可以拼尽全力，变得像他们一样，

却不要让他们变得和你一样，

因为生命不会后退，也不在过去停留。

你是弓，儿女是从你那里射出的箭。

弓箭手望着未来之路上的箭靶，

他用尽力气将你拉开，使他的箭射得又快又远。

怀着快乐的心情，在弓箭手的手中弯曲吧，

因为他爱一路飞翔的箭，也爱无比稳定的弓。

这首诗给人很深的触动，很多的联想。电视剧《你的孩子不是你的孩子》可谓是对这首诗的现实诠释。这部电视剧获得多项大奖。它深刻描述了家庭中，因追逐分数的考试制度而扭曲的亲子关系，以及单一的成功价值观忽略了个体差异性的社会现象。

我们想想，如果孩子在来到世界的途中，他真的是有意识能够分辨准备我到哪儿去，我想他一定跑到马云家去了，或者是跑到比尔·盖茨或者什么球星家去了。你看，孩子不是因我们而来。孩子是独立的生命，有他自己的命运，我们虽然责任重大，但不能代替他生活。这样一想，我们就不会非把孩子框定在我们的认知范围和生活场景里，而是看到多种可能性，给孩子更大的成长空间。

第二个问题，我们一定要把孩子带给我们的作用上升到一个高度——孩子是对我们生命的祝福。有一首诗能够很好地帮我们理清这个关系。它的题目叫《牵一只蜗牛去散步》。

上帝给我一个任务，

叫我牵一只蜗牛去散步。

我不能走太快，

蜗牛已经尽力在爬，

为何每次总是那么一点点？

我催它，我唬它，我责备它，

蜗牛用抱歉的眼光看着我，

仿佛在说："人家已经尽力了嘛！"

我拉它，我扯它，甚至想踢它，

蜗牛受了伤，它流着泪，喘着气，往前爬……

真奇怪，为什么上帝叫我牵一只蜗牛去散步？

"上帝啊！为什么？"

天上一片安静。

好吧！松手了！

反正上帝都不管了，我还管什么？

让蜗牛往前爬，我在后面生闷气。

咦？我闻到了花香，原来这边还有个花园，

我感受到了微风，原来夜里的微风这么温柔。

慢着！我听到了鸟叫，我听到了虫鸣……

我看到了满天亮丽的星斗！

咦？我以前怎么没有这般细腻的体会？

我忽然想起来了，莫非我错了？

是上帝叫一只蜗牛牵着我去散步？！

这个里面只有两个角色，一个是蜗牛，一个是我；也有两种节奏，一个是我的节奏，大步流星的，一个是蜗牛的节奏，每次一点点，慢吞吞的。前半截是以我为主，我在前我来主导，蜗牛被我拽着走，结果我们都很郁闷，后来换了一种节奏，让蜗牛走前面，以蜗牛的速度为准。这一慢下来，周围生活中自然中有好多美好的被我们忽略的感觉，都被我们体会出来了。

现在，百岁人生已经是一个大概率的事件，我们就以 100 岁为准吧。那么这 100 年的人生，你准备用什么样的速度和节奏来走完它呢？你说，我喜欢追求更高更快更强，于是你就不停地往前跨，不停地超越，不停地加班、学习，完成各种各样的任务，没过多久你就把你的旁边的人都超越了。花开花落，四季更迭，生活中的很多美好，你都没时间注意。

有一天突然有了一个孩子，这孩子那么小，他需要照顾，否则他就活不了。你要是照顾得不到位，他就给你惹很多的麻烦。于是因着孩子的节奏就跟蜗牛一样，你要以他为主的话，你整个的节奏都必须慢下来。在这个过程中，甚至有些妈妈还要从外面的职场退回来，全身心地照顾家人。你看，这对我们的生活的改变非常大！我原来是计划好好上班到退休了再去玩的，幸福人生到老了才开始，可是因为孩子，你在中年的时候就得停下来，可以体会很多生活中的美好，这多好啊！

如果你的孩子比别人笨，要怎么感恩呢？那说明上帝对你的祝福更大，他需要你把节奏调得更慢，你得去关注他的各种需要，经历更多的东西。这样你的体会就比别人更细腻啊！对人生的感悟体验更多啊！你的孩子才可能跟你更亲啊！有人说，学渣就是来报恩的。你这么想的时候，你的心情慢慢就会不一样。

前段时间我看到一个非常有趣的视频，叫作《一分钟走完人》，它的基本情节是：在一个产房里，一个待产的孕妇一使劲儿，一个婴儿不小心飞出去了，飞着飞着，变成了一个少年，接着又变成了一个青年，继续飞，变成了一个中年人，接着飞，发现头发掉了牙也掉了，来到了老年，再飞就开始降落，结果发现前面只剩下坟地了。最后轰的一声，他掉进了坟墓的棺材里。

怎么样，这样的人生是不是又快又高又强！而且一路都在我们的头顶上，跌跟头都跌在我们的头顶上。这样的人生你羡不羡慕呢？又好像觉得太快了，没啥意思。看来太快了，你还是接受不了，那到底一个什么样的速度是你能接受的节奏？你要好好想一想，用什么节奏来走完自己的人生？既不快又不慢，一家人之间都很和谐，这是一个我们要思考的一个哲学问题。

当我们上升到这个高度时，我们的心态就会慢慢变化，我们就乐意停下来享受和孩子一起成长的过程，育儿的过程就会变成一个幸福的过程。

爱的智慧

我们爱人不是要爱得多努力，而是要爱得有智慧，为什么要有智慧？因为我们现在遇到的各种各样的挑战太多了，我们面临的选择也太多了。有了智慧就能帮我们做出正确的选择，避免走那些不必要的弯路。

我们常常要做的第一个选择，是家庭与工作。我们的父辈大多数人都是工作第一，家庭第二，他们从来没有怀疑过自己这样的选择，直到他的家人遇到难题，当他人到中年面临各种挑战，特别是当他生病的时候，退休了孤单难过的时候，他就会反思：

我之前的做法是不是有点问题？他的教训提醒我们，我们要认真审视家庭与工作的关系。

我们先来听听孩子的意见。一个 7 岁的女儿对着爸爸哭诉：你不爱我，你只爱工作，我生病了你都不管。小时候你不带我，你不管我，长大我把你送去养老院。孩子的最后一句话，特别让人扎心。孩子对爸爸的控诉，值得我们去反思。

有人做过统计和预测，我们这一代人活到百岁是大概率的事件。

在这样一个百岁人生的阶段里，我们比较容易看出家庭比工作更重要，但是在我们当下，我们又不得不面临这样一个难题：工作与家庭如何兼顾？有经验的人总结说，我们的工作就像自行车的一个脚踏板，我们的家庭好像另外一个脚踏板，他们交替着向前进，保持一个动态的平衡，这样可能是一个比较合情合理可操作的状态。是的，在我们当今的社会，我们已经很难找到一条正确的路一直走到底。

我们需要的是动态的曲线，那么这个动态平衡怎么做呢？孩子在很小的时候，特别需要我们的照顾，这个时候夫妻可能会以家庭为重；孩子长大以后，各方面能力很强了，能够自主安排了，可能精力就可以转移到事业上来。夫妻俩也可以有一个分工，比如这段时间爸爸的职业进入到了一个关键期，或者妈妈是在一个关键期，两个人可以协调一下，这段时间谁主外，谁主内，谁侧重于搞家庭，谁侧重于搞工作，做一个整体的家庭规划。

这样一来，生活就不至于那么地忙乱。一些职场的父母有非常好的经验。第一个经验是他们觉得做好自己，才能给孩子做榜样。父母在职场上不停地面临挑战，不停积累经验和能力。家长的那种不断学习，不断朝着更高的层次去努力的精神和状态，孩子都看在眼里，学在身上。跟人学是最快的。父母做好自己，就是孩子最好的教育资源。当家长这样想的时候，可能会少一些纠结，少一些自责，少一些心理内耗。

第二个经验，是要给孩子确定性。有个母亲，她自己在事业上非常成功，她非常的忙，但是坚持做了一件事情：每天早晨陪她女儿上学。在上学路上跟女儿聊天，女儿的各种情绪问题，各种困难都在这个时间得到了消解。她们也进行了各种各样的沟通，所以这个孩子后来发展得也非常棒。

确定性还体现在坚持晚上给孩子读一段故事。假设我们很忙，或者要出差，我们可以提前写很多小纸条，写上一小叠，请妈妈在适当的时候读给孩子听。孩子看到这些小纸条，就知道爸爸无时无刻不在关心他，她还会在家里存很多小礼物，让孩子去找。看到了第一张纸条，可以找一号礼物，看到第二张纸条，可以找二号礼物，这个线串起来，就是一条爱的线，孩子就会这样感受到你的爱。

给孩子确定性时，要特别注意重要的时刻不缺席。当孩子知道自己过生日的时候，开家长会的时候，生病的时候，爸爸或者妈妈一定会陪自己，就会给孩子带来安全感和信心。奥巴马当总统期间那么忙碌，居然一次不落地参加了女儿的家长会，这样的安排与他心目中的生命排序大有关系。在他的心目中，家庭、孩子一定有非常重要的位置，为家庭的付出并没有影响他事业上的成功。

第三个经验，当家长没有很多时间陪孩子的时候，就求高质量的陪伴。比如跟孩子一起读绘本，或者读诗歌，这个过程带给孩子的生命的滋养，给孩子的成长非常大的帮助。

如果你希望孩子更爱你，你就跟孩子一起做他最爱的活动，那就是游戏，在游戏中训练孩子的各种能力。比如：训练专注力，可以一起把麻将做成多米诺骨牌；训练耐心，做饭做菜的时候可以把它摆成一幅画；训练创造力，吸管可以做成各样的形状，包饺子可以包出各种奇异的造型。

养儿如戏，要靠演技。

当孩子特别想扮演什么角色的时候，你就可以由这个点为他生发出很多的项目，非常有意思。游戏能满足孩子的心理需要。

我们面临的第二个选择是：谁在我生命中最重要？中国人有一个千古难题：老妈和媳妇同时掉进水里，先救谁？其实这个问题是想问老妈和媳妇谁更重要？我的时间精力更多地关照谁的需要？在我的生命中，家人的排序是怎样的？有了一个清晰的排序，可能在做选择的时候，不会走那么多没必要的弯路。

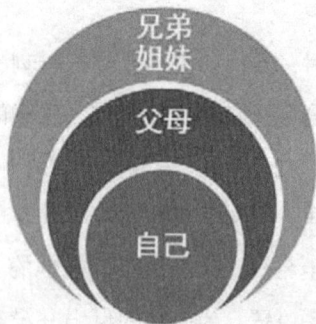

图 1.6

在我们的原生家庭里，谁最重要？是自己。然后是父母、兄弟、姐妹，如果他们都遇到难题，我应该帮谁？如果不可调和，那肯定是帮父母，因为生命排序就是这样的。

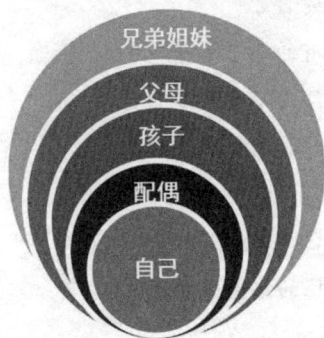

图 1.7

在我们的新生家庭里，自己依然是最重要的。除我以外，更重要的人是配偶。孩子需要来自父母的爱，夫妻的关系搞好了，两个人成为一个整体，作为一个团队，一起来帮助这个孩子。孩子后面是父母和兄弟姐妹，再后面才是同事朋友。

如果新生家庭和原生家庭产生矛盾怎么办？新生家庭优于原生家庭，这是一个大的原则。

为什么在这两个家庭中自己始终在最重要的位置？我们先看一个现象，孩子出现问题，那孩子的背后十有八九是有一个问题家长，这个问题家长的背后十有八九是因为他不够爱自己，他的注意力要么在孩子身上，要么在配偶身上，就是不太关注自己的需要。可是人的需要如果常年得不到满足，就会冒出很多问题，你想撑都撑不过去，就像大象与骑象人一样，自己出了问题，身边的人也会受影响。

要爱孩子，一定要先爱自己。爱自己指的什么呢？世界级的喜剧大师卓别林，在他 70 岁的时候这样诠释"爱自己"：

当我真正开始爱自己，
我才认识到所有的痛苦和情感的折磨，
都只是提醒我活着不要违背自己的本心。
今天我明白了什么叫做真实。

当我开始爱自己，
我才懂得把自己的愿望强加于人，
是多么的无礼。
就算我知道时机并不成熟，
那人也还没有做好准备，
就算那个人就是我自己。
今天我明白了，这叫做尊重。

当我开始爱自己，
我不再渴求不同的人生，
我知道任何发生在我身边的事情都是对我成长的邀请。
如今我称之为成熟。

当我开始爱自己，
我才明白我其实一直都在正确的时间，
正确的地方发生的一切都恰如其分。
由此我得以平静。
……

第二重要的事情是夫妻恩爱。夫妻恩爱是给孩子最好的礼物。如果一个孩子情绪特别不好，突然变得很奇怪，跟平时特别不一样，十有八九是他父母吵架，可见父母之间的亲密关系对孩子的影响有多大。夫妻俩共同撑起了一把大伞，他们为自己的父母和自己的孩子遮风挡雨，一旦他们之间出了问题，孩子就暴露在风雨之中，这是我们爱孩子特别要做的，用心去经营的一件事情。

爱需要流动。死海虽然很美，但是它里面长不了生命，为什么？其中有一个重要原因就是它不流动。我们教孩子的过程中也一样。父母一定要教他回报父母，让他向父母表达爱。

有一对老夫妻写了一篇文章，很多人读后觉得特别的扎心。他们那么爱孩子，孩子工作了，他们去看孩子的时候，发现那个孩子对他们非常冷漠。这个时候他们就很伤心，老人写了一句话：我如此爱我的孩子，可是我的孩子爱我们吗？

这句话让人警醒。孩子学会爱父母，是要大人教的。在孩子很小的时候，就应该让孩子为父母做很多事情，就应该让他承担责任，应该教他表达爱。这样在他从小有这样的习惯的时候，他长大了，等你老了，你才能得到一份回报，你才能享受亲子之乐。

当我们不断学习、操练，拥有了爱的智慧，你会发现，孩子是上苍赐给你的最美好的祝福。

建立关系的秘诀

有一次写单元作文，孩子们要写这样一个题目：爸爸妈妈，我想对你说……

从表达这个角度来说，同学们写得非常好，充满真情实感。但另一方，不得不说，这些孩子的想法不大"健康"，他们对父母有太多的抱怨和不满。但站在孩子的角度仔细体会孩子的所思所想，又觉得他们非常可怜。于是我在自己班进行了一次调查。我问：同学们，你觉得爸爸妈妈爱你吗？没想到将近有一半的孩子没有举手，还有几个孩子举了手又放下，似乎很犹豫。我问那几个犹豫的同学为什么会这样。

几个孩子说，我觉得爸爸妈妈应该是爱我的，可是我们没有感觉到，所以我拿不准。我很纳闷，家长都是很爱孩子的，怎么可能有这么多孩子没感觉到？由此我想到，家长付出爱，是否孩子就能收到？如果没有收到，那又是为什么？

跟孩子们一起很多年，我发现这些是他们的刚需：玩伴，交流，快乐，身体参与（指的是孩子的整个身体都能参与的活动，而不只是眼睛和手在活动），认同。如果我们没有满足他的这些需求，他就没觉得你在爱他。家长特别擅长跟孩子们讲道理，用理智和孩子对话，可是孩子很多时候需要的和我们给予他们的不是一回事。这个现象真的是值得我们深思。

如何与人建立良好的关系？

心理学家给的第一个秘诀是建立安全支持的环境。

心理学大师罗杰斯讲到他特别难忘的一次经历，他有一个患者情况很严重，他用过很多方法辅导，可是都没有帮到这位患者。最后他实在没办法了，就只能听患者怎么说。让人吃惊的是，当罗杰斯只是全神贯注地倾听时，患者说，我觉得我今天好多了，我好像知道自己该怎么做了。这个现象给罗杰斯特别大的震动。

于是他开始了人本主义的研究。以来访者为中心的理论，就是由这个案例开始生发出来的。类似案例其实在我们孩子身上也时常发生。

我曾经也跟孩子们进行这样的尝试，让他们把苦恼通过图画来展现。当孩子们解说自己的绘画内容时，我会认真聆听，不评判，不随便给建议。等孩子的情绪都释放了，我问学生：你希望老师帮你做什么？学生说，我心里好多了，我知道该怎么做，不用麻烦您了。

在安全支持的环境中，放下自以为是的猜测，用心聆听、观察他人的言行，让对方的想法得以真实自由地表达，双方的交流就会更顺畅，沟通也更有质量。

孩子的天马行空的想象，也来自安全支持的环境。我儿子小的时候，就会讲故事、编故事。其实我都听不太懂。就只能认真倾听，偶尔会问：为什么？后来怎么样了？儿子就能没完没了地讲很多的故事。当我们能够营造安全支持的氛围，孩子那一汪生命的泉水，好像就能涌流出来，孩子的奇思妙想，纯美的心思意念都会讲给你听。

在这个过程中，双方就好像建立了一个联通的通道，借助这个通道，家长就知道孩子的难题在哪里，怎么样去帮助他。

有时候别人会做出让我们难受的事情，该怎么回应？

第二秘诀就是积极正面的回应。

记得有一次我们搞毕业赠言活动，孩子们就把毕业想送给同学的话写在毕业纪念册上。

一天，一位家长告诉我，她孩子的毕业纪念册上，很多同学写了非常难听的话，什么祝你早生贵子，跟谁谁结婚，你做啥都不行……现在小孩是怎么变得这么坏，我和儿子看了特别难受。

平时看起来很棒的孩子们怎么会这样？我有点纳闷，更觉得需要了解和引导。于是我去调查写这些留言的孩子为什么这样写。有一个孩子说，袁老师，其实我只是想跟他开个玩笑。听到这句话，我就大概明白了。

于是我在全班跟同学们进行了一次交流，我问："你们写开玩笑的话，是不是特别希望你的赠言给对方带来快乐？"孩子们认真地点点头。"你们这样做，别人真的都感受到快乐了吗？"当我现场让孩子们用举手的方式来呈现看到开玩笑的赠言后是否感受到快乐时，竟没有人举手。

通过这种交流，孩子们就知道原来他写的东西别人并不高兴，有好的愿望，但没有将心比心，方法不对，是不能让对方开心的。

这个故事说明：孩子在成长过程中会遇到各种各样的问题，当孩子遇到问题需要我们进行回应的时候，一定要朝着积极正面的方向去解读。

孩子的愿望一般都是好的，问题出在哪里呢？他的能力跟不上，他的方法不对。我们给回应的时候，先表扬愿望这一块，然后你再说哪些方法可能不够妥当，这个时候孩子从你这得到肯定，比较容易去改变他做的不够好的地方。孩子成长的过程，就是靠着教育者的回应，一点一点地塑造自我形象。

有一次一位家长告诉我说："我真的是非常不容易，我才小学毕业，可是我在深圳都能够立足，但我的孩子在整个成长的过程中，我根本辅导不了他，老师安排什么任务，我就一点帮不到他，我觉得自己特别对不起他。"

我就跟她说："你能够在深圳立足，已经非常了不起了，你用你的努力把你的孩子托举到了深圳这样一个平台，你就可以跟你孩子说，妈妈能够通过努力上升到新的一个台阶，走向一个新的平台，你也可以通过你的努力为自己找到更好的平台。"

当这位妈妈让孩子看到改变的可能性，孩子就会有力量去突破现在的局限。

第三个要诀，定期进行情感连接。

如果一家人各自为政，时间久了感情就会淡漠。游戏育儿专家科恩博士就提出这样一句话：大部分的育儿问题都是因为亲子关系中的情感连接没做好。

我们如何对孩子进行一些情感的连接？第一个建议就是精心设计精心的时刻，比如一家人吃晚饭的时候，就不要谈学习，谈点开心、轻松的事情。这样孩子就会开心，一家人在一起就会其乐融融。

双休日的时候可以跟孩子一起读书，一起开读书交流会，一起出去野餐，一起出去搞活动。孩子过生日的时候，可以请小朋友来，让孩子拥有开心的时刻。

还可以跟家人或朋友送礼，礼物的意图是什么？是"放轻松"，特别暖心。用心给人送礼物，让对方能够经常看到，他就能感受到你的爱。

我们还可以奖励孩子一段美好的经历。我儿子读初中的时候，我们送给他的礼物就是参观宫崎骏工作室；他的成年礼，是一个人去泰山极顶，在山顶上那么多陌生的同路人围着他，举起自己带的啤酒，一起为他唱生日歌，给他特别的鼓舞和力量。

我们还可以为孩子准备精神产品。有一年，我给孩子的生日礼物就是赠送一首诗——

愿你长成一棵树，

根扎进大地，

叶穿过阳光、暮霭与雨滴，

风霜雨雪写进你的年轮，

粗壮你的枝干，

增添你勃勃的生机和威仪。

春雨绵绵时你沙沙作响，

秋风飒爽时你翩翩起舞，

在春夏秋冬更迭的旋律中，

你不停地生长，

支撑你的是扎根于大地的挺拔坚韧。

鸟儿和松鼠在你身上构筑家园，

孩童老人在你身边栖息，

愿你和一棵棵树连成森林，

成为大地充裕的绿色。

诗歌是直入心灵的艺术，在过生日的时候，用这样一个很正式的方式，把我们的期待说出来。有的爸爸不太善于表达，可以为孩子写信，这样的信有时候真的可以管半年一年。父亲的爱深沉，能给孩子有特别的营养。

每天进步一点点

有一个视频感动了很多人。这个视频描述的是一个孩子不大会踢足球，教练都不看好他。可是这个妈妈总是鼓励孩子说：每天进步一点点就好了。妈妈耐心地陪伴孩子天天进行训练，这孩子天天刻苦练习，最后在比赛中用一记头球为自己的队赢得了胜利。

这个妈妈的做法中，有三点特别值得我们学习。

第一点，善于"翻译"他人的评价。教练对孩子的评价并不是太好，妈妈却说教练看好你，给孩子激励的力量。老师如实反馈孩子情况时，你可以把老师的话进行一个翻译。孩子得到别人的肯定的时候，会茁壮地成长。

第二点，就是要求孩子每天进步一点点。这是非常有智慧的目标制定法。如果你一开始就跟孩子说，你必须要进一个头球，那个孩子肯定觉得难死了，可能连行动的动力都没有了，可是你就只要求进步一点点，孩子就会觉得我通过努力是可以做到的。

第三点，不断为孩子赋能。这个妈妈在孩子整个训练的过程中，耐心地陪伴，耐心地等待，全然地接纳，这是对孩子最好的赋能。汽车跑久了需要加油，孩子也一样。通过我们的言语，通过我们的眼神，不断给孩子加油，孩子就能走在健康成长的路上。

在生活中经常这样操练，家人关系一定会越来越好。

我们给家人的爱，要像泰戈尔描绘的那样——

让我的爱像阳光一样包围着你，并且给你光辉灿烂的自由。

本课重点：

1. 在育儿过程中，要把80%的力气花在亲子关系上。建立良好的亲子关系是赢得人生的关键。

2. 孩子成长的过程是自然属性和社会属性交融交替进行的。亲子出现的问题，往往是这两者关系看不清造成的。

3. 我们不仅要爱，还要爱得有智慧。智慧的生命排序能帮助我们分清生活中的轻重缓急。

我们跟家人建立良好的关系，有以下要诀：

第一，建立安全支持的环境，让家人能自由表达。

第二，积极正面的回应，通过回应不断塑造家人的良好形象。

第三，定期的情感连接，增进家人之间爱与爱的关系，不断赋能。

课后思考和练习：

1. 在什么时候、什么情况下你和孩子的关系会出现问题？你觉得问题可能出在哪里？

2. 你如何看待亲子关系？如何处理职业发展和教育孩子之间的矛盾？

3. 如何与家人建立更好的关系？你准备做哪些改变，开始哪些尝试？

第二部分

家教要素

家庭教育的核心

家庭教育的定位

当下的家长特别不容易，工作忙且不说，孩子的成长需要注意到方方面面。可是孩子的成长不等人，人越来越金贵，我们只能通过学习来指导育儿的过程，帮助孩子健康成长。

先来梳理一个认知，我们作为家长，在陪伴孩子的过程中，我们到底要教给孩子一些什么东西呢？回想一下大部分的家长都在做的事情：开发孩子的大脑，增加孩子的知识，培养孩子的技能，提升孩子的成绩……

仔细一看，这些就是学校教育的内容，而且学校教育会比家长做得更专业、更持续、更系统。在当下的环境中，家长应该配合学校完成这些任务，可是为什么一些一心配合学校的家长在育儿中出现了大问题？

说到这里，我们不得不思考一个重要问题：到底，学校教育和家庭教育是怎样的关系？家庭教育的定位应该是什么？

有一张图非常形象地显示了这几者之间的关系：

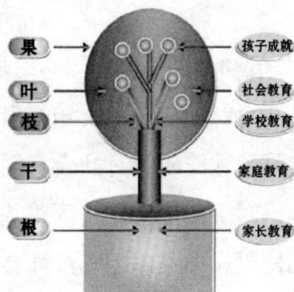

果 → ← 孩子成就
叶 → ← 社会教育
枝 → ← 学校教育
干 → ← 家庭教育
根 → ← 家长教育

2. 1

如图 2. 1 所示，孩子的成长，是家庭、学校、社会长期共同作用的结果。家庭教育、学校教育、社会教育都是教育系统的有机组成部分。他们之间既有区别，又有联系，共同为实现教育总目的服务。

孩子的生命之初，就长在家庭里，他生命中最深刻的印记就来自家庭。孩子生命中最重要的人就在家庭中，这些人深刻影响着孩子的心灵结构，影响着孩子与世界互动的模式，家庭也是伴随孩子成长时间最长的地方。所以这三者中，家庭的作用又是最大的——家庭教育是孩子成长的根基。

在影响孩子成长的三大因素中，社会教育形式多样，内容宽泛，不可控因素较多，暂不在我们分析范围之内。我们重点厘清学校教育和家庭教育之间的关系。

学校教育内容系统，有计划，侧重为孩子传授知识，培养文化素养和学习能力，接受和传承人类文明的基本部分；家庭教育内容不严格，也不大系统，它侧重培养孩子的思想品德、行为规范、生活能力，为孩子奠定人格与个体社会化的基础。

学校教育侧重共性，规范，"补短"；家庭教育侧重个人，灵活，"扬长"。

学校培养的是"知识的人"；家庭培养的是"生活的人"。

婴儿刚出生，是一个对社会一无所知的自然人。这个自然人只有经过社会化的过程，才能成为对社会有用的人。家庭是儿童早期生活的主要环境，对个体社会化起到奠基的作用；学校是个体由家庭走向社会的桥梁和中介，是儿童社会化的主要场所。孩子的社会化是一个漫长的过程，当孩子在社会化的过程中出现矛盾和问题的时候，家庭起着过滤和指导的作用。

在充满不确定的当下，家庭教育日益突显的价值是为个人提供源源不断的爱的能量。

通过这番分析比较，可以看出，家庭教育虽然在很多时候要配合学校教育，但它有自己的独特作用。很多重要的素质，单靠学校或者单靠家庭都是不可行的，他们共同组成的教育环境都会作用在孩子身上。给孩子良好的教育，就是要让几方面的教育资源协调配合，给孩子良好的影响。

美国教育家多萝茜·洛·诺尔特说——

如果一个孩子生活在批评之中，他们就学会了谴责；

如果一个孩子生活在敌意之中，他们就学会了争斗；

如果一个孩子生活在怜悯之中，他们就学会了自责；

如果一个孩子生活在鼓励之中，他们就学会了自信；

如果一个孩子生活在忍耐之中，他们就学会了耐心；

如果一个孩子生活在认可之中，他们就学会了自爱；

如果一个孩子生活在分享之中，他们就学会了慷慨；

如果一个孩子生活在承认之中，他们就学会了要有一个目标；

如果一个孩子生活在安全之中，他们就学会了相信自己和周围的人；

如果一个孩子生活在友爱之中，他们就学会了这世界是生活的好地方。

……

归纳一下这里面的关键词，不难发现，相当多的内容，是家庭教育大有可为的地方。

经典教给我们的育儿精髓

家庭教育担负很多教育任务，有很多教育内容。这么多的内容，重点是什么？尤其是面对这个日新月异的时代，我们要教孩子什么呢？

首先，我们有必要了解学校教育和家庭教育都要实现的目的。十八大报告指出，要坚持教育优先发展，全面贯彻党的教育方针，坚持教育为社会主义现代化建设服务、为人民服务，把立德树人作为教育的根本任务，培养德智体美全面发展的社会主义建设者和接班人。

在家庭教育中，具体到自己家的孩子，我们育儿的重点又是什么呢？

回顾一下我们认识的人，哪些人让你信任和喜爱？哪些人过得幸福？是聪明的，才能突出的，家境好的，位高权重的还是……？他们的共性是什么？什么答案是确定的？

这个时候，去找到不确定中的确定，找到经过了时间检验的东西尤为重要。

我想，这个思考题的线索应该是追寻一下我们的传统文化精髓。

中国是一个有着几千年历史的文明古国，几千年来文化的传承给我们留下了许多的经典，其中有一篇至今都给我们带来深远影响，那就是《弟子规》。这是一篇朗朗上口的千字文。它的序言，虽然短小，但很精辟，是全文的总领。它是这样说的：

弟子规，圣人训，
首孝悌，次谨信，
泛爱众，而亲仁，
有余力，则学文。

"弟子规，圣人训"，也就是说《弟子规》这本书是由我们的圣哲先贤所编撰的一本给为人子弟、为人学生看的行为规范。它讲了四点："首孝悌"，首先你要孝敬父母师长，友爱兄弟姐妹。"次谨信"，其次你做事你要谨慎小心，做人要诚实守信。第三"泛爱众"，是说面对普通的大众，你要有一颗不分高低贵贱的博爱之心。第四"而亲仁"，我们要引导孩子淡泊名利，亲近那些有仁爱之心、德高望重的人，以他们为榜样。最后还有两句话，我看了就比较扎心，它在说什么？它说"有余力，则学文"。也就是说你把前面的孝悌谨信爱众亲仁，都学好了、做到位了，你还有余暇的时间和精力，你就去学点文。这个文在古时候叫六艺，即礼乐书数御射，放在今天就是我们学校开设的各门学科。

这么一看，把我们吓了一跳，我们忙得不亦乐乎，跟学校抢着做的那些内容，在古人的训诫里只能处在细枝末节的部分，而那些重要的部分，孝悌谨信爱众亲仁，我们都好像做得比较少，甚至是忽略了。

有人说，《弟子规》过时了，不值得重视。但你仔细研读，它的思想根植于流传上千年的文化传统，影响深远。虽说它里面提到的行为规范有不少不适合当下的形势了，但总序的内容，总序里表达的思想，具有超越时空的力量。

几千年形成的教育理念和近十多年形成的看法，哪个更值得重视？

再看看我们的孩子现在出现的种种问题，尤其是"空心病"频频出现，我们不得不承认，确实与缺少人格培养的教育有关。

这些现象是不是值得我们反思？

中国是一个特别重视家庭教育的国家。在我们的家庭教育传统中，道德教育一直占据重要的位置，修身为本的理念深入人心，即便在传统受到严重质疑，被西方科学民主冲击巨大的近代，它的重要性都没有撼动。它是中国家庭追求的基本目标和基本价值取向之所在，这是我们的根基，自有强大的生命力。这个根基，有丰富的内容，用一句话概括，就是"养孩子的心"。这里说的"心"是指一个人的心性、品性、品格。

中国有一句流传深远的话，叫性格决定命运，有一句流传深远的成语叫"厚德载物"，都讲到培养品性的重要。厚德载物，也是清华大学的校训中的一句话，它说的是，我们的德行一定要厚，这个德行就像一艘大船，容积越大它的承载量就越大。那么相对于这个厚德，它所载的物又是什么呢？我们的古人是这样说的，他们把金钱、荣誉、地位都统称为"身外之物"，我们的德行将来要载的是这些东西。如果你的德行够厚，那么这些东西多一点，你就载得动，就是安全的。如果你的德行较差，或者说一般，那就麻烦了，比如说一个人他的德行一般，他本来只能承载1个亿，结果他不小心赚了10个亿，你说我们是该为他高兴呢，还是该为他担忧呢？

作为父母，我们送给孩子的，一定要是最安全的东西，那么什么是最安全的东西？就是尽可能地培养他良好的心性、品性、德行。这样他将来遇到各种诱惑和艰难，就不至于翻船。

这是我们刚才穿越祖先的智慧所得到的核心价值。

现在让我们来放眼一下世界。在国外有一本书叫《塔木德》，这本书后来影响了整个的西方世界。它其中有一段是这样说的：你要保守你心，胜过保守一切，因为一生的果效是由心发出。它在讲一件什么事呢？就是说你在某一时刻的行为到底是善还是恶，不是由别人看你的标签"好人或者坏人"决定的，而是由你在那一时刻的起心动念决定的。而你的心意和念头，是一个动态的东西，所以你要时刻地保守它，让它发出来的是善念，产生的是善行。

东西方的家庭教育经典教给我们的精髓，可谓大道至简。

这个抽象的"道"，我们来稍作分解，好让我们对家庭教育的内容有进一步的认知。当代的家庭教育研究者将家庭教育的内容分为社会性教育、个性养成教育、道德教育三个方面。这三个方面分别包括生活能力、生活习惯、语言能力、人际交往能力、信息处理能力的培养，气质、性格、能力等个性养成教育，社会公德、职业道德、爱情婚姻家庭关系的教育等。

　　家长看到这么多内容，可能有点发怵。确实，在生活中很难实施这么多的内容。那怎么办？那就是抓核心、抓关键。在这个信息爆炸、资讯繁多的时代，教育者不可能创造绝对健康的环境，规避一切不利于孩子成长的因素，也不可能事无巨细地教会孩子做好每一件事。追溯那些优秀人才的成才经验，就发现他们走过的路径虽然各不相同，但共性是他们拥有特别的素质——在任何环境中，哪怕是不利于他们成长的环境中，他们都会吸收有益身心的东西，不断成长。这个共性与我们的教育传统和西方经典告诉我们的精髓是一致的。

　　通过这些梳理，我们发现培养出良好的心性、品性，是我们家庭教育的核心、着力点，也是捷径。

养出怎样的心性

　　那么我们要为孩子养出怎样的心呢？良好的心性、品性包括很丰富的内容，比如好奇、单纯、仁爱、乐观、节制、勇敢、诚信、谦卑、担当等。孩子作为自然人，天生就具有好奇心、童心和爱心，这些要加以保护，让他们自然生长；孩子作为社会人，利己也利他的品性不会自己长出来，就需要刻意培养了。

　　《爱与理智》的作者福斯特·克林纳和吉姆·费经过多年研究，发现信心、爱心和责任心是孩子成长的最重要的心性。我们来看看，信心关乎自己，爱心关乎他人，责任心关乎做事，它就像稳定的三角，支撑起孩子成长的几个重要方面，这三个是我们要关注的重点。

比如，一些家长常为自己的孩子不好好写作业头疼。假设，我们从孩子幼时就教他自己的事情必须自己做，还教他承担一定的家务，由此培养孩子的责任心，那么一旦他知道学习是他自己的责任，他就不会跟你讨价还价，对作业敷衍了事。假设，孩子在做各种事情的时候，我们总能看到孩子身上的亮点，总能接纳鼓励他，让他对自己有信心，那么他就容易做到自觉把作业做好。

同理，辅导孩子学习的过程，也是培养信心和责任心的过程。孩子做作业或考试时，你不要把注意力放在他对了几题，得了多少分，在班上排名多少上面，而是看到孩子有没有认真对待，做错了有没有想办法订正、弄清正确答案，态度是否端正，是否有进步，有没有因此树立信心、细心、耐心等。

在孩子所做的各种事情，所经历的各种故事中，你的关注重点、你的评价都放在养心上，放在孩子的态度上，慢慢地，孩子就会养出良好的心性、品性。

母性文化的要点

现在我们着重来讲母性文化，因为母亲和孩子有特别强的依恋关系，母亲也是和孩子相处时间最多的人。

中国人爱说，母爱如水，这个比喻很精当。

水有哪些特质呢？灵动、恒顺、柔和、谦逊、包容、利他、毅力、调和、透明、清净……它滋养生命，让人亲近敬畏。优秀的母亲当具备这些特质。

现在我们提炼出三个重点词来谈。

母性文化的第一个特质：灵动。

很多母亲为孩子取得看得见的成果殚精竭虑。确实，分数、才干、成果、职位……看得见且容易检测，让人难以忽视，也催人奋进。情感、灵性、直觉、天性……看不见且不易检测，容易让人忽略。

其实，"看得见"和"看不见"是孩子成长需要的两个方面。

这两者哪个更重要呢？爱迪生说过，天才是99%的汗水，加上1%的灵感。有些人一看99%都是汗水，那还说什么？转身盯着孩子做题、考试，实实在在地操练去了。可是爱迪生还有一句更重要的话在后面，那就是1%的灵感比99%的汗水更重要。

灵动，说的就是母亲要注重孩子的情感、灵气、直觉、天性等一些"看不见"的特质的养护，不仅要务实，更要务虚。

认真地想一想，孩子在成长的过程中最可爱的时候，是考试的时候吗？是写作业的时候吗？不是。是什么时候？对，是玩的时候。孩子生命中的那些灵性、直觉、天性，他的情感，简直太可爱了！孩子生命中离不开这些东西。如果缺少了，将来有一天就算是找到了很好的职位，他很难感到幸福。

孩子的心是灵性的东西，它要养在"灵动"的环境里，这个环境就是看不见的家庭文化。它像一根无形的线，将家庭成员连接在一起，也像一个容器，让一家人的身心得以在此安放。如果一个母亲太过看重现实，对孩子的管教太过严苛细致，一切只讲实用，孩子的心就没有地方养。

我们说的仰望星空，就是在这样一种环境里养出来的。

2014 年，我们一家去内蒙古草原参加了一个中学生的营会。在草原上，11 天时间安排的活动都很丰富，特别是晚饭以后邀请从上海过来的教授给孩子们讲故事，解答孩子们的很多问题，孩子们特别喜欢。

有一天晚上没安排任何活动，8 点多就回蒙古包休息，大家伙都奇怪。半夜 1 点左右，辅导员吹起了集合哨。每个蒙古包里出来 8 个人站成一列，辅导员给他们发眼罩。每个队发 4 个人，拿到眼罩的人，就是"盲人"，需要被照顾，另外 4 个看得见的人就要协助他们跟着大部队往前走。沿途经过了好多的关卡，时常要搭人梯、搭人桥，好辛苦。那时大家的注意力完全就在脚下。

走到草原深处，辅导员突然说，现在请大家开始仰望星空。

这时大家才突然发现，辽阔的夜空里，繁星闪烁。漫天的星斗，璀璨而深邃。我们那群人完全被眼前的景象震撼住了。

然后辅导员用非常有磁性的男中音说了下面一段话——虽然整个人类的进步与辉煌都是源自脚踏实地的实践，但是我们人类还需要有务虚的梦想者，每一个民族都需要有仰望星空的人。此情此景我联想到了《银河英雄传说》里的一句话：我们的征途是星辰大海，我们的目标是宇宙的尽头……

可以这样说，在草原夜空下的那些孩子们是有福的，因为他们在一个恰当的时间，一个特别的地点得到了一个精妙的点拨。在辅导员的引导下，他们的心飞向了辽阔的宇宙，他们的心也有了与人类历史上发光的那些人对话的冲动。在星空下，孩子们大声喊出了自己的梦想，他们内心的力量就这样被激发出来了，人格的强大开始有了一个生发点。

这段经历让我们看到，寒暑假不是用来给孩子们补课的，它是用来让孩子们去接受学校和家庭之外的另外一种教育，即社会教育。在这个平台上，它会让孩子们走出原有的学校、原有的班级，去体验完全不同于日常的经历，甚至可能找到内心被点燃的东西。

营造"灵动"的家庭文化，有个特别重要的方法，那就是带孩子去大自然中，敞开感官，用眼睛看，用鼻子闻，用耳朵听，用手去触摸，让孩子亲近大自然，培养对大自然的感情。因为大自然是最好的补充生命能量的场所，也是人最好的老师。

给大家分享我的一篇育儿随笔：

夏天的某一刻，下暴雨了。

"儿子，我们去外面看看，去尝尝雨中的滋味。"

"好！"儿子高兴地答应了。

母子俩打着伞走在雨中。我问儿子："你听，雨水打在伞上。他们在干什么呀？"

"有的练习打鼓，有的练习滑滑梯。"

"把手伸出去，看看雨点是什么样的，它的力气大不大。"

儿子把手伸出去，咯咯地笑："好痒呀！他们像水做的针，他们在我手上跳舞！"

"他们一定玩得正过瘾吧？闻一闻，他们把什么味道带来了？"

儿子使劲吸了一口气，说："树叶的味道，泥土的味道，水的味道……"

我也使劲吸了一口气，说："嗯，好像还有花的味道呢！小草树叶见到雨点，想说什么呀？"

"谢谢你让我解渴！现在我好舒服呀！我要变得更绿啦！"

聊了一会儿，儿子猛踢一脚，把自己的凉鞋踢到如河道的小路上，我也猛踢一脚，把鞋踢到那只小鞋旁边。看着两只鞋顺水漂流，两人相视大笑。

过了一会儿，我们发现前面有个下水道，眼见鞋要掉下去。儿子大叫："站住，站住！不许跑！"两人一路狂奔，在最后关头把鞋踩住了。

我笑："这辈子不当一回小孩儿的鞋真是白活了！"

可以想见，如果我们的孩子经常有这样的体验和经历，他的感受力、情感、思维都会得到滋养。

母性文化的第二个关键词：谦逊。

一些母亲强势，本意可能是帮助弱小的孩子绕过一些曲折过程，依靠大人的帮助很快获得较好的结果。但是随之而来的孩子的自主性、创造性的萎缩，自信心的破坏，好心的母亲看不见。

对孩子强势的根本原因在于家长对孩子的自主性、创造性、流动的智力等优势认识不足，太过相信自己的理念或规则，少了一份谦逊。

我们来看一个耐人寻味的场景：一个小孩把大盆子放到了屋子的中间，往里面灌水，并且把一些玩具找出来放进去，他想试试哪些东西可以沉下去。妈妈一看，我的天！在木地板的中间摆了这么大一盆水，眼看木地板就会遭殃，简直是吓坏了。这位妈妈很能干，动作又迅速，一分钟不到把水清掉了，并且把地上擦干了，然后语重心长地跟儿子讲，儿子这是木地板，千万不能沾水。后来，孩子想试试把水果切成自己想要的样子，妈妈说，不行，小心手受伤了；孩子想试试自己做菜，妈妈说，不行，小心烫到了；孩子想和小伙伴去公园玩，妈妈说，不行，小心被人拐走了；孩子想安安静静地多画会儿画，妈妈说，不行，你要完成作业，要看书，不能影响学业……

多年以后母亲发现孩子什么都不敢尝试，就说孩子：你怎么没有什么创造性呢？我想用一句流行的话替这孩子回应她：你砍断我的翅膀，却要我去飞翔！

美国有一个著名的科学家叫罗伯特，他是业界同行公认的最敢于试错的人。有一次他接受采访，记者就问他，罗伯特先生，你为什么这么敢于大胆试错，这个东西怎么来的？罗伯特就说，这应该要感谢我的母亲。

接着他就讲了一个故事，在他小时候，有一次想从冰箱里拿一瓶牛奶（就是我们常见的玻璃瓶的牛奶）喝，他手很小没拿稳，结果奶瓶掉在地上摔成两半。他的妈妈听到声音就走过来了，接下来她说了一句让罗伯特终身难忘的话，她说："罗伯特，你想不想在牛奶里面玩一会？"罗伯特听了高兴坏了。他连忙一屁股坐进去，把身上涂的都是牛奶，头发上涂的也是，脸上涂的也是，玩得不知道多么开心。妈妈在一旁说，我像你这个年纪的时候，可是玩不出你这么多的花样。等到他玩好了、开心了，妈妈在他面前的桌子上放了一瓶牛奶，然后告诉他，你应该两只手合拢，而且要握住最细的地方，就不会掉了。孩子学会以后，妈妈说，你看，你这么快就学会了，真厉害！

"我像你这个年纪的时候，可是玩不出你这么多的花样。"谦逊的母亲才能说出这种话。谦逊是一种智慧，也是母性的一种力量。

现在的很多父母太焦虑，总怕孩子将来竞争不过别人，甚至没有饭吃。静下心来想，社会在往前进步，孩子具备了基本的生活能力、学习能力，学会做人，生活是没有问题的。未来学者的研究告诉我们，孩子的未来会远离饥饿，但是有一点，他可能会深受忧郁症的折磨。他一旦找不到幸福感，麻烦就很大。再说，孩子经历的一切我们不可能都管控得到。所以我们一定要在陪伴孩子的时候，尤其在他们的童年，多给他们留下一些快乐的回忆，多培养他的自主性和创造性，这些东西能够带来未来的幸福。

母性文化的第三个关键词：柔和。

"柔和"指的是母亲在面对孩子及家人的时候，要性情温和，情绪把控在一种平和的状态，这样才能让一家人都得到滋养，也有助于孩子养出稳定、丰富、宽广、有力量的自我。孩子的心养在母亲的情绪里。很多妈妈听到这里的时候就开始抓狂了。我的天哪，我的情绪特别容易暴躁，有时候还很低落郁闷，更多的时候，我还比较容易焦虑，养在这个地方，那不是很糟糕？其实，这个不能全怪妈妈。在家里养孩子就不是妈妈一个人的事情。因为妈妈总会有情绪低落的时候，这个时候谁来帮她处理呢？当然是做父亲的。可是我们有些做爸爸的不在意，常常是把妻子的小情绪搞成大冲突，把一堆能够拼坦克的材料，拼成了一台拖拉机，最后还点不着火，太遗憾了！

是的，父亲一定要学会帮助母亲调整情绪，父亲的责任是点燃母爱的能量，要让妻子唤醒做妈妈的那种自豪感、快乐感，然后她就有良好的情绪来陪伴孩子。这是一个父亲爱孩子做得最高明的办法。

每一个人的内心都有天使的一面，也有恶魔的一面，人心情愉悦了，就时常能把天使的一面放出来。当一个母亲常常活得像天使一样的时候，她的那些美好的品格就会直接投射在孩子的身上，所以有人说，母亲的品格决定了孩子的未来。要是每一个妈妈都能这样做，那决定的就是一个民族的未来。

但如果母亲的性情太过刚硬，就会成为孩子成长的干扰源。

我们来看看这个场景：孩子每天都会给家长带回一个东西，叫作业，隔三岔五的还会带回一个东西，叫试卷，试卷上面有一个东西，叫分数，分数那玩意儿还忽高忽低。分数高的时候全家人恨不得开心得出去吃大餐，当孩子一下子掉到谷底的时候，恨不得男女混合双打。有时孩子还在外面学习很多的技能，这些技能有时候是要考级的，这些看得见的东西你会忍不住和其他人来比较。一比较，恼火焦虑就会冒出来。

可是成绩糟糕的孩子，他背后的需要是什么？或许是孩子缺乏自信，找不到好的学习方法，或许是因为孩子遇到负面情绪没有得到处理留下了阴影呢？可能一些家长没有多想就是一顿批评指责。反思一下，这时你的话语会不会成为孩子的干扰源？

过去我们说儿不嫌母丑，是因为母亲在孩子面前总是彰显着一种与生俱来的柔美。我们现在过春节，在外面打工的人挣点钱也不容易，每到过年各种交通工具的票那么难买，但大家伙还是会设法回到故乡。

为什么呢？就是想看望母亲，跟母亲聊聊天，谈谈心。其实每一个出来打拼的人，都不容易，受到好多的挤压，无处排解。回到家乡跟亲人在一起唠唠嗑，聊一聊，感受一下母亲柔和的爱，就能够得到很好的修复。通过一个春节的滋养修复，就像充电一样，精气神恢复得满满的。等春节过完又出来打拼一年，这就是我们现在春节回家的意义。

如果你的父母亲都还在，要在行孝这件事情上多一点付出，让父母亲得到一点安慰，同时也给自己的孩子做榜样。

前些年有个节目组采访了一个高中班的男同学，问了一个问题：将来你要是找媳妇，你会不会找像你妈妈那样的女人为妻？结果得到的回答多半是摇头，而且这个比例很高，高达97%。

天哪！这么多的人都不愿意接受像妈妈那样的女人来做自己的妻子。为什么？

这个结论值得我们思考。这其中的主要原因是：母亲们慢慢失去了柔和的东西。

什么是母性的柔和？儿女们都愿意千里迢迢地回家去看望母亲，老大回来了，当官的她喜欢，老二回来了，做生意的她喜欢，老三回来了什么都不是，但是她还是喜欢，因为仅仅是因为他们是她的孩子。母亲只认血缘亲情，不管职位，不管财富。这种东西很纯、很柔，孩子们都愿意回来，回到母亲的身边来感受那种柔美。现在的很多母亲有了太多势利的分辨，所以孩子们就不愿意接受。

母性文化是一种怎样的状态呢？我们来联想一幅图景：

山间有一股清泉，水里有一些鹅卵石，这些鹅卵石就算很大，它的外表也都很圆润的，为什么呢？难道它是被谁砍成这样，切割成这样？对于这种现象，著名的诗人泰戈尔有一个非常精妙的一句话，他是这样说的：使卵石臻于完美的，并非是锤的打击，而是水的且歌且舞。

这就是母亲养育孩子的一种状态。

父性文化的要点

接下来我们简要说一说父性文化。

中国人说，父爱如山。这个比喻也很精当，值得我们往深处想一想。

山是厚重的、深沉的、高大的、坚毅的、包容的……如同父亲的模样。父亲在很多孩子的心中是高大而又威严的，常常需要被仰望，就像我们仰望高山那样。但现在，我们提倡营造民主性家庭，家人之间更多是平等的关系。那么如山的父爱应该是怎样的呢？

第一是宽容，父性文化的核心就是胸怀要宽广，是在面对别人的错误，面对家庭成员的不足时，表现出来的一种文化自觉。如果家人都不犯错，就不用宽容了，比如家人不小心摔坏了东西，这个时候父亲笑着说没关系，甚至还说摔得好，这叫碎碎（岁岁）平安，这样子我们就可以买新的了，就带给那些犯错的人有一种很温暖的感觉，这就叫宽容。

第二是坚韧，是在面对压力、艰难和挑战的时候所选择的一种姿态。现在很多男人，在外面挣钱养家，真的是很不容易，很有压力，但是我只有这个能力，我就只能做这份工作，我坚持着把它做好，哪怕挣的钱不是很多，我知道我不能放弃，这就是一种坚韧。

第三是喜乐。它是在营造欢快的氛围时彰显的一种积极友善的心态。和家人聊天，陪孩子玩乐，都给他们带来喜乐的感受。

许多男人有时候可能因为加班，回来得比较晚，甚至一边走一边纠结工作中困惑的点，所以有时候回到家，整个人的气场根本就转换不过来，拉着一张脸，在家人看来就是一张臭脸。在家里可能母亲正带着孩子在一起搞一些很欢乐的项目，做一些小游戏，结果突然看到这么一个人走进来，他们只好悄悄地转移到别的房间去。有一段时间，我就是这样，结果我儿子就在背后给我起了个外号，叫"毁气氛小能手"。

当我爱人把这个外号告诉我的时候，我仔细想了一下，觉得蛮不是滋味的。因为我知道，孩子初中、高中学业都很紧，高考之后上大学就飞走了，真正需要我们父母深度陪伴的也就是幼儿园到初中这么十多年的时间。孩子的童年期这么短暂，结果孩子对我的印象竟然是一个"毁气氛小能手"，我这多悲催。反思过后，我决定改变。后来每次回家，无论我的身体多么疲惫，脑子里面多么纠结，在门口，我一定要转着圈放松一下，先把身体放松，再把脑子里面清空，然后再把脸上挂上微笑再进门，进去以后主动问候并配合他们的氛围，甚至参与到他们的活动中去……慢慢地，我的这种改变也被我的家人感受到，他们知道我是刻意为他们做的。

当一个男人有了这三样东西：宽容、坚韧和喜乐，这样就构成了父性文化的风度。这个风度，不是说有没有像周润发、刘德华他们那样帅，而是说，父亲跟家人相处时带给人温暖、宽阔而笃定的那种品质。

有了这三样东西，你的妻子就会觉得你是一个有风度的丈夫，你的孩子们就会觉得你是一个有风度的爸爸。

如果用一个画面来诠释父性文化的特质，应该是"清荣峻茂，良多趣味"吧！

日常中的持守

为孩子养心，父亲和母亲都是重要的角色，他们是孩子品格养成的帮助者。因为孩子那么小，他自己不会守、也不会养，只能由父母来帮助。父母在这个问题上责无旁贷。他们在构建家庭文化、梳理家庭伦理的过程中，一定要有自己的持守。

这些持守，就藏在日常生活里。

父亲承担着持守文化的职分。有人说："老师，我家孩子还那么小，跟他讲文化，他懂吗？"这要看你怎么讲，要是单讲字面意思，估计孩子接收到的会很少。但是还有一种信息的传递很有效：生活中你做给他看，言传身教。

记得我的孩子读三年级的时候，有一次在学校帮老师发新书，有一叠书的第一本因为绳子勒的缘故，表面有点凹凸不平。儿子发完书回到座位一看，那本凹凸不平的书放在自己的桌上。他就很生气。回家以后见到我实在憋不住了："老爸，我今天气死了！我辛辛苦苦地帮助他们，结果他们把最烂的那本书留给了我！"看到儿子的样子，我笑着对他说："哈哈，你真是不懂，这叫吃亏是福。最烂的书就这一本，结果被你拿走了，那么你就成了吃亏的人，而其他的人就占了便宜。有人看到你乐于助人，还能吃亏，是不是愿意和你交朋友？"儿子听了我的话，气就消了一些。随后我找来他喜欢的动画片的挂历纸，仔细地测量、剪折，很快加装了一个漂亮的封面。包了之后一看，儿子兴奋坏了，说老爸这太好了！没想到这么一包装，书更好看了。

一次情绪的危机，就这么处理完了。作为一个偶然事件，孩子学到一些遇到难题的解决办法。我就想，都靠偶然事件来教孩子，是不是太被动了？

于是我们夫妻一商量，决定搞读书交流会。从儿子六年级开始一直到现在，我们家的读书交流会都没有间断过，到现在我仍然记得我们第一次读书交流的题目，叫作《没有不受伤的船》——

西班牙是一个航海大国，它的国内有一个非常著名的造船厂，叫巴塞罗那造船厂，可能是因为第一任船厂长有一种特殊的文化情结，他每造一艘船送到海里去，就会建一个小小的跟它一样的模型放在陈列室里面，然后就指派专人跟踪，如果这艘船发生了重大的灾难，就要回来用笔在这个模型上面标记一下。后来这个厂一下子跨越了1000多年，造出的船也将近有10万艘。最后那些陈列室装不下了，就造了一个大的陈列馆。后来西班牙人把这个陈列馆开放给世人参观，好多游客参观以后出来，脸上都很沉重，若有所思，他们惊讶的不是那将近10万艘船千奇百怪的形状，而是那些船身上做的那些标记，每一艘船都满满当当。可以这样说，从下海开始从来没有不受伤的船，一艘都没有！这就是西班牙人贡献给全人类的智慧：原来受伤是常态。

听完这个故事儿子很感动，但说不出学到了什么。他眼巴巴地看着我们："你们快说呀，这里面到底有什么启示？"于是我们就开始聊，聊着聊着，就领悟到其中的真谛——

每一个人来到这个世界，就像一艘下海的船。要想航行在广阔的大海上，船必须宽大结实，有足够的物资、航行的目标、以及统合驾驭这些的能力，否则就只能在岸边晃荡。类比到人，人要有远方的目标、强健的身体、宽广结实的心灵结构、丰富的知识储备和能力……同时我们也意识到，在生活中的大海中航行，就一定会遇到风浪，甚至是毁灭性的伤害。我们无法左右环境，控制风浪，我们能学会的，就是受伤了，学会及时修复。

那次讨论会的结束，我们就把对儿子的要求改了一下：不遇到难题是不可能的，但遇到了我们就认真面对，不躲不退。出问题了，我们就及时修复。

后来儿子出现负面情绪我也搞不定，但我会带着他重温《没有不受伤的船》，儿子又能够得到很大的安慰。在这个过程中，我们也教导他用时间和空间来化解当前的困难——有些困难今天看是难事，但是一年之后再看可能就小了很多，或者有时候我们转换一个角度来看，还会把当下的困境理解为值得感恩的经历。

当我们这样做的时候，孩子的内心就逐渐强大了。

他后来 20 岁时去美国留学，一路遇到无数难题，尤其是英语，就像掉进了泥潭。但是他不躲不退，认真面对。我想这份坚持，就与我们当年的读书交流带来的影响有关。

我们现在养孩子，终点在哪里呢？你可能会说，首先是盼着高考，然后又盼着毕业，然后又盼着他成家，你这么盼，盼到什么时候才是尽头呢？

靠谱的做法，就是你把他带到追求真理的路上。当孩子勇于为自己，为他人并且为社会去承担责任的时候，那么你就可以放心了。

母亲持守的是为人处世的原则。母亲与孩子接触更多，关注生活细节更多，与外界互动时该注意什么，与人交往要注意什么，母亲都要一点一点地教。

给大家讲一个小故事。有一个小孩叫阿威，他是一个弱听患者，很爱动，很活跃，但会经常与其他的小朋友发生冲突，大家伙儿都很怕他。有一次我的儿子也被他掐脖子了，回来之后很难受，就跟妈妈诉苦："妈妈，今天阿威掐我了!"妈妈听了，叹了一口气，缓缓地说："你们那个阿威啊，其实挺可怜的! 阿威看起来喜欢打你们，但其实是很想和你们做朋友，可是因为他听力很差，没有弄清规则，就总是在里面捣蛋，最后你们嫌弃他，他才反过来打你们的。你看是不是啊？如果你用他能明白的方式对他友好一点呢?"

听了这话，儿子的同情心被激活了。第二天儿子就主动找阿威友好地打招呼，阿威居然友好地回应了，后来，儿子带了小人书和玩具跟他一起玩，慢慢地他们就能玩在一起了。没过多久，他们两个就成了铁杆的哥们儿，他不但不会打我儿子，还成了我儿子的小保镖。

没想到，这么一个危险的存在，因为母亲的开导，变成了孩子的资源! 这样一个逆转，让我们很惊讶! 这种与人交往的经验积累，对孩子非常重要。与人和睦的母亲，她的身边容易走出被人接纳的孩子。

在日常生活中，父母各有自己的侧重点，但它们中间必须有一个关联点，否则真的变成了，公说公有理，婆说婆有理，最后孩子收到的都是一些混乱的信息，这可不行。这个关联点是什么呢？就是要共同守真理。我们平常说的要讲理，其实我们讲的都是道理。道理，都是人以自己的主观价值来衡量的；真理，它超越了对错达到了更高的层面，放之四海而皆准。如果你的孩子经常守这个东西，将来他的路就越走越宽广。

养育的原则

养育孩子要关注的地方很多。内心有原则的家长，才会抓大放小，内心笃定，也容易和配偶达成共识。

家长是孩子的第一位老师，是孩子生命中最重要的人，所以，家长要切记的首要原则是以身作则，为孩子做榜样。

我们要守护的重要原则有——

一、成人教育与成才教育并举

我们不仅要把孩子培养成各行各业的人才，更要让他们成为身心健康的、遵守社会公德的人。孩子只有在成人的基础上才能成才。

有些父母以为学业优秀＝成才，于是过分关注学业成绩，忽略了孩子的德育、体育、美育、劳动教育，忽视了心理素质的培养，带来一系列问题。

在实际生活中，要将辅导孩子学业放在合适的位置上，不要让学业占用过多时间，更不能成为评价孩子的唯一标准。学业之余，要多让孩子参加各个方面的活动，力求全面发展，为日后留下多种可能。

二、爱与理智平衡

我们很爱孩子，要无条件接纳孩子的身份，天生就有的特质，还有他的情绪，要对孩子要多赞赏、理解、尊重，但是在爱的过程中我们要加上"理智"，规范约束乃至制止孩子的不良行为。中国文化很有智慧。中国人以前用的铜钱外面是圆的，中间有一个孔是方的，外圆内方正好能够用来表达爱与理智的关系。外圆就是指的我们对孩子的大爱，而里面的小方孔就是原则，就是理智。在方和圆之间，就是我们管教的智慧。福斯特·克林纳和吉姆·费告诉我们，平衡爱与理智的要点是：

1. 在结果产生之前给予同理心

比如，孩子说自己长大了要考北大清华，你就可以大胆赞赏说，我很理解、很赞赏你的想法。

2. 在限制范围以内分享控制权

我们在尽可能的情况之下，多给孩子一些控制权。比如，早晨起床后，所有流程就按孩子的安排进行；做作业的顺序和时间，让孩子自己决定；一家人一起出去玩，让孩子定计划、订酒店等。在"自律"和"他律"之间，我们适当地多一些转换，鼓励孩子积极自立自律，培养孩子的责任感。

但在限制范围之内，孩子只能遵守约定。比如，不能抽烟，不能超过规定的时间上床，按时吃饭，不做危险的游戏，不能独自一人去陌生地方游玩等。

父母在孩子面前要有权威，也要讲民主。这两者是相辅相成的。

3. 要保护孩子的自尊心

不当众批评，倾听孩子的想法，在不违背原则的前提下，尽可能按照孩子的想法做。

4. 要分享一些思考

有一些认知，书上是这样讲，但书上讲的东西，它只是某些人某些时间段写出来的一些认知，万一这些认知过了一段时间，我们发现他是有问题的，这样我们在执行的时候，就要特别小心，要注意观察孩子的思考和反应，我们自己也要有思考，对一些让人质疑的地方，我们要大胆存疑，并且还要告诉孩子自己的疑虑，让孩子也参与到对这些问题的探究之中。

而把握这一切的核心就是我们和孩子的关系。

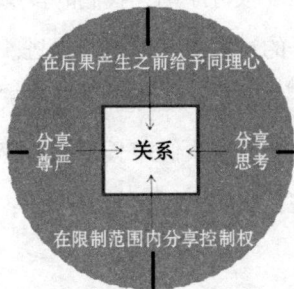

图 2.2　爱与理智的原则

三、尊重个性　启发引导

每个孩子都有自主性、创造性。家长要通过提问、谈话、创设情境等方式启发孩子思考，引导孩子实践，发挥孩子的主动性，不说教灌输，不包办代替。家长要多放手，但凡孩子能做的事情都要让他自己做。孩子天生就不相同，不要只用一套标准衡量孩子，要根据孩子的特点安排活动，不跟他人攀比，不盲目跟从别人的做法，时时从孩子的实际出发来进行亲子教育活动。

此外，家长要可能多的赞赏孩子的优点、进步点，多花时间陪伴孩子，在孩子最需要你的时候充分发挥作用。

遵守这些基本原则，我们就能在陪伴孩子的过程中保持平稳笃定的心境，减少不必要的内耗，帮助孩子成为最好的自己。

著名哲学家李泽厚先生指出，21世纪的教育应该以塑造人性本身，充分实现个体潜能和身心健康为目的。他的预见和沈祖芸老师在"2020全球教育报告"中提到的趋势是一致的——教育要回到人本身。

站在这个高度来守教育原则，我们的孩子就能赢在未来。

我们在陪伴孩子的过程中，要与时俱进。以前我们读书的时候，黑板上方都有8个大字：好好学习，天天向上。现在的知识日新月异，呈爆炸式增长。我们家长都很心疼孩子，那我们能不能帮他们分担一点呢？我们这样来划分一下：家长好好学习，孩子天天向上。

我们要提升自己关于家庭教育的认知和理念，这样才能给我们孩子的成长创造各种可能，才能让我们的孩子健康成长。

本课重点：

1. 家庭教育的核心是培养孩子良好的心性、品性。

2. 父母亲要持守自己的本分。父爱如山，母爱如水，他们应该分工合作，共同营造养育孩子的好环境。

3. 父性文化、母性文化的持守都在日常细节中。

4. 养育孩子有持守养育原则，笃定从容，心中有数。

课后思考和练习：

1. 结合自己孩子的情况，说说要重点培养孩子的什么品性？

2. 你们夫妇在养育孩子方面是怎样分工的？是否需要调整？

3. 关于养育原则，你们做到了哪些？还有哪些方面要加强？

家庭教育的合力

家庭教育需要将每个人心中的爱，汇成一股合力，才能成为孩子成长的养料。

天然的差异

人教版小学语文二年级上有一篇课文，名字叫《从现在开始》：

狮子想找一个能干的动物做自己的帮手。于是他宣布，从现在开始，你们轮流做万兽之王，每个动物做一个星期，谁做的最好，谁就是我要选的帮手。

第一个上任的是猫头鹰，他看到自己成了万兽之王，兴奋坏了。于是马上宣布——从现在开始，你们都要像我一样白天睡觉，晚上工作！大家伙一听全都目瞪口呆，可是又不敢违抗命令，只好把所有工作都放到晚上做，一个星期下来，全都熬成了黑眼圈。

第二个上任的是袋鼠，他看到自己成了万兽之王也很兴奋。于是马上宣布——从现在开始，你们都要跟我一样，跳着走路，大家一听直摇头，可是也不敢违抗命令，只好苦练跳的本领。

第三周听说轮到小猴子了，大家有了前面的教训，提前开始担忧了：它会不会让我们住到树上去，每天抓着一根藤条荡来荡去？就在大家忧心忡忡的时候，小猴子大声宣布：从现在开始，每个动物都按照自己喜欢的方式，快乐地过日子吧！大家一听，欢声雷动，狮子看到这里也满意地笑了，大声说，从现在开始，你们不用再轮流了，小猴子就是我要找的帮手。

故事到此结束。

有没有觉得这个故事似曾相识？我们是不是常见到类似场景？

这个故事如果用一个词来简述它的精髓，那就是这两个字：差异。每个动物的生活习性不同，差异也大。面对这些差异，如果都统一成跟某个人一样，其他的人就会很痛苦。聪明的小猴子敏锐地发现了这种差异。于是它尊重了这种差异，让大家都按照自己喜欢的方式来生活，所以受到了大家的拥护。

那么是不是类型相同就没有差异了呢？比如说像我们这么多的人，在自然界它也属于一个类别，叫人类，是不是我们人类就没有差异呢？

以前我参加过一个学习，讲的是夫妻的相处之道。在营会里面我听到了许多丈夫、妻子的苦恼。丈夫的诉说是：我很爱我的老婆和孩子，那么辛苦地赚钱，不都是为了这个家吗？可是老婆怎么总是不满意呢？我一听觉得他讲得蛮有道理的，同情的票就已经向他倾斜了。可是没想到做妻子的也有困惑：我为老公和孩子做了这么多，为什么总是听不到一句好话呢？这苦恼也很实在。

为什么会有这种情况发生？我们都是属于同样的类别，都是人类，而且两个人能走到一起结婚，当初是因为相爱才走到一起的。可是为什么在相处的过程中还会有这么多的困惑，有这么多的不快乐呢？

老师的讲解让我们学到了一个重要的功课：爱的五种语言。夫妻日常相处中，传递信息有五种频道，这个频道就像收音机的波段，有时候你要是没有调整好频道，接收到的就是杂音，频道对了就听得很清晰。老师归纳了五种频道，也叫爱的五种语言。

第一，好言好语。指的是对人给予语言上的鼓励赞赏，最好是能赋能。

第二，精心时刻。像生日、结婚纪念日时精心准备，让那些时刻温馨难忘。

第三，肌肤之亲。夫妻之间亲密的动作，比如拥抱、亲吻、搂腰、牵手等。

第四，真心服侍。为配偶做实实在在的事情，比如做家务，准备出差的东西，按摩等。

第五，温馨赠礼。在特别的时候为对方准备一份礼物。

人与人之间爱的传递，用的比较多的就是这五个频道，每个人可能比较偏好其中的几种，其他的方式可能都没什么感觉。

无论是跟配偶，还是跟孩子相处，都要注意找准对方的接收频道，这样就能提高表达的效果。在一次营会中，有一个朋友他在学习完了之后，感慨道："早知道说几句好话就能把问题解决，我何必花那么多钱买礼物。"

每个人的接收频道是如何形成的？它是由每个人的生活经历及性格特点决定的，它不是几天就能改变的。在婚姻中，很多人都知道，有些特质是天生的，是很难改变的。

为分析人类的差异，心理学家给出两个简单的维度，把人大致划分几种不同的类型：是偏重事情，还是偏重人，这是一个维度；做事是快还是慢，是另一个维度。这就形成了两个维度：人与事，快与慢。这两个维度一划分，就把人群划分成了四个象限。为了表述得形象一点，我们以《西游记》中的人物为例，来分别诠释。

图 2.3

做事情很快又很偏重于事的，是孙悟空，他为保唐僧安全，大打妖怪，不顾情面；做事很快，比较看重人的，是猪八戒，比如遇到妖怪，他会说，妖精有什么了不得嘛，长这么漂亮干吗要打死？带回家做媳妇不好吗？做事比较慢，很重关系的，是沙和尚。41 集的电视剧，他的台词很少，而且也很单调，无非就是向大师兄求救："大师兄！师傅被妖怪抓走了！"或者向师傅报喜："师傅！你快看大师兄来救我们啦！"最后一种人，做事速度比较慢，比较重事情，那就是唐僧，孙悟空救他多次，该责罚照样责罚，还给他念紧箍咒。

这四种性格哪一种好，哪一种坏？应该说没有好坏之分。去西天取经这个艰巨的任务，就是四种不同的人合作完成的，少一个都不行。

我们来看一下这四种性格的具体表述。大家看看自己和家人属于哪一类，该如何相处。

D型（领导）就是孙悟空那种的，他在团队中的影响力很强，很有力量，是天生的领袖，他能够推动改革，意志坚强，敢于决策，而且目标很明确，充满了自信，勇于冒险，直面危机，自立自足，而且还能够坚持己见，这是典型的领导型性格。

和这种类型的家人在一起，不要给他压迫感，但也要预防他过快做决策，家里的事情要告知他，他若犯错，要婉转的提醒。这类家人要放下身段，认真倾听他人意见，关心家庭和人际关系的经营。

I型（活泼）的代表人物猪八戒，他是快乐的天使，他总是能搞出一些故事，生活多姿多彩，吃喝玩乐什么都来，如果有晚会，他就是晚会里的开心果，如果有舞台，他就是舞台的中心。他好奇心很重，而且还善变，又善于交朋友，喜好搞娱乐活动，孩子气特别重，活得像个孩子，天真，吸引力也很强，很有人格魅力，做什么事情能够自告奋勇。

和这种类型的家人在一起，要热情回应他的需要，不多谈细节和数字，多表达你的感受，使用幽默独特的词汇，感情色彩浓一些，也要坚持正确的想法。这类家人要学习今日事，今日毕，留心自己的金钱，不要被情绪左右。

S型（和平）的代表人物沙和尚，他是和谐的使者，比较低调，比较平和，富有耐心，而且乐天知命，平静诙谐，他还能够隐藏情绪，不轻易发脾气，而且他能够面面俱到，仁慈很宽容，适应力也比较强。

和这种类型的家人在一起，要多一些温暖的话语，多一些包容。这类家人要勇于表达自己的想法，学习弹性变通，提高行动力，关键时刻勇敢做决定。

C 型（完美）的代表人物唐僧，他追求完美，是思想的巨人，做事情很严谨，非常在乎细节，心地善良。这种类型的人不以人为恶，多愁善感，情感体验非常细腻，微观体感非常好。他们做什么事情都喜欢预先做规划，从宏观上来把握。这种人处理问题都非常严肃、认真，不嘻嘻哈哈，很有原则。他们对发生的情况能够随时应变，善于做分析，有特别的魅力。

和这种类型的家人在一起，要注意适当保持距离，清楚明确地表达，提供完整说明与具体资讯，也让他多表达。这类家人要多一些笑容，多一些承诺和行动力，注意寻求他人的协助。

这四种类型合起来是 DISC，是目前比较流行的一种性格分析法。每个人不完全就是某种类型，会兼具其他类型的特点，但会侧重某种类型。通过这种分析，我们会看到每个人都不完美，不同类型的人各有千秋。

正因为每个人都不完美，我们才需要与人连接，与人合作，当家人互相帮助，彼此成全，幸福就来临了。

现在的科学分支越来越细化，对很多我们看不见的问题的研究分析得越来越明了，比如说有心理学、精神分析学、脑科学、神经科学、行为科学等，这么多的分类，目的都是为了帮助我们更好地认识我们自己，明白人与人之间的差异。

人有很多差异，我们的肉眼能够看得到的，我们要尊重。对于那些我们的肉眼看不见的差异，我们会有困惑，冲突容易爆发出来，对此我们要特别注意。这些科学的研究，在不停地告诉我们一个事实，那就是：人的差异是客观存在的。我们只能接受，平和地对待。

差异带来的分歧

在家庭的亲子活动中，经常会见到一些场景，场景一，一个小孩子特别贪玩，吃饭的时候还拿着玩具到处跑，外婆心疼孙子，又怕饭菜凉了，就端着饭碗在后面追着不停地喂饭。妈妈一看这怎么行，就开始训斥了，训斥了孩子还不听那怎么办，拿着鸡毛掸子追上来就要打人了，这个场景比较常见。这样做，时间久了之后，对孩子的习惯养成并没有什么好处。

场景二，小朋友拿着一份试卷回家。妈妈一看 80 分这个成绩，很是不满意，就要训斥他。旁边的爷爷奶奶心疼孙子，听不下去了，悄悄地走上来，跟孩子的妈妈说，你就少说两句，孩子也不容易的。这样一来，那孩子该听谁的呢？

场景三，爸爸妈妈正在为什么事情发生了争吵。爸爸正在呱呱地抱怨着什么，妈妈只有忍耐，一边的孩子不知如何是好。

刚才提到的这几个场景让我们看到，出自好心却没有形成合力的教育，会怎样。天鹅、梭子鱼和虾本来是好朋友，见到一车货物非常高兴，想把它拉回家，找了 3 根绳子，各人都拴在车上，把另一头在自己的身上套好了，一起使劲。

每个人都很努力，没有一个人偷懒，但是努力了半天，车子没有动。

这个场景，道理相通——一个家庭要想解决问题，要方向一致，齐心协力，否则虽然都在使劲，但最后没有效果，谁都没有享受到成功的快乐。时间久了，彼此的抱怨都出来了。

导向幸福的婚姻观

家是我们休息充电的地方，是温馨的港湾，家也是我们每个人最深的梦乡。无论我们将来去多远的地方工作，做梦都会回到我们小时候成长的环境里面去，家留给每个人的影响是非常深远的。经营好家，不但可以在当下得到快乐，对于孩子的未来也是极大的助力。但家庭的幸福不会从天而降，它是经营出来的。

每一个走进家庭、走进婚姻的人，都要有两颗敬畏之心。

第一个是要敬畏婚姻。只有敬畏婚姻，才不会随随便便地结，随随便便地离。当人把婚姻看得很慎重、很严肃，婚姻中出现不可避免的冲突，双方才会慢慢磨合，婚姻才可能稳固长久。

第二个是要敬畏生命。家不光只有夫妻生活，还有一个重要的作用是养育后代。一个新生命能够来到新家庭，是上天对新家庭的祝福。

当夫妻俩心怀感激、心怀敬畏的时候，对孩子才会生出尊重，才会有真正的接纳。新生命成长最需要的赞赏、陪伴，都建立在这个基础之上。

为什么现代人婚姻会出现这么多问题呢？我们从婚姻观这个角度来看一看。

不同时代的人对婚姻的理解是不一样的，婚姻是一个与时俱进的概念。当下的我们怎么样来理解婚姻呢?

美国西北大学有一个著名的心理学教授叫作埃利·J.芬克尔,他专门写了一本关于婚姻的书。他在婚姻的前面加了一个很长的定义——《要么就十全十美,要么就一无是处的婚姻》。它对十全十美的婚姻给了这样的定义——

当夫妇走进了婚姻,两个人之间能互相尊重,彼此成全。你爱我,我爱你。我来帮助你,成全你,让你做最好的你自己,我尽量地不伤害你的个性。

图 2.4　马斯洛的需要层次论

这个定义的理论依据是马斯洛的需要层次理论。按照马斯洛的需要层次理论,人的满足需求分五个层次:最低级的层次就是生理的需求,再往上是安全的需求,这两个都满足以后,就有社交的需求,有了社交的需求,接着就有了被人尊重的需求,这些需求满足之后,人就会产生能够自我实现的需求。

按照这个理论,婚姻的目的应该是自我实现。

这个理念影响深远。仔细想想现代人对婚姻生活的规划或向往,婚姻中出现的种种问题,是否大都与之有关?

但是有人质疑这个定义。美国《纽约时报》有一个专栏作家叫作布鲁克斯。他觉得走进婚姻里的两个人如果还是个性鲜明的个体，没有融到一起，这样的婚姻会变得冷漠疏离。他有一段话是这样反驳的：如果你是为了追求自我实现而结婚的话，那么你会经常感到很沮丧，为什么会沮丧？因为婚姻还有一个功能就是养育后代。你在养育后代的时候，孩子会拖着你，不断远离自我实现的目标。

夫妻刚结婚没有孩子的时候，彼此相爱彼此成就，追求自我实现没问题。可是一旦有了孩子，要为孩子做很多事情，还能够去为实现自己的目标奋斗吗？当你远离自己的目标，就会感到很沮丧，会觉得自己完全成了个家庭主妇或奶爸，太浪费了。

布鲁克斯是一位婚姻专栏作家，他对婚姻的研究很深。他解读婚姻喜欢用另外一个理论，叫作四阶幸福模型。

图 2.5　四阶幸福模型

四阶幸福模型分为四阶：最基础的就是物质的享受，你要有足够的物质基础，吃喝不愁；接下来的层次就是成就感，能够彰显你个人的价值；更高的追求，是享受贡献力，是说你要对一个团队（比如家）有贡献，为团队提供帮助、爱和支持，从他们的喜悦、满足、成长中得到一种满足感；最后的一阶叫做道德快乐，即面对一个团队，全身心地奉献，把它当做一个高尚的事业来做。

有人会觉得，在家里操持家务，陪伴孩子，这样的事情就是琐事，这怎么能跟高尚挂钩呢？按照四阶幸福模型来看，这就是最高尚的事业！因为你所做的一切，都是在为家人，为你的这个团队提供着一种安全支持的环境。

幸福的状态，就是快乐而有意义地活在爱中。没有人提供爱，到哪里去找爱？能活在谁的爱中？对于家庭而言，就是爸爸或妈妈提供了有爱的家庭氛围。

老人、小孩、配偶在这种温暖的家庭氛围中活得多么滋润、多么快乐！当一个人把经营家，为家付出爱，全身心地付出，不求回报，付出无条件的爱当作高尚的事业，那么他将获得道德上的快乐。

我们用四阶幸福模型来解读婚姻，每一个全情投入婚姻经营家庭的人，就会觉得自己的付出很高尚，很有价值。当家人也都这样想的时候，家庭的幸福感就完全不同了。这样的婚姻真的是很温暖，跟前面那种只追求个人的实现，是完全不同的。

我们再来看一下这两种理论之间巨大的差异在哪里。

人都是群居的动物。根据马斯洛的需要层次理论，人开始要在群体中获得安全，获得尊重，最后他要做到个体自我实现，是从群体走向个体的。

而四阶幸福理论，正好是反过来的，人刚开始是一个个体，后来把自己投入到家庭这样的一个团队之中，通过为他人提供服务，获得贡献力，获得了一种道德上的快乐。他是通过把自己融入群体，通过群体的发展，让自己的个人价值在群体中得以实现，让大家都活在幸福和爱之中。

图 2.6　两种理论的差异

人到底应该走向个人还是走向群体？值得深思。

我们所处的群体通常都会有亲友圈、朋友圈、同事圈。朋友圈随着个人计划、喜好、发展路径等方面的不同，会适时更换；随着整个社会流动性变大，同事圈的工作变动也比较大，甚至可能比朋友圈换得更快；陪伴我们比较久，又比较稳定的一个圈，就是亲友圈。我们如果把爱投放在亲友圈里面，经营好亲友圈子，才能去到第三层——贡献力阶段，第四层——道德快乐的层面，这样我们活得才开心。

用四阶幸福理论来理解的婚姻观，让我们觉得特别的温暖。从这个角度看婚姻，婚姻经营会容易很多。

从差异到融合

不同的婚姻观会带给我们不一样的看见，对家有不一样的投入，我们看待家中的资源也会不一样。

带着导向幸福的婚姻观，再来梳理我们拥有的资源，我们会发现，每一个人在家庭里都有独特作用。

比如说家里有老人，我们就不会抱怨他们思想陈旧。他们有时间在家里住守，对儿孙很有爱心，能为孩子提供安全的环境，他们有人生经验，碰到一些心里过不去的事情他们还可以帮自己化解。

作为家庭的核心——孩子的爸爸妈妈，在外有职场的经验，有对不断变化的世界的了解和洞见，他们能更好地引导自己的孩子，做好家庭整体安排。

对于孩子来说，他成长中需要的养分也不是单一的，有时需要温柔，有时也需要粗暴。父母带着不同的性格特征，不同的爱陪伴孩子，孩子成长所需要的爱就比较丰富和全面，也比较平衡。比如孩子接触妈妈的时间很长，在点点滴滴的接触中，孩子容易跟妈妈之间形成亲密关系，形成一种依恋的关系，他的感官容易得到很好的发展，看什么、听什么、玩什么，这些东西都是母亲提供的支持，母亲给孩子读故事，既能训练孩子的语言，又能发展情感。这些都是母亲的优势。

父亲是男人，他提供的陪伴不一样。父亲有时候早出晚归，有的甚至是在外地工作，很长时间才能回来一次，所以一见到孩子就兴奋得不行，他和孩子之间是一种瞬间爆发式的接触。

父亲比较喜欢宏观的东西，他掌握的是大方向和长远的规划，而且他比较擅长冒险竞赛，他跟孩子在一起，提供的是这些方面的一些技能的培养。父亲解决问题比较干脆、果断，但他的思想能引领孩子达到一个高度。跟父亲在一起，孩子会觉得自己有一个强大的靠山，有很大的力量源泉。

孩子是不断生长的独立的生命个体，也是家庭的纽带和希望。孩子带给家庭无穷无尽的快乐，还会带家长重新经历成长的过程，甚至治愈自己的童年。孩子让家长看到世界更多维度，看到人性的更多侧面，能拓展家长看问题的角度，也给一个家庭共同创造幸福，共同成长的机会。

在家庭教育中为什么要形成统一的合力？那是因为家庭的各种资源，如果不能形成一致的要求，不能形成合力，最后孩子收到的都是混乱的信息。就像模具如果总在晃动，最后溶液倒下来的时候，它怎么能够成型？孩子的品格养成也是一样。

有一部反映家庭亲子教育主题的电视剧，叫作《虎妈猫爸》，剧中的小主人公很幸运，有爸爸妈妈，有外公外婆，有爷爷奶奶，有一个经常来他们家的小姑，还有一个舅舅。可以说，围绕这个孩子的资源很丰富，也很复杂。带着不同特质的家人产生了很多的冲突矛盾，最后他们经过磨合，形成了合力，孩子的心才安定下来。

有很多家长说，我们也知道要形成合力，可是大人之间的差异改变不了，无法弥合。确实，家人之间的差异虽能带来丰富多彩的家庭生活，但也带来伤害人心的冲突。

心理学研究告诉我们——

人是不会改变的，除非他感受到爱。

爱能遮掩一切过犯。

弥合差异，走向融合只能靠爱，而非道理。接纳家人与你的不同，就是爱的基础。

丈夫的粗心，妻子的唠叨，孩子的磨蹭……看似烦人的问题，背后都是爱的渴求。

每个人生来都有自己独特的价值。只是在成长过程中，由于社会化的统一的标准，一些特质就变成了"缺点"，家人会觉得需要"掰正",结果这个过程几方都难受。殊不知,当人被接纳,当家人接纳自己本来的样子,人才会恢复与生俱来的功能,发挥潜力,绽放光彩。

在一次人本学习课上,老师要求每个学员对其他学员的作品以及由此生发的感受全然接纳,全神贯注地聆听,感同身受,不做评判。几个学员互相交流自己感受时,发现自己居然说出平时完全想不到的亮点,一些困扰很久的问题居然自己找到了答案,而且,在安全支持的环境中,从未受过美术训练的人居然都能创作出很美的作品,有几个学员还写出了令自己惊讶的散文诗。

这就是接纳的神奇力量。

对孩子的接纳更是如此。我曾有一个学生,上学很少听到他发出声音,做什么都显得不上心,成绩也很糟糕。但我从未批评他,最多只是提醒,因为我知道自己和这孩子还没有建立关系,随意批评效果不佳。有一次,他画出一幅我完全看不懂的画,我就向他询问这幅画的意思,认真倾听他的话。这孩子就讲自己在奶奶身边长大,父母离婚,后来奶奶去世自己很伤心,所以不愿与人说话的过程。那一刻,我被孩子深深打动了,完全理解了他的行为。我对他说:我知道你这样一定有原因,但没想到你经历这么大的难题,你能面对难题,真了不起。孩子感受到被理解和接纳,不好意思地低下了头。他说,老师,现在我已经好多了,您放心,我会好好学习。从那以后,这孩子一天天变化,我也不断鼓励他,帮助他。到毕业时,他完全恢复了正常,毕业还考到了87分。

接纳孩子,是孩子改变的开始。

接纳彼此的不同,尊重彼此的差异,不断用心经营家人间的关系,家人就会成为彼此的祝福。

达成共识，形成合力

在孩子成长的过程中，爷爷奶奶、爸爸妈妈对培养孩子的目标内容，对于孩子的核心素养是什么都有自己的看法，这些看法很多是来自自己的经历经验，容易产生分歧。

那么有没有一个权威的指导意见让家人一起学习，以便达成共识呢？

2014 年教育部《关于全面深化课程改革落实立德树人根本任务的意见》提出，教育部将组织研究提出各学段学生发展核心素养体系，明确学生应具备的适应终身发展和社会发展需要的必备品格和关键能力。随后，教育部组织研究的联合课题组由北京师范大学等多所高校的近百名研究人员组成。

核心素养课题组历时三年集中攻关，并经教育部基础教育课程教材专家工作委员会审议，最终形成研究成果，确立了以下六大学生核心素养。图示如下：

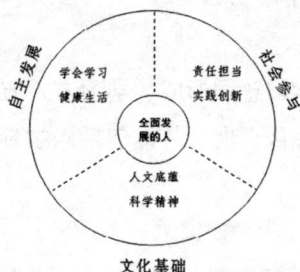

图 2.7　中国学生发展核心素养

内涵简述如下：

文化基础——

文化是人存在的根和魂。文化基础，重在强调能习得人文、科学等各领域的知识和技能，掌握和运用人类优秀智慧成果，涵养内在精神，追求真善美的统一，发展成为有宽厚文化基础、有更高精神追求的人。

1. 人文底蕴

主要是学生在学习、理解、运用人文领域知识和技能等方面所形成的基本能力、情感态度和价值取向。具体包括人文积淀、人文情怀和审美情趣等基本要点。

2. 科学精神

主要是学生在学习、理解、运用科学知识和技能等方面所形成的价值标准、思维方式和行为表现。具体包括理性思维、批判质疑、勇于探究等基本要点。

自主发展——

自主性是人作为主体的根本属性。自主发展，重在强调能有效管理自己的学习和生活，认识和发现自我价值，发掘自身潜力，有效应对复杂多变的环境，成就出彩人生，发展成为有明确人生方向、有生活品质的人。

3. 学会学习

主要是学生在学习意识形成、学习方式方法选择、学习进程评估调控等方面的综合表现。具体包括乐学善学、勤于反思、信息意识等基本要点。

4. 健康生活

主要是学生在认识自我、发展身心、规划人生等方面的综合表现。具体包括珍爱生命、健全人格、自我管理等基本要点。

社会参与——

社会性是人的本质属性。社会参与，重在强调能处理好自我与社会的关系，养成现代公民所必须遵守和履行的道德准则和行为规范，增强社会责任感，提升创新意识和实践能力，促进个人价值实现，推动社会发展进步，发展成为有理想信念、敢于担当的人。

5. 责任担当

主要是学生在处理与社会、国家、国际等关系方面所形成的情感态度、价值取向和行为方式。具体包括社会责任、国家认同、国际理解等基本要点。

6. 实践创新

主要是学生在日常活动、问题解决、适应挑战等方面所形成的实践能力、创新意识和行为表现。具体包括劳动意识、问题解决、技术应用等基本要点。

核心素养是教育方针的具体化，是连接宏观教育理念、培养目标与具体教育教学实践的中间环节。了解它的基本内容，对我们教育孩子有重要的指导作用。

在这个框架下，大家可以商议，统一认识。

在面对孩子的教育时，家人如何分工合作？

首先要弄清楚的就是家长的"站位"。刚开始孩子来到我们的身边，夫妻都很开心的，爸爸妈妈都冲上去围着，并排站，面向着孩子。

随着孩子慢慢长大，这种面向孩子的站位顺序也在变化。记得儿子3岁之前，母亲站在前面，父亲在后面。3岁以后，因为是男孩，妈妈建议爸爸靠前，爸爸于是快乐地往前靠，与孩子做各种游戏，可父亲比较粗放，常常是一抓就死，一放就散。妈妈只好再次靠前。等到儿子上学了，妈妈又建议父亲靠前，结果到上初中时又出了问题。于是，夫妇商量，面对孩子时，妈妈站前面，全面负责，爸爸站侧后方，主管与孩子做游戏做运动，关照母亲的情绪。

很快我们三人都发现，这种站位方式很好。爸爸能满足孩子玩乐运动的需要，还可以关注到妈妈，妈妈有时情绪上不好或者需要协助，爸爸可以在后面支持妈妈，帮她处理负面情绪，哄她开心。

这种站位既不是横队，也不是纵队，而是斜队。经过多次尝试，也经过长时间的磨合，我们发现，对于我们家，这个斜队是效果最好的。

各个家庭情况不同，如何分工，可根据自己家的情况来安排。

只是站位好了，还不够。教育的基本理念还要一致。

理念的形成是在不断学习之后产生的。

现在能看到的关于育儿的书籍文章很多。如何选择？

首先，要读经典的智慧书。因为那是经过了漫长时间检验的，比如《论语》《道德经》。若实在没时间，至少读一读它的精要，这样能把握大方向。

其次，要选择有专业研究背景的人写的书，有专业研究背景的人，一般会综合前人的研究，并且有实践佐证。微信上那些读来很爽的文章，看起来有道理，很解气，却不一定正确，要注意甄别。因为有些作者就是为了带动读者情绪而写的，这样的文章不能作为自己的行动指南。

家长对于一些奇特办法，一招制"敌"的方法尤其要慎重。

很多时候，要问问自己的直觉。如果你照办了，孩子很难受，格外要小心。前段时间，有个母亲听从网上什么专家的睡眠指导，对哭得昏天黑地的幼儿不闻不管。有的家长听到一些打动人心的宣传，将孩子送到寄宿制学校，不相信孩子的感受，一味让孩子接受，造成孩子的心理问题……这些教训一定要警惕，引以为戒。

阅读时家人要进行一些讨论：我们要持守什么理念？为什么要持守这个理念？依据是什么？哪些方法值得尝试？经过了反复讨论的内容，就比较稳妥。拿不准的，宁可悬置，也不能对孩子过多干预。

面对具体问题，可以召开家庭会议。参会的人可能有老人，也可能有保姆阿姨，只要是围绕着孩子的那些人都可以来参加。要围着桌子坐下来，营造出一定的仪式感。会议中，要让每个人都心平气和地发表意见，最后形成一些决议。

要在家庭会上确定培养目标。可以按部就班跟着学校的节奏走，经过中考、高考，这是一条常规的路径。也可以走出其他路子。比如，有些孩子可能有某些特别的天赋，他们走出了自己很特殊的成才之路。确定培养目标时，要考虑自己家庭是否有资源能提供稳定的支持。

目标确定后，就是分工问题，谁是主要负责人，哪些人是做辅助的，这些都很重要，要形成一些基本的要求。比如说作业的要求，做家务的要求，吃饭、睡觉的要求等，让孩子养成好习惯。

有时候谁发现了孩子的问题，在教训孩子，只要不是紧急的事情，旁边的人就不要当面反对。不然，孩子就对权威少了听从，还会接收到混乱的信息。有意见可以私下里商量。

我们一定要多开家庭会议，慎重形成统一的意见，新的阶段产生了新问题，还要随时进行调整，重新达成理念上的一致。

全面负责的那个人，管教孩子的法度也要保持一致。不能靠凭心情，比如今天心情好，孩子可以玩游戏，明天心情不好什么都不行。要给孩子定规矩，立界限，过了界就必须要纠正。

相同的问题要有一致的处理方法。你不能说今天这个问题我们这样处理，明天那个问题我们要区别对待。要求要相同，避免孩子反复试错。

比如，孩子放学回家，孩子问妈妈，能不能先玩会儿游戏？妈妈说，不行，先写作业。孩子就照办了。第二天孩子回家，又会问，能不能先玩会儿游戏？妈妈正好在接电话，正在和一个好久不联系的老闺蜜聊天。为了不受干扰，妈妈让孩子去玩游戏了。第三天孩子回来，又会跟妈妈说，能不能先玩会游戏？因为孩子想试一下还能不能争取到福利，结果妈妈说不行，昨天只是情况特殊。后面几天，孩子再问，结果都一样，他就不会再问了。

如果出现了特殊的情况，要有特殊的要求，比如说孩子生病了，家长就可以免掉孩子的作业，并且告知老师。但是要告诉孩子，这是因为你生病了，等到你病好了，我们又要恢复到平时的要求。要注意考察自己的法度有没有保持一致性，这个很重要。

合力养育常用的方法

家庭教育如果形成了合力，我们会发现，家庭这个团队的每个人都会发挥特别的作用。

那么对孩子采用哪些方法好呢？

家庭教育的方法，细说起来可能有千种万种，似乎可千变万化，其实基本方法就这么几大类：

一、榜样示范法

跟人学，学得最快，效果最好。

这里的榜样示范，首先是家长给孩子的示范。很多忙碌的家长不一定有很多时间陪伴孩子，但是他的言行举止，为了工作表现出的积极上进和职业精神，无形中给了孩子积极正面的影响。

其次，是说家长给孩子讲杰出人物故事或提供优秀人物传记，让孩子从中受到感染和教育。

二、言语教导法

家长和孩子的互动，绝大多数就是用交谈的方式进行。

关于这个内容，《话语的力量》一章会详谈。这里要说的是，家庭成员中，表达能力最强，爱思考的那一个，最适合用这个方法对孩子进行教育。对孩子如何表扬鼓励，如何批评责罚，如何进行心理疏导是重点。

三、环境熏陶法

这里的环境包括物质生活和精神生活两方面。具体来说，父母要安排好家里的经济，量入为出，收支平衡，让孩子也参与家庭经济管理，进行家庭理财教育，增强子女的责任感，为家庭生活平静和谐创造条件；父母要根据家庭条件，美化家庭生活环境，促使孩子养成良好的生活习惯；全家人都要互敬互爱，营造和谐的家庭氛围，培养高雅的生活情操。

四、习惯养成法

教育的任务就是要形成性格，而性格是由天赋的倾向性以及从生活中获得的信念和习惯形成的。习惯就是把信念变成习性，把思想化为行动的过程。良好的养成习惯包括：按时作息，注重个人卫生，参加家务劳动，文明行事，对人有礼貌，喜欢学习，自觉遵守社会公德等。

五、实践锻炼法

这里指的是让孩子参加力所能及的社会实践活动，以增加才干，培养综合素质，养成良好品德等。孩子们能参与的实践活动包括：为一家人出行列计划做安排，探亲访友，参加社区义工活动，做科学实验，做手工，修理家里的东西，参加社会机构组织的活动，参加体育比赛活动等。这方面，爸爸天然具有优势。

要让实践得到更好的效果，家长要多做一点工作：参加活动前，要给孩子提出要求；活动过程中让孩子注意观察，积极主动地争取好的结果；活动后要让孩子说说自己的发现或收获。

六、因势利导法

主要指的是孩子在学习过程中，家长予以指导，包括指导子女获得科学的思维方法；指导子女制订计划，做好时间管理，进行学习后的反思；指导子女课外阅读，等等。指导不限于学校的学习，包括生活中的各种学习：当家庭小管家、走亲访友、与人产生矛盾如何化解，等等。这类方法的重点在于"指导"和"引导"，不是包办代替，也不是放任不管，而是一步一步带着孩子经历这个过程，家长通过示范讲解，训练孩子进行多种方法的灵活运用，最终让孩子自己学会处理这些问题。

弄懂这几大类底层的逻辑，就能根据自己孩子的情况灵活变动了。这些方法分别适合不同的场景，一般家庭很难由一个人灵活掌握所有方法，往往是家人分工协作，各尽所能才能取得最佳效果。

管教的智慧

如何管教孩子是很多家庭容易出现纷争的问题。

家长都爱孩子，孩子出现问题，舍不得责备，更舍不得打，觉得孩子就是要疼爱，唯恐"打"给孩子带来心灵伤害；中国人又说"棍棒底下出孝子"，说的也有道理。所以该不该打孩子，有些家长很纠结，一些夫妻为此也争论不休。

中国有句谚语："树小扶直易，树大扳直难。"说的就是适时管教的重要性。教育实践也告诉我们，孩子的问题没有及时纠错，结果会弄出更多问题。没有管教，孩子就没有敬畏。你不管教，社会会管教。那时孩子就要付出更大的代价。

要给孩子立界限，让孩子明白，过了界必究。如此，孩子才是安全的。

我们更要关注的是怎么管教的问题。

管教是有原则、有方法的：

第一，不要用手打孩子。

你在家里要准备一根小藤条，或者是一个小竹片，孩子犯错了，先了解情况，按照规则该打就要打。要用棍来打，不要用手打。为什么？因为要把人跟法分开。如果你用手去打孩子，你的手充当了罚具，最后会给孩子留出一个很糟糕的印象，孩子分不开你的手跟你的人，孩子很喜欢妈妈，但是这个手刚才让孩子难受，他恨不得把你手剁了丢掉，这样你就会很为难。

棍能把你的手解放出来。

第二，为爱留下空间。

有一个父亲很有智慧，他会事先跟孩子定规矩，犯了什么错就要打几下，他们家最重的错误是打 10 下。有一次他的儿子很调皮，犯了一个很严重的错误，按照家规要打 10 下。那天，孩子自己认错了，爸爸心里有点过不得，觉得打孩子下不了手。就在那时，孩子把棍递给了他，脱了裤子，跪在床边上。

过了一阵，孩子听到鞭子响，浑身一颤，结果屁股没疼。回头一看发现父亲把左臂的袖子挽起来，每一鞭子抽下去都会有一条紫红色的血印。原来父亲在抽打自己的手臂。

这个时候孩子受不了了，哭着抱着爸爸说，爸爸，是我犯了错，你应该打我，你怎么打自己呢？

爸爸说，按照规定，就要打 10 下。现在你知错认错了，但规定不能改，我愿意代你受罚。

责罚的目的，是让孩子受到教育。这个智慧的父亲达到了目的。

第三，不要在生气的时候打孩子。

育儿专家说，你生气的时候已经失去了管教孩子的资格！因为人在情绪中容易丧失理智，也容易造成难以弥补的后果。家长把情绪发泄在孩子的身上，孩子收到的信息是，家长生气就打自己，而不认为是家长在帮他纠错。孩子恐惧的是家长的样子，对自己的错误却忽略了。所以家长有情绪，要先处理好情绪再来"执法"。执法时要冷静，越冷静，收到的效果会越好。让孩子觉得这个错误是自己犯的，自己要承担后果。这样他才不会再犯同样的错。

有些家庭有祖传的规矩，这些东西是可以延续的，这就是家规。家规是祖辈的价值观在孩子身上的投射，是家族文化的一种延续。像《弟子规》《诫子书》《梁启超家书》等，我们定界线立要求可参考借鉴。

孩子在不同时期，应该有不同规则。总的来说，不伤害自己，不伤害他人，是底线。品格方面、态度方面要有严格的规定，能力方面，天生不足、认知不到的问题就不要责罚。比如，我们不能责罚孩子考得不好，因为考得不好可能是能力问题或基础不好。但如果孩子之前一直考得不错，这次是因为不认真，就可以责罚他的态度和行为。

总之，管教的目的，是为了让孩子明白一些规则和界限，更好地成长。

在家里，都是至亲的人，面对着共同的下一代，大家有共同的愿望。我们得放下很多的纷争，来找一些共同点，找出彼此的优势，共同来陪伴孩子。

当我们把自己上升到一种高度，再做求同存异的工作，我们就能够做得到位。

哪些事情我们要坚持，哪些事情我们要接受，需要有智慧才能分辨。这些将是我们一生的修行，愿我们都能成为和谐家庭的一分子，让家成为每个人成长的学校。

本课重点：

1. 家人之间的差异是天然存在的，每个人要接纳彼此的不同，尊重差异。

2. 用幸福四阶模型看待婚姻，建立给人带来幸福的婚姻观。

3. 一家人要找到共同目标，采用多种方式，求同存异，各用所长，共同养育下一代。

4. 管教是必要的，但要注重方式方法。

课后思考和练习：

1. 你们家人分别属于哪种性格类型？他们喜欢的爱的语言分别是什么？家人还有哪些方面的差异？如何投其所好？

2. 培养孩子的核心素养包括哪些内容？哪些素养要在家庭中刻意培养？

3. 请召开一个家庭会议，讨论在养育孩子方面目标有哪些，家人如何分工协作，制定一下家规。试行一段时间再完善优化。

给孩子的自由与界限

从温馨的家规说起

在重视孩子个性发展的今天，关于自由与界限的问题，引发了很多社会热议。比如针对被群嘲的"熊孩子"现象，有人会说：你不教训孩子，社会就会教训他。有人却说，孩子小，给那么多规矩干什么？为什么要限制他？我就是要保护孩子的个性！

在一次亲子座谈会上，有些家长问，我给孩子各种规定会不会影响孩子的个性发展？会不会让孩子觉得不开心、不自由？会不会影响孩子的创造性？

可见，关于自由与界限的问题，各自有各自的道理，不易达成共识。亲子中的很多困扰大都源于此。

如何看待自由与界限的关系？

先跟大家分享一个朋友讲给我听的故事，故事的名字叫《手机的约定》。女儿 13 岁了，父亲为她准备的生日礼物是一部手机，这是女儿第一次拥有自己的手机。在那个年代手机是一个很贵重的礼物，她特别开心。在送出这份礼物的同时，这位智慧的父亲在祝福之中加了一个小小的约定：你在离开家的时候要及时给我们报平安，让我们知道你在哪里，在做什么。女儿一听，觉得合情合理，满口答应。

几周过后，女儿外出不少，但报平安的电话很少。父亲就找女儿谈话了，女儿说出了她的为难之处：因为我每次跟你们报备的时候，我的伙伴们会笑话我，他们觉得我的行踪好像都在你们的监视之中，你们用手机在限定我的自由，我在我的伙伴们面前有点抬不起头……

女儿说得很诚恳。爸爸听了，没有指责女儿，他用了一个"我信息"，表达自己的感受：你看，我们这个地区龙卷风、地震、火灾……这些天灾发生的频率还是很高的。每当有这样的灾害来临，作为一个父亲，我要非常清楚地知道我的每一个家人是不是都安全，分别在什么地方，需不需要帮助，这是我的责任。如果有一次你所去的地方发生火灾，或其他意外，我一定会想方设法地冲进去救你！所以你及时地反馈准确的信息，对我非常重要。

父亲这样讲的时候，女儿完全被震撼到了，她感觉到了一个父亲对孩子那种深沉的爱。这次，女儿郑重地保证，我以后无论怎么样，换了地方都及时给你更新报备。

后来女儿上大学离开了家，也经常定期打电话回来分享自己的生活学习，慢慢地把这个习惯延续下去了。

透过这个故事，我们看到了一位父亲的智慧。首先，他选择的时机非常有讲究，他选择女儿过生日之前，把它当做一份生日礼物来送给孩子。孩子收到礼物的时候心情高兴，你这时候多说两句，跟孩子约法三章，孩子是不会有抵触情绪的。

其次，孩子执行约定遇到了困难时，他透彻耐心地解释，不加任何指责，只表达自己的感受，表达为什么要这样要求，这是他的一份爱，孩子感受到了爱以后，执行起来就不一样了，她就能够长久快乐地坚持，不在乎别人怎么说了。最后慢慢地就形成了温馨的家规。

设想一下，如果没有父亲第二次透彻的解释，这个小女孩会不会在同伴的压力下放弃约定？如果孩子理解为，家人是在通过手机来跟踪自己，这就是不自由。家长听起来觉得蛮美好的故事，可是青春期的孩子们，理解为对他们的限制，这个差别简直太大了。

在这个故事中，这种"不自由"限制了孩子的个性发展吗？显然没有。恰恰是这个约定让女儿有了更大的安全感。如果任由孩子自由，如果真发生险情，会怎样？

谈到自由，家长常常困惑。面对可爱的孩子，家长巴不得给最大的自由，充分发挥孩子的个性，不让孩子感觉压抑和委屈。孩子们也会说，我要自由，不然我就不开心！但看到孩子的问题，想到孩子要学会在世界的规则中生存，没有规则，没有界限会遇到麻烦甚至打击，又觉得不限制不约束也不行。

那么到底该不该给孩子自由呢？

两种自由

我们有必要来解读关于自由的这个主题。有时孩子说，"你不要管我！"这个不要管我，就是自由最原始的内涵：别管我，让我自己处理，这是我的事情。

有个男孩不要父母管，到了八九岁时，爸爸告诉他，明天我们要去上兴趣班。孩子不想去，父亲说平时我们都尊重你的意见，但这次不行，我们看到机会难得已经交了钱，无论怎样你也要去试一下，不喜欢我们再回来。孩子没办法就跟着去了，去了之后一看，发现父亲为他报的是一个足球兴趣班。他的精力旺盛，喜欢跑步，一看是足球兴趣班，有点动心了，就参加了试训，结果他的各项指标在全队都是最好的，让他很有成就感。当他在草坪上奋力奔跑的时候，好像整个大地都在为他开道，他享受到了一种极大的自由和快乐，那种内在的满足跟他宅在家里的那种散漫放松完全不一样。

球场上奔跑是一种自由的感觉，"爸爸妈妈你们不要管我"也是一种自由，可是这两种自由之间的感受差的不是一倍两倍。孩子实际上也很喜欢球场上奔跑的那种自由。父母也希望看到孩子享受这种自由。这个时候我们突然发现，自由的内涵不像我们以为的那么简单。

有一个著名的思想家叫以赛亚·柏林，这个人很有名气，他一生最著名的贡献，就在于他对"自由"进行的深入研究。

他将自由分为两类。第一类叫消极自由，消极自由是要摆脱一切障碍，"你们不要管我！"就属于消极的自由。相对应的就叫积极自由。积极自由就是发挥自己的主动性和创造性去实现一个目标。比如说你参加一个球队，当你成为一个优秀队员，能调动各方力量掌控全场，你能做出各种安排和选择。当带着大家去赢得比赛的时候，那种满足感是澎湃而巨大的，这种感觉叫积极自由。

消极自由是非理性的，就是一种无所事事、随心所欲的状态，它让你保持一个状态，待在你自己比较熟悉的安舒区里面。

安舒区里面待着，你赢得的是一种状态，可是积极自由完全不一样，它有理性的自我来控制让你去实现一个更高级的目标，通过这个目标的达成，让你获得极大的满足感。这是把你从安舒区带向了发展区。

所以孩子如果再跟你说，"不要管我，我要自由！"你就可以很平静地问一问他：你是要消极自由，还是要积极自由？孩子若希望得到积极自由，他就愿意接受你的建议和帮助，这就减少了很多冲突。你把这个概念理清以后，你和孩子遇到问题彼此容易达成一种和解的状态；孩子若希望得到消极自由，家长也要尊重，因为这或许是孩子身心需要调节休息的信号，但你可以问问他这样的自由需要多久。当孩子意识到这种自由对自己并没有多大好处时，就不会理直气壮，而是有所节制了。

家长和老师，如何在现有条件下给孩子更多积极自由尤其值得关注和尝试。

在和孩子们一起成长的过程中，我发现，积极自由能带给孩子极为丰富的收获：在自由空间中，孩子更能发现自己的优势，发展自己的特长；因为是自己想做的，孩子很容易做到克服困难，发挥自己的主动性、创造性；在自由状态下，孩子的奇思妙想更能展现出来；在自由中，身心舒展，更容易被真善美的东西吸引，让自己的生命展现光彩；在自由状态下，孩子与同学老师家长的关系也会更亲密……

可以说，那些让我们感动的、欣喜的，都是孩子处在自由状态下的创造。那些点燃孩子的，让孩子发出生命光彩的都来自自由的状态。

如何尽可能给孩子自由？

那就是告诉孩子什么不能做，除此都可以，或者做到了什么，就有多大自由。

我们要告诉孩子，上好课，写好作业，这两条做到了，时间就可以自己支配，自己安排。因为做到这两条，孩子的学业才有保障，才不会影响孩子日后的发展。

在孩子自由支配的时间里，鼓励孩子做自己喜欢的事情，做有创造性的事情。比如做游记画册，做课文插图，写故事，讲故事，做手工，做创意晚餐，安排一家人的出游等。

鼓励孩子与同伴一起完成任务。再大的难题，有人合作，难题就会分解，快乐会有人分享，痛苦会有人分担。而且孩子们在一起会产生思维碰撞，会不断闪现生命的火光。孩子都喜欢和伙伴一起做事，在这中间建立友谊，学会与人交往。

要尽可能多的为孩子创造平台和机会，比如参加图书馆的阅读活动，参加戏剧社活动，去欣赏音乐，看画展等等，开阔孩子的眼界。如此，他日后进行创造能进行更多的组合。

这里还有一个特别的功课，就是要教孩子学会和老师沟通。遇到委屈的事情，自己做不到的事情，为自己争取更多时间的事情都可以告诉老师自己的想法，争取老师的支持和帮助。

有人说自律给我自由，是说我能够自我控制时，我就能够去克服我的非理性，克制那种随心所欲，去实现一些积极目标。比如我回家了之后，不去浪费时间，主动先写作业，作业写完了之后，我就可以做其他事情了，那种感觉很舒服。

既然自律能够帮我们克服随心所欲而实现更高的目标，当你的自律能力不足的时候怎么办？你可以加入一些"他律"，也就是让他人来帮助你。父母、老师、同学都可以给到你帮助，这个时候大家对你的帮助就变得合情而又合理，而且是你自己很甘心乐意的。这样一来，父母的帮助就非常和谐的嵌入到孩子的各样行为之中。

如果受很多条件限制，至少我们也可以多给孩子选择权，比如：你选择先做哪门作业？你是玩一会儿再写作业还是现在就写？你选择自己查资料还是让我们协助你？让他觉得自己是有掌控感，是可以为自己做主的。这种感觉本身比训练的效果，学习的成果更宝贵。

要注意的是，积极自由和消极自由，都是有界限的。

孩子为什么要有界限

人有自然属性，也有社会属性，孩子既要保持童真，又要适应社会，所以孩子要慢慢学会在自然属性与社会属性之间转换。

孩子不是天生就喜欢受规范约束的，加上家长要求不清晰或孩子的认知和自控力的局限，孩子自然会出现逾越界限的行为。但是，孩子要慢慢进入社会化的角色中。身处人群中，他们需要安全感，需要从规则规范中去学习，需要家长清晰的引导。如此，他才不会四处碰壁，丧失信心。

我们为孩子立界限，其实是为了给孩子更大的自由空间。

小学语文书上有一个故事《钓鱼的启示》。说的是一个 11 岁的男孩在鲈鱼捕捞开放日的前一个夜晚，跟着父亲去附近湖中的小岛上钓鱼。过了好长时间，男孩子终于钓了一条很大的鲈鱼。父亲看了看手表，距离开放捕捞鲈鱼的时间还有两个小时。父亲犹豫了一阵，要男孩把鲈鱼放回湖里。

男孩用眼神乞求父亲，当时周围没有人看见男孩是在什么时候钓到这条鲈鱼的。可是父亲坚持让小男孩把鲈鱼放掉，小男孩只好依依不舍地把鲈鱼放回湖里。

这个父亲明知孩子爱这条鲈鱼，也没人知道他们是否遵守了这个规则，但他却坚守鲈鱼开放的时间界限，带给孩子深刻的影响。

后来，这个男孩成为了非常著名的建筑设计师。他回顾那天晚上放鲈鱼的经历这样写道：那次之后，我再也没有钓到过像34年前那个晚上钓的大鲈鱼了，但我却在人生的道路上经常遇到诱惑人的"大鲈鱼"。面对抉择的时候，我就会想父亲的话："道德只是个简单的是与非的问题，实践起来却很难。一个人要是从小受到像把钓到的大鲈鱼放回湖中这样严格的教育的话，就会获得道德实践的勇气和力量。"

如果家长当时没有制止呢？孩子日后面对诱惑会怎样？当年父亲坚守的界限，给了孩子日后更大的自由。

从这个孩子的经历中，不难看出，家长清晰地引导和坚持，让孩子明白什么是要坚守的，孩子就会获得道德实践的勇气和力量，这样的力量会让孩子终身受益。

在这个过程中，家长要教孩子将服从规则逐步内化为己有，这样的训练价值重大。

我们来看一段资料。

1999年底的时候，一些咨询公司利用自己收集的数据，对世界 500 强企业高管人员进行了一个统计梳理，看看这些商界精英们都是来自哪些学校。在人们的认知中，商界精英应该来自商学院吧！但是他们最后梳理出来的结果把他们自己搞蒙了，为什么？

他们以 1999 年底这个时间为节点，统计了半个世纪以来担任过世界 500 强企业的高管。发现有 2000 多人来自于同一个学校——西点军校，这个结果令他们很诧异，他们研究的是商业精英，而军校是培养职业军人的，它们之间怎么会有联系呢？

后来他们去采访调查，发现那些人有两个意识非常的突出，一个是服从的意识，一个是纪律的意识，而且这两个意识通过强化训练，几乎被他们内化为己有。这种训练让他们拥有了坚毅的品性。而坚毅，被心理学认为是获得成功最重要的特质。这一点带给人们极大的震撼。

中国 20 世纪 80 年代的改革开放为什么能够顺利推进？其中一个重要原因是，当时我们国家做了一件事情，叫百万大裁军。这些转业军人，直接加入到经济建设中来，形成了一股极大的推动力。军人骨子里的东西是什么呢？一个是服从的意识，另一个是纪律的意识，他们接到任务之后，只会想方设法地去完成这个任务。他们能够成功就成了一个大概率的事件。

为人父母，我们养育孩子，要教导孩子承担相应的责任与义务。人只要没有生存的压力，本性上都是好逸恶劳，不愿意担责任的，这是人的自然属性，但社会属性就要通过训练才能拥有。我们为人父母的任务就是，帮助孩子从内心里生发出外界所需要的责任感、自主性和自制力。要让我们的孩子在外部世界里畅通无阻，就必须要具有这三个特质，而这三个特质是需要我们做父母的帮助孩子去训练、去生发的，也是我们立界限时要关注的重点和依据。

为人父母总是要有所期盼的，我们养孩子不能跟养宠物似的，只是把他养得活泼可爱，这不是我们的期盼。

我们做家长的，要期盼孩子勇于为自己、为家庭、为社会去承担责任。这一点非常重要。这就是他作为人的社会属性。我们要让孩子首先为自己负责任，把自己的事情做好，如果还有余暇的时间和精力，就把它贡献出来，照顾弟弟妹妹，或者帮父母分担一些力所能及的家务，这是为家庭去承担责任。

随着孩子的年龄增长，孩子读大学了或者大学毕业了，参加工作了，这个时候走入社会，要看得到自己在哪些方面有责任，要去勇于承担，这就是成了一个成熟的社会人的标志。这才是我们为人父母的期盼。

有一句古训，叫作"有苗不愁长"，是说孩子只要生下来，成长是很快的，你千万不要说他今天还小就对他没有要求，没有训练。未来很快就来到我们面前，"未来就在今天"。

有一个小男孩名叫吉米，他已经 14 岁了，可是他的母亲还在帮他整理混乱的房间。吉米经常把自己的房间搞得乱七八糟，玩具玩完了之后也不放回原位。那天他们家来了一位客人，是母亲的好闺蜜，她对亲子教育很在行。

那天吉米的母亲又在替吉米收拾被他搞得混乱不堪的房间，这时候就有个声音在问她："你在做什么？""我在收拾房间，"母亲回答。结果同样的话加重了语气又问了一遍，"我问你在做什么？"这个时候母亲愣住了，就感觉到问话里面好像带有更深层的含义，于是她抬起头来望着她的闺蜜。闺蜜说了一句好像跟眼下不沾边的话："我只是替吉米未来的妻子感到很难过！"为什么会这样呢？当下的小男孩跟在母亲身边，母亲可以宠他溺爱他，对他没有任何的要求，他把事情搞得乱七八糟，拍拍屁股走人了，母亲可以来帮他收拾，这没关系。可是这个小男孩会很快长成一个男人，他将来会结婚，还会当父亲，在他自己的新生家庭里面，他把事情搞得乱七八糟了，拍屁股走人了，这时候的烂摊子谁来收拾呢？

到那个时候，母亲已经不在他的身边，能够帮他收拾烂摊子的肯定是他最亲近的那个人，也就是他的配偶，他未来的妻子。母亲不注重孩子的品格培养，实际上是给未来的儿媳妇挖了一个很大的坑。

这个逻辑被疏通之后，那位母亲就愣住了，她突然意识到自己不应该继续为孩子做这些，而是应该指导孩子做家务，以此操练孩子勤劳负责的品性。

是的，为人父母不只是要关心孩子的现在，更要预备孩子的将来，只有这样才能培养一个有社会责任感的人。

养育孩子最重要的任务就是要帮助他们养成能使其一生都安全、丰富、快乐的品格。要留给他的不是钱财，而是帮他养成一些品格，让他将来是安全的。什么是安全的？德行好，能够承担责任，将来加在他身上的东西他都能够承载，这样他为人处事就很安全。

界限还会让孩子明白一些道理。如果缺乏界限的话，会导致利己主义。中国社会刚刚走过了独生子女的时代，我们陪伴过独生子女的人都知道，家里就只有一个孩子，全家人都看得像宝贝疙瘩似的，家里的什么好东西都先让着孩子，满足他好吃好用好玩，孩子就没有意识到，这些资源是应该大家共享的，他以为只要是好东西都是我的。这是很恐怖的。

现在很多孩子很不愿意担责任。出了问题，总是把责任推到别人身上：是妈妈要我这样做的，是爸爸要我这样做的，是老师要我这样做的，是那个同学要我这样做的。这是一个非常不好的习惯，一定要给他破除掉，要告诉他一个底线："是你自己要这样做的。"为什么呢？你自己的脚往那儿跑，你自己的手去做事，你的这个行为是你的大脑指挥你的四肢产生的，你的大脑可以听取别人的意见，听了意见之后你要不要采纳，你的大脑要做一个区分，如果你觉得别人讲得有道理，你愿意采纳，那就变成了你的主意。

所以结果就要由你负责。只有一种人可以不负责，就是大脑有问题的人，也就是我们说的神经有毛病的人——精神病人，他是可以不承担责任的，这也跟我们现在的社会认知是一样的。哪怕你的四肢不健全，缺胳膊少腿，但是只要你的大脑正常，你都要承担责任。相反的，哪怕你的四肢都很健全，但是只要你大脑有问题，你就可以不用承担责任，为什么？就是因为你的大脑它能够决定，别人的建议我要不要采纳，决定好了，接下来的行为我就要负责，这是界限。

为孩子立界限的原则

孩子的成长需要界限，我们为孩子立界限的目的不是为了自己管理方便，不是为了自己获得掌控感，而是为了尽可能多地给孩子自由成长的空间，让孩子健康成长。

家长帮助孩子立界限要把握这五个原则：

第一，家长以身作则。家长在生活中守住界限，并且在适当的时候告知孩子自己为什么这样做，这样孩子自然而然就能学会。

第二，要根据孩子的实际来制定界限，不要提出不切实际的要求。孩子的自控力有限，孩子好玩、好动、好奇，不可能都像成人那样。比如不要指望孩子在聚会晚宴上始终中规中矩，或者陪我们在大商场里逛整整一个下午。

不可制定太多界限，以免妨碍孩子正常成长需要。最好一次规定不超过3条，也就是我们常说的"约法三章"（不然孩子记不住），并且告知孩子为什么要这样做，孩子认同了才愿意自觉遵守。

第三，对孩子的"越界"行为要迅速而平静地予以反馈。比如孩子把皮球扔到你脸上，要简洁明了、就事论事地告诉他："我不让你那么做。如果你再扔皮球，我就要把它拿走。"同时要直接阻止这一行为。

第四，为孩子立界限要和培养良好品格联系起来。能够让孩子生活得更加健康、有序，不干扰他人的习惯要建立起来，培养起来，在这个基础之上，让孩子个性自由发展。

第五，教孩子说出自己的界限。当别人提出超越自己界限的要求，要学会说不，要说出自己的界限，表明自己的立场。别人亮出了自己的立场和界限，也要尊重。

只要孩子在界限以内的行为，都是被允许的。这样孩子就知道自己自由的边界，就可以大胆探索了。

记得小时候，我的外婆规定我们不得出校门，到规定的时间就要回来吃饭睡觉，不做伤害别人的事情。除此之外，我们干什么都行。于是我们几个伙伴相约带着自家的鸭子满校园玩，在废弃的教室里做"地道"，去山丘上找鸭蛋，掰玉米……玩得昏天黑地，忙得不亦乐乎。我们从不担心外婆说我们，因为我们知道不违反这三条规定就可以。那段自由快乐的时光今天想起来都特别珍贵。

对于孩子来说，自由天生就会，但界限感却非天生，需要家长刻意教导。

如何进行界限训练

界限训练要在生活中进行，要磨进孩子的生命里。那么如何对孩子进行这样的训练呢？

第一，要求孩子采取主动的态度来做事。

"孩子需要被人要求采取主动的态度来行事"这句话读来有点拗口。它是什么意思呢？举一个例子，在我的孩子大概 12 岁的时候，爷爷奶奶从老家来到深圳，跟我们住在一起。两个老人起初非常开心，可是没过多久，老人脸上的笑容就消失了。我从老人断断续续的话语中，大概明白了，他们觉得孩子没礼貌，不会尊重人，更让人不安的是，他们怀疑这是他妈妈教的。

和孩子聊天之后，我才知道孩子一放学就赶回家，刚刚可以赶上少儿节目的动画片时间，他一到家把电视机一开，就坐在那里看电视。奶奶这时很热情地问他在学校过得怎么样，奶奶问的时候站在他面前挡住了电视，结果儿子就伸手拨开奶奶说，您别挡住我了。这个动作在老人看来，就是不尊重人的表现。我明白了问题就出在我儿子身上。

于是我对儿子说，你对老人要多一点尊重，多陪他们聊聊天，说话要特别注意一些。儿子就很纳闷：自己对爷爷奶奶态度不错呀！我说，你得通过行动让老人感受到你的尊重。儿子问：我该怎么做呢？我说，你每天去上学的时候，一定要去找爷爷奶奶打招呼，他们回应你了，确认他们听到了，你就说一声"我走了"。你放学回家，哪怕来不及放书包，你要先去找爷爷奶奶，告诉他们"爷爷我回来了，奶奶我回来了"，然后你再去写作业、看电视就都没有问题了。

儿子一听这么简单，当然愿意试一试。按照我们约定的办法开始尝试，结果不到三天，我爸爸妈妈感觉到孩子的态度转变得非常好，感觉到了我们对他们的尊重，脸上又有了笑容，危机就解除了！

儿子上高中以后，我们还会给他更多的任务，比如陪外公外婆促膝谈心，陪小表妹写作业……我们都会要求他采取主动的态度去做事，他都做得很好。孩子的人际交往能力就在这些做事的过程中得到了提升。

第二，调整界限的时候，要特别注意沟通。

孩子在执行约定时有什么感受，我们一定要鼓励孩子直接说出来，要破除孩子的沉默表达。家长跟孩子提要求，孩子如果只是点点头，或者摇摇头，这就叫沉默的表达。这时一定要让他用一个准确的词语来表达自己的感受。如果孩子在外面与伙伴交往，或者将来走进自己的家庭，面对他人跟他约定一些界限，他在执行的时候，就能及时回馈，及时调整，这样就能避免不必要的冲突。

最怕的是别人说了一个要求，定了界限，你执行的很难受，但是你又忍着不说，别人以为你没事，可是有一天你压抑久了一起爆发，造成难以收拾的后果。不要简单地推崇沉默是金，沉默有时候是一个极大的隐患。我们一定要用准确的词语来表达自己的心情，进行良好的沟通。

第三，破除孩子受之无愧的心态。

通常人接受了别人的帮助，接受了别人的好处，自己付出却不多，会觉得受之有愧。但是如果有人觉得我得了你的好处是理所当然的，我受之无愧，这就麻烦了。这种心态的出现，容易滋生自私自利。

这里我要分享一个故事。我有一个同事，她有一个5岁多的儿子，这孩子吃饭偏食，特别爱吃肉，几乎不吃青菜。

那天她的儿子把一盘子的肉吃得只剩一片，同事刚把这片肉夹起来，儿子就把妈妈的手抓住，从筷子上把肉拿走吃了。

这位同事跟我聊天时说起这件事，只是想感叹自己的儿子对肉的偏爱。我听到了，说了一句：妈妈为孩子做饭几年，自己想吃一片肉，儿子居然都不给，儿子养了有什么意思？这么一嘀咕，把同事搞傻眼了，我儿子很可爱呀，你怎么说我儿子养得没意思？但是把我的这话想了想，突然明白了问题所在。

我刚好看到了一篇有趣的文章，叫《餐盘里的界限》，就把文章推荐给那个同事了，那个同事看了大受启发，说马上回家去试试。

第二天正好是一个周末，夫妻两个人就把儿子吃饭时暴露的问题分析了一番，于是夫妇俩就决定把这个故事演绎一遍。

那天的午饭同事就只炒了一个菜，就是一盘青椒肉丝。

那天出菜的顺序也变了，不是先上菜，而是先上饭，同事把三碗饭往桌上一放，爸爸一看就招呼儿子，洗手准备吃饭。两人洗好手往桌上一坐，就等着上菜了。这时妈妈把青椒肉丝端上了桌，儿子抓起筷子就准备去夹肉，结果爸爸赶紧出手把他的手捏住了，说，儿子，今天等所有的人都到齐了，我们再一起吃行不行？儿子点点头，放下筷子安静地等妈妈过来。

同事也很快收拾完毕来到了桌上，儿子一看，人到齐了，抓起筷子又要去夹肉，这时爸爸按住儿子的手，把自己那双筷子拿起来，一只手拿了一支，一支插在盘子的正中间，立了一根柱子像圆心，另一根筷子，在圆心和边之间压出一些槽，就像一条一条的半径，压了三条，把这一盘菜大概的分成了三份。

爸爸说，今天这盘菜分成了三份，我们每个人选一份，今天都只吃自己的份，不要动别人的。儿子你先来。儿子一看自己面前这一块稍微大一点，马上选好了，爸爸和妈妈也各自选了一块，然后就开始吃饭了。

小男孩拿起筷子，在自己的份内找肉吃，一会就把肉吃完了，吃完了之后就不知道自己该干什么了，青椒和饭都没动。这时爸爸妈妈就开始表演了。爸爸说，好久不吃你做的菜了，我特别喜欢吃你做的青椒肉丝，尤其是肉里面的青椒，特好吃，一点都不辣，很有味道。两个人说得有滋有味，也不搭理小孩子，小孩子一看自己的那一份里只剩青椒了，现在在爸爸妈妈说青椒很好吃，我也试试吧，吃了一点，感觉确实是不错，于是把自己的那一堆青椒也给吃完了。

儿子吃完了之后，同事就感动了：儿子你吃了这么多青椒，你不偏食啦！妈妈太感动了，妈妈要奖励你，于是把自己的那份推给了儿子一些。

儿子一看，很高兴抬起头对妈妈说了一声：谢谢妈妈！听到儿子的感谢，妈妈的眼泪都出来了。过了一会，爸爸上场了，爸爸说：儿子，爸爸今天也非常的开心，首先你不再挑食了，肉也吃，青菜也吃，对你的身体发育会很有好处，爸爸很放心。其次你知道感恩了，妈妈给你送菜，你知道谢谢妈妈，这一点爸爸特别的赞赏。爸爸也要奖励你，说着爸爸拿着筷子一推，把自己的那份菜也推过去了一些。儿子很高兴，抬头一看爸爸妈妈那边没有菜了，怎么办？小男孩赶紧给爸爸夹了一筷子菜，给妈妈也夹了一筷子菜，说，我们一起吃！

这一顿饭吃得非常温馨。这一顿饭，小孩开始破除了受之无愧的心态，打破了以自我为中心的惯性，开始知道感恩了。

当家长做有心人，立界限就变成了有趣又有效的教育过程。家长在帮助孩子立界限时要注意，在可承受后果的范围内，让孩子亲身体会到自己行为导致的后果，这比自己说教多少遍都有用。比如，孩子乱扔食物，那他吃东西的时间也就到此结束；孩子拒绝穿衣服，那今天就不去公园玩了。这样他就能在行为与后果间建立联系。

当我们确立的界限奏效时，孩子不需要经常挑战它们。他们信任父母和照顾者，因而信任他们身边的整个世界。他们觉得更加自由、更加平和，可以把注意力集中在一些重要的事情上。

在陪伴孩子的时候，还有一个理论非常好用，叫做道德人格发展的三境界六阶段（如图2.8）。

孩子身体的发展，我们看得很清楚，但是内在的道德人格发展我们有时候看不清，需要有个指标，有个尺子经常测量，美国有一个非常优秀的班主任叫雷夫，他非常喜欢用这个图表。它把内在的道德分成了三个境界六个阶段，第一境界叫作自然功利，第二境界叫作习俗规则，第三境界叫作道德仁爱。

道德人格发展三境界六阶段

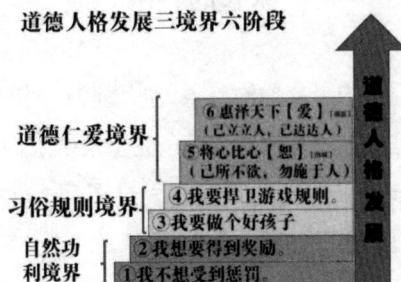

图 2.8　新教育实验道德人格发展图谱

雷夫经常会把这个表拿出来，让学生自己比照，有时候班上需要有人打扫卫生，他不会指派人，就说把人格发展表拿出来看一看，看看你自己到了哪个阶段，这个事情，谁愿意主动地来借这个机会操练自己？

学生参与很踊跃，为什么？因为孩子都是有上进心的，看到自己去做的时候就明白了自己到达了那个阶段，会有成就感。

这个表对我们家长来说也很重要，因为这是一套显性的参考标准。你观察孩子到了哪个阶段，就能制定相对应的界限和规则，就会心中有数。你可以经常拿出来教导孩子，"我刚才听你说这句话，我就知道你进步了，你已经去到第三个阶段了，你想做个好孩子"。"你这个事情做得很令我满意，你已经去到第四个阶段了"，虽然孩子可能只是偶尔的去到某个阶段，但是你不停地鼓励他，那孩子就有一个前进的目标，有了往上爬台阶的感觉。那种积极自由的感觉，会带来极大的满足感。建议家长把它张贴出来，经常拿出来跟孩子的行为比对。

家长的界限

这里我要说到一个有趣的界限，叫谨防过期的爱。前面的很多的界限我们是为孩子立的，这一条完全是给家长讲的。

我们都爱孩子，但是如果你的爱过了期，就变得有害有毒了。如何知道自己的爱过期没有？

我们来看看人类成长的三个阶段，分别为依赖期、独立期、互赖期。

依赖期：幼年时完全依赖他人，需要他人的指引、养育和供给。

独立期：人在身体、智力、情感和经济方面慢慢变得独立，能够自我管理和自力更生。

互赖期："我们"可以融合彼此的智慧和能力，共创前程。

依赖期的人靠别人来实现愿望，独立期的人单枪匹马打天下，互赖期的人群策群力实现最高成就。

在孩子成长的这几个阶段里，家长与孩子之间的关系是怎样变化的呢？

在依赖期，孩子的需要是家长的责任。这个时候孩子饿了、冷了、受了委屈了、不高兴了、被人欺负了，都要回来找家长，家长要让他吃饱，穿暖，满足他的需要。在依赖期，你给孩子的所有的爱，无微不至的关心，我们认为那都是好的，都是在孩子的情感账户里面存款。

从依赖期到独立期，有一个过渡时期，家长需要一步一步地引导，逐步放手。

在独立期，孩子的需要是他自己的责任。这个时候孩子不需要你负责任，他需要自己负责任。如果孩子到了独立期，你还在不停地像保姆似的给那些过期的爱，孩子就不爱搭理你，他想自己负责，你还在帮助他，对孩子就没有好处了。

在互赖期，切记，你的需要中有孩子的责任。你们应该群策群力来制定和完成一些计划，进行多种合作，共同创造未来。

孩子长大了，离开家之后打回来的第一个电话，你怎么回应很有讲究，这是你们进入互赖期的一个重要开端。

有些孩子上了大学很兴奋，交朋友、玩游戏，玩完了之后突然想起来，给家里打个电话问一下，老爹老妈他们现在过得怎么样？

有些父母接到这个电话当然高兴了，开心地说，没事，我们都很好。你说的可能是真话，但不是一个智慧的话！你说你过得很好，不用孩子管，那孩子就自己玩去了，你没有需求，他就不用操练自己的责任。

智慧的做法就是，要想办法让孩子知道你的需求，比如说，我最近情绪不大好，睡觉也有问题，我现在怎么看你爸都不顺眼……我很难忍受他，你帮我说说他。

孩子听到这样的话会很愣，他没想到爸爸妈妈还需要他来从中做工作。他会突然意识到，自己长大了，要为父母做些事情了。他会关心你们的生活，你们的难题，还会从中间调和，设法为你们做些什么。

有很多妈妈常会酸酸地把儿子的女朋友称作"狐狸精"，为什么？因为自己养个儿子，心被那"狐狸精"给叼走了，对自己都不关心了，心里不是滋味。可是你有没有想过，在"狐狸精"出现之前，你有很多机会把儿子的心稳定在你这里，你要趁着那个"狐狸精"没有出现之前，不停地把自己的需求送过去，孩子会不停地收集很多资讯，帮你解决实际困难，也把他学到的知识加以应用。

慢慢的他就对你有了一种责任，有了一种习惯，即使这个时候他有了女朋友，他关心你都成了习惯，自然会关心你。你有没有发现，刚开始你可能是有点表演成分，后面你年龄大了，身体时不时会出一些问题，这个时候你跟他说的时候，他对你的关心都成了责任，你接受的自然，他关心的也自然。这个关键期我们绝对不能放过。

等孩子学会为你负责，帮助你做事，你也帮助孩子做一些能展现自己价值的事情，你们就有可能进行更多的协作，一起创造更多的幸福。

回顾我们为孩子、为自己立界限的过程，就会发现，正确的界限能养成美好的品格，美好的品格能造就蒙福的人生，蒙福的人生才会有安全丰富光明的未来。

蒙福跟幸福的感觉是不一样的。幸福是一个主观的感受，需要跟别人参照对比，人无我有或者人有我优，我就觉得蛮幸福的，没有比较就没有幸福感了。

蒙福不需要跟别人比，它是你遵守了某些约定，遵循了天道得到的奖赏。可能有人会说，我好像也没有搞明白什么约定，但是我就是运气蛮好，可能是因为你这个人比较尊重传统，尊重文化。传统和文化里面就有一些祝福的界限，比如孝敬父母，信守承诺，不能陷害人，不可贪心，等等，你遵守了，你一样能得到很多奖赏。

我们和孩子都生活在复杂的不断变化的现代社会中，家长有足够的爱心和智慧，帮助孩子在个体与群体，自然属性与社会属性中找到平衡。人是群居的动物，可以说，在现代生活中，有界限，才自由；有界限，才快乐；有界限，才有创造。

在日新月异的世界里，有太多让人心不安的东西：人的欲望、高科技对人的异化、各种潮流、爆炸的信息等。成人世界会被各种东西辖制，不自觉间会将它们带给孩子。我们要多一些警醒，力求不被辖制，追求真理，因为真理使人得自由。愿我们都能做镇定自若的父母，合理清晰地为孩子设置界限，温和地引领孩子，让他们勇敢地探索世界！

本课重点：

1. 为孩子设立界限是为了保护孩子，训练良好的品格。

2. 我们希望给孩子自由，但没有界限的自由对孩子不利。要给孩子区分自由积极自由和消极自由。

3. 为孩子设立界限要讲原则和方法，给孩子立界限要进行刻意的训练。

4. 家长也要守界限，特别是孩子进入独立期时，要预防过期的爱给孩子带来不利影响。

课后思考和练习：

1. 为什么要给孩子立界限？

2. 如何给孩子自由？给孩子的自由有哪些要注意的地方？当孩子说要给他自由的时候，该怎么回应？

3. 如何看待家规？你们的家规内容有哪些？

第三部分

成 长 主 题

○
○
●
○

亲子关系中的情绪管理

认识情绪

在当下的环境里，不管是老师还是家长，想和孩子相处的轻松、快乐、幸福，真不是件容易的事。在我和孩子们打交道这么多年的过程中，我发现一个秘密：有一样技术，如果你会了，孩子很容易亲近你，如果你压根都不会，就会跟孩子有距离。这项技术虽然很重要，学起来却并不难，所以它是一个性价比最高的技术，这个技术，就是情绪管理。

在人与人的关系中，情感账户是个重要的概念。对方收到你的善意或付出，你相当于在对方的情感账户中有存款；反之，你伤害得罪了人，让对方不爽，相当于在情感账户中取款。情感账户有盈余，你和对方就会有良好的关系，情感账户透支，你和对方的关系就会出问题。

心理学家发现，情感账户的大额收入或支出，都与情绪密切相关。关于情绪，心理学给出的定义是：个体对本身需要和客观事物之间关系的短暂而强烈的反应，是一种主观感受、生理反应、认知的互动，并表达出特定的行为。

管理情绪的能力和方法在人际交往中有极为重要的作用。

华东师范大学心理学教授陈默，跟踪调查了几千个问题孩子的家庭，她想研究孩子出现心理问题的原因是什么。她调查那么多孩子以后，发现了两大因素：一个是高竞争感，一个是高孤独感。设想一下，孩子在这样的状况下，中考高考的压力摆在这里，他会不会产生难以排解的沉重的压力感？可是他身边没有什么兄弟姐妹可以倾诉，父母常用外在的标准要求孩子，很少关注孩子的内在感受，情绪没有得到及时的处理，心理问题就出现了。

孩子为什么会产生高竞争感和高孤独感？陈默教授进一步研究，结果发现是因为孩子处在以学习为中心的环境中。比如家长常跟孩子说，你什么家务都不用做，把学习搞好就行。有时候特别疼爱孩子的爷爷奶奶生重病了，如果有重要考试，家长都会无奈地做一个决定，不让孩子回去看望，觉得孩子的学习不能耽误，可见很多家庭将学习放在了至高无上的地位。孩子在学校，尤其是中学，也是以学习为中心的，面对激烈的、频繁的竞争，孩子想结交好朋友，好朋友能与他一起超然应对挑战，太难了。

陈教授的这项调查非常有价值。它让我们意识到孩子成长的环境出了问题，在这样的情况下一味责怪孩子，对孩子不公平，也不容易找到帮助孩子的办法。

有个寓言故事讲的是：一个人种葫芦，他天天来看他的葫芦长得怎么样，有一天叶子有点黄了，长虫子了，邻居提醒他要施肥或者打虫子，他说："我要的是葫芦，这些叶子我管它干什么？"结果他一个像样的葫芦都得不到。

葫芦的背后是一个生态系统，种过庄稼的人就知道，只有生态系统建好了，葫芦才能长得好。说"我要的是分数"的人，和这个寓言中的主人公何其相似！他们可能没有意识到，分数背后也是一个系统，如果我们想让孩子的成绩好，一定也要把他背后的系统做好，不然就会出问题。

在这个系统中，情绪占有特别的位置。

看看身边的孩子频频出现的各种心理问题，很多就是从教育者只关注单一的看得见的因素开始的。2019年4月17日，一个17岁的男孩从上海的卢浦大桥跳下去，据说是因为他和同学闹了矛盾，家长被老师请到学校，在回家的路上，妈妈批评指责他，他一时冲动，就选择结束自己的生命。这个故事牵动无数人的心，让人扼腕叹息。

这个故事中这位少年轻生的原因可能很多，或者说很复杂，但也可能比较简单，就是两个人情绪失控。因为情绪失控之下，人会丧失理智，做出离谱的事情。

看到这些血的教训，有的家长开始恐惧，觉得孩子再发火闹情绪我再也不说了。有的家长会说，这孩子就是玻璃心，平时肯定家长管教不够，听不得一点批评。对孩子，就是应该狠一点。

这两种声音我们往下深究一下：说再也不管了的人，假设你的孩子出现了不停地打游戏、玩手机甚至整夜不睡的情况，出现了厌学逃学的现象，你真的能够不管吗？你真的能够任由他去吗？

说一定要严厉教训孩子的人，请想一想，这样是否有效。平时大人们给孩子说了多少道理：你要好好学习，不好好学习，就不能上好学校，不能考上好学校，就没有好前途，你要认真，你要用心，你要积极，你要上进，你要温柔，你要温和，你要善良等。

孩子接受了很多这样的教导，可是当孩子面临着各种压力，他的沮丧、烦躁、焦急恼怒等情绪，不断消耗他的心理能量，打击他的自信，他还能听从你的教导吗？能做到你提出的要求吗？这些压力压在他心里，他没法排解的时候，该怎么办？他压到一定的时候，会不会爆炸？

完全不管孩子和把孩子管死了，这两极之间有没有一条让我们双方都能赢的路径？

心理学家给了我们一个途径，那就是管理情绪。认识孩子的情绪，也包括认识我们自己的情绪，并且进行适当的处理。

有一部电影叫《头脑特工队》，非常有意思。在这部电影中，情绪设定成内在的小孩。这部电影非常生动地诠释了情绪和我们外在行为之间的关系。

情绪是信使，每一封信来自我们的内心。开心的时候、沮丧的时候、忧伤的时候……情绪显现着我们内心的某些需求。比如，孩子写作业磨磨蹭蹭、三心二意，就是半天做不好，家长站在后面真是火冒三丈。

孩子的行为确实让人心烦，让人气愤。可是上一代的家长遇到这种情况会这样火冒三丈吗？好像不会，为什么？因为在那个时代，家长没有觉得学习有多重要、做作业多重要，也没有觉得教育的回报率有多高，所以他们常常可以做到听之任之。现在的家长为什么做不到？因为整个形势变了，在家长的心目中学习非常重要，分数非常重要，写作业又快又好才是对的。一旦这个孩子达不到家长心中认定的标准，心头那个火就噌噌地往外冒。

所以家长的情绪与内心的标准，内心的愿望，内心的需求密切相关，这是家长需要觉知的部分。

心理学家根据我们的感觉，将情绪分为正面情绪和负面情绪。常常带给我们不太好的感觉的情绪，我们叫它负面情绪，带给我们比较好的感觉，我们叫它正面情绪，正面情绪包括喜悦、满足、惬意、宁静等。负面情绪包括恐惧、伤心、沮丧、生气等。

负面情绪的价值

人们都喜欢正面情绪。可是如果一个人只有正面情绪，会怎样呢？比如，我给一个人一拳头，他笑眯眯地看着我，我生气地把他骂一顿，他很平静，没有任何反应。你会不会觉得这个人有点问题？看到别人冒出负面情绪的时候，我们好像不太喜欢，有时自己有负面情绪的时候，我们也不太喜欢，可是负面情绪却可以展现人内心的渴求。

最近这段时间，我们小区里常听到一些孩子大声的哭闹，有的小孩一哭就是半个小时，甚至还有哭两个小时的，家长会跟着大声训斥。可是孩子哭闹的背后，是什么呢？很多人没有多想。

疫情期间，我调查过我们班的孩子。一直宅在家里，孩子们渴望什么呢？他们说，他们渴望有伙伴，能够玩一玩，渴望能放松一下，渴望爸爸妈妈能够开开心心地陪他们去运动。如果这些需求我们没有看到，而一味责怪孩子哭闹的话，孩子就很难达到家长的要求。

沮丧、郁闷、烦躁、愤怒、委屈……这些负面情绪积累到一定的时候，会像恶魔一样，让你没办法做事情，甚至让你做出你自己都不想做的事。它们有时候就像怪兽，有时候又像洪水，让你不由自主地做出很多很糟糕的举动，甚至可能成为健康杀手。

有的负面情绪不处理，你对他不闻不问，还会出现另外一种情况：有的孩子都蔫了，没有一点活气，好像做什么都提不起劲来，这也是负面情绪没有及时处理的表现。

负面情绪给人不好的感受，可是它却有正面的价值。

当你觉得无聊，其实内心是在意生命的价值和意义；当你觉得很后悔的时候，其实内心正在想，我能不能找到更好的办法；当你感到焦虑的时候，是不是因为你还有各种可能？比方说现在的孩子除了走中考高考这条线，还有了去国外留学那条线，去走专业的艺术院校的这条线，还有家长就在家里教孩子，网上的那么多好的教育资源，他自己能够进行整合。还有的家庭拥有家族企业，让孩子早早地就开始进入家族企业的管理层。这些可能都摆在你面前。你看到孩子的情况，你不知道哪种选择更好，你也不知道哪种选择能给孩子带来幸福快乐，哪一种他会愿意配合愿意去做，更不知落实在骨感的现实生活中，自己如何去做，所以就会焦虑。

负面情绪还有一个特别的功能，有点像保险丝，它是一种安保装置。比如当你忧伤的时候，你的朋友就会来看望你，安慰你，就不会对你有过多的要求。你发火的时候，旁边的人就不敢惹你，发火可以为你赢得尊严，甚至赢来一些人的支持。

有一本书叫《生命的重建》，这本书从另一个角度诠释了负面情绪带给我们的影响。作者说囚禁情绪即是囚禁自己。因为她调查了那么多的病人，发现绝大多数的病人生病，都是因为负面情绪没有得到及时处理积累。所以作者就说，如果我们想让身体健康，我们真的不能把我们的情绪压在那里，不理它，这样会造成你身体健康的问题。

经过这样的分析，我们就知道情绪是认识自己的重要途径。我们都知道，人认识自己非常难。有时自己也不知道自己喜欢什么、在乎什么，可是情绪会带给人重要的信息。比方说我们有时候看这个孩子好像什么都不在乎，好像什么都无所谓，可是有时候你表扬谁比较好，他竟然会发火，你就知道他其实有上进心。

人的心里好像有一个心灵花园。在心灵花园里，那些正面情绪美好的感受，就像那些花草清澈的泉水，美丽怡人。那些负面情绪就有点像那坚硬的石头、青苔，还有一些不太干净的东西，只要你把它清理好，把它放在好的位置，它会成为你心灵花园中一个非常重要的装饰，甚至它能够翻转你整个花园的格调。

所以我们要好好对待自己的情绪，让我们的心灵花园长成我们想要的样子。

情绪还是与人互动的重要元素。比如在 2008 年北京奥运会的开幕式上，总导演张艺谋就收集了全世界各国孩子的微笑，他用这样一个举动表现出中国人民对全世界人民的欢迎，可以说，微笑是通往世界的名片。

人遇到什么样的事情就会有相应的情绪，人对事情的情绪反应大体上差不多。这样能让我们和别人很快进行互动。

在进行情绪管理的时候，要注意到情绪的这样几个特点：

首先，情绪激动的时候人的认知会失调。人在情绪激动的时候，是不会进行理性思考的。比如有人喝酒，喝的高兴了，对你说，这个事包在我身上没问题，有的人气急的时候会说，我要揍你！其实这些人说这些话的都没有太过脑子，你不要太当真，也不必为此觉得受伤。同时你也知道，既然情绪激动的时候大脑缺乏了思考，就不要在情绪激动的时候去做任何决定。

其次，情绪本身没有好坏对错。我们千万不能跟孩子说，你怎么能生气呢？你怎么能沮丧呢？你怎么能嫉妒人呢？因为这些情绪是孩子真实的感受，和对错无关。虽然情绪本身没有好坏对错，但情绪控制的能力有高下，情绪控制的能力能够左右事情的结果。

情绪高手，处理情绪时既让情绪得以充分的表达，又不让它造成不良的后果。

情绪就像一条河，给我们带来丰富的生命体验，滋养我们的生命，但它也可能阻塞淤积甚至泛滥，那么我们该如何来管理我们的情绪呢？

自我情绪的调节

作为家长或老师，先管理好自己的情绪才可能帮助到孩子。可是情绪是内心的信使，应该是自然流露出来的，似乎不该由自己的意愿左右。有没有可能管理好它，让自己成为情绪的主人？

拿破仑讲过一句很有名的话：能控制好自己情绪的人，比能拿下一座城市的将军更伟大。可见控制情绪多难。幸运的是，这些年心理学教会了我们处理情绪的很多方法，我们照着这些方法去做，完全能做到控制自己的情绪。

管理自己情绪的第一步，是觉知自己的情绪。尤其是你遇到重大的难题，半天过不去的时候，这个方法尤为奏效。

觉知自己的情绪状态时可以先用几个词来标明自己的情绪，比如焦虑、愤怒、沮丧……还可以将自己的情绪画出来。画完后最好找到你信任的亲朋好友，对照图画聊一聊自己的感受，请他也回应一下看完图画的感受。通过这样的表达，你能发现自己内心深处的一些想法或需要。

觉知时还要追问自己几个问题：到底发生了什么？我当下的问题中哪些是事实，哪些只是自己的信念或假设？我为什么会这样？背后的想法是什么？当你发现自己情绪背后的真实想法后，要再问：我的这个信念一定正确吗？它一定会发生吗？当你反复追问的时候，会发现，答案本身就会给你行动的方案。

如果你发现某些负面情绪反复出现，你就认真写一份自己的情绪简历，它包括：人生大事有什么（正面负面都写），这件事对自己有什么影响？通过这样的梳理，找到自己那些负面情绪反复出现的原因。

儿子读初中时，我曾多次陷入负面情绪中。儿子初三那一年期中考试，老师开家长会的时候，专门讲到儿子的问题，几科老师都在说，这个孩子非常聪明，就是上课非常不认真，所以他考得不好。我当时听了这话特别生气。觉得自己对孩子非常宽松，都没有要求他考多好的分数，我总是要求他认真就行，可是这孩子这一点都没有做到！

出教室遇到儿子的时候，我都懒得理他。儿子追上来，专门拉着我的手说，妈妈，真的对不起！但他的话没能阻挡我当时的怒气，我接下来甩给他一句话：我原谅你很容易，可是中考能原谅你吗？这个社会能够原谅一个连高中都考不上的人吗？说完我扭头就走。等我回家以后，气还没消。可是孩子半天没回来，这个时候我就心里有一点儿发怵了。后来儿子到家了，低着头也不跟我们说一句话，直接进了他的房间。

儿子这个举动还是挺反常的。因为他平时有什么事都会跟我们谈，可是那几天他在家就不怎么说话。遇到这种情况，我不得不开始反思：我为什么发这么大的火气？我开始觉知自己的感受，觉知自己内心的种种感觉。

哈佛大学有一个研究资料说发火背后的根本原因是羞耻感、恐惧感和愧疚感。对照自己的经历，我发现这个研究说的在理。

我觉得自己是懂一点教育的，怎么我的孩子都不认真学习呢？我为此感到羞耻。我也担心他考不上高中，如果高中都不能考上，那他以后能找什么样的工作？另外我又知道儿子成绩不佳，好像我也找不到很好的帮助他的办法，也觉得很愧疚。当我认真觉知这些东西的时候，突然找到了自己最重要的一个症结——放不下自己的面子，我过不了这个面子关。

当我发现，自己的负面情绪主要责任在自己身上时，我开始不那么责怪儿子了，开始在自己身上找解决办法了。我开始意识到，我要在孩子的健康和自己的面子之间做选择。等我决定放下我自己面子的时候，开始承认我的想法是不那么合理的，我也就是一个平凡的人，一个普通的老师，我为什么非要求儿子优秀？遇到这样的难题，我得接纳自己的平凡，也接纳儿子的平凡。有意思的是，这么去想的时候，情绪就慢慢平复了。

管理情绪的第二步是理性思考，改善自己的认知模式。

人的情绪和自己的认知模式密切相关。

在很多人的认知里，好学业和好工作是紧密相连的，因此孩子学业不佳，就会产生一连串的假设：考不上好高中，就上不了好大学，上不了好大学，就找不到好工作，没有好工作，就没有好前途，就很难幸福。

于是，一见到孩子学业不佳，一连串的不幸假设就接踵而来，就会让自己焦虑痛苦。

可这是真的吗？它一定会发生吗？孩子获得幸福的关键真的就是学业成绩吗？等我们学到很多人生哲理，看过很多人的故事，就发现，这个假设，不是真理。孩子获得幸福，拥有好前途的路径远不止学业这条路。

在我对儿子特别失望焦虑的时候，我又开始阅读大量家庭教育方面的书籍。一次，我看到了这样一段话，是一位家长写的——我爱你与你的成绩无关，我爱你与你的爱好无关，我爱你与你有无出息无关。这几句话一下子就让我把人和事分开了。

这段话一下子让我看到自己的局限，让我学会了去区分。我爱孩子，我爱他这个人，我看不惯的是他做的事情，但是我也不能因为这件事情，就让孩子觉得我否定他了，这样一个区分让我知道我要接纳孩子的情绪，接纳他当下的难题。

后来，我和孩子进行了一次深入交谈。孩子跟我说，我真的不是不想认真学习，我真的觉得好累。我每天有做不完的作业，每天做到十一二点，怎么做作业都做不完，我辛辛苦苦把做完的作业交到学校去，发现自己在班上还是比不上那么多的同学，我

真的觉得特别的苦恼，我真的想使劲，可我使不出来，我真的不
是不认真。

当孩子说这番话的时候，我被深深地震动，我没想到孩子遇
到迈不过去的坎，不是他不愿努力。于是我决定和儿子站在一
起，和他一起去面对他经历的艰难，和他一起感同身受，而不是
一味的要求他、指责他。当时的我找不到更好的办法，于是决定
干脆走出去。

我去外面参加读书会，在读书会里面我认识了一群非常有爱
心的人，非常有智慧的人，他们带着我一起参加公益活动，在这
些活动中我开阔了视野，也提升了眼界。

在陪孩子们走过最艰难的过程中，我写下这样的话——

孩子顽皮，
是因为他生命旺盛，
孩子磨蹭
是因为他想认真，
孩子还在学习，
因为他想回报你的期待，
孩子躲着你，
因为怕你失望，
我对自己说——
你焦虑，因为你觉得还有很多可能
你担忧，因为你的爱超过你所能承载的
你疲惫，因为你想付出更多，

你恐惧，因为生活美好，你不愿他流逝，

接纳自己的有限。

一切都是最好的安排。

当我们用另外一种眼光看待我们所经历的艰难与挑战，我们整个的状态就会开始改变。

有篇散文让我们特别感动：

痛苦对我们来说，究竟意味着什么？

司马迁在《报任安书》中一语道破，文王拘而演《周易》，仲尼厄而作《春秋》，屈原放逐乃赋《离骚》，左丘失明，厥有《国语》。中国古代文人有多少沉郁顿挫的痛，就有多少达观不屈的逆境重生。

1849年俄国作家陀思妥耶夫斯基因为参加反对沙皇的革命活动而被捕，险遭枪决，最终他是戴着手铐脚镣离开了彼得堡，开始了漫长的流放生涯。但是痛苦的牢狱生活并没有击垮他，相反把他推上了文学创作的巅峰。他曾经说过一句耐人寻味的话——他说：我怕我配不上自己所受的苦难。我想这句话的含义是，即便我们身处最恶劣的境遇，我们仍然有着不可被剥夺的精神的自由，可以选择以尊严的方式面对痛苦，而这种选择本身就彰显着人性的高贵！

痛苦，是人生的一部分，它考验着我们每一个人的品格和智慧，而只有经受住考验的人，才能够享受到由痛苦转化而成的财富。

愿我们都能超越艰难，获得更广阔的世界。

管理情绪的第三步是恰当地表达情绪。

表达情绪能够让我们认识自己，能让我们身体健康。但是如果负面情绪随意发泄又会伤到人。如何表达情绪又不伤人呢？

心理学家给我们的办法——表达"我信息"，也就是当自己跟人产生冲突的时候，不要去评价指责对方怎么样，只表达自己的感受。

比如丈夫回来晚了，妻子其实内心是担忧的，可是她会习惯性地用"你信息"来说：你怎么搞的，你在外面搞什么鬼？你怎么又这样？当妻子这样指责对方的时候，丈夫的火气也来了，他本来有些内疚，被妻子一指责，以后没事也回来得晚。

如果用"我信息"表达怎么说呢？妻子会说，你 10 点多钟才回来，我真的很担心，我担心你的工作上遇到什么不顺利的事情，我担心你路上有可能遇到什么意外。当妻子这样说的时候，丈夫一定会被打动，他下回就一定会想方设法早点回家，这就是"我信息"的魅力。

跟孩子在一起交流的时候，我们也常常可以用到"我信息"。比如孩子把家里弄得和狗窝似的，家长会忍不住数落他。

心理学家教我们这样说——

首先你就只描述客观的事实：你的房间里，被子、枕头都没有还原，没有摆到应有的位置。垃圾没有及时的清理。接下来你就用我信息：我看到这些情况，我心里很不舒服，因为摆得不好看、不整齐，我真的不习惯。另外我也很担心，我担心这些饮料瓶还有些细菌，对你的身体不好，我还担心你做这些东西都是乱七八糟的时候，可能会影响你做事的条理性，也会影响你跟别人的合作。我这样的担忧是因为我希望你能够有条理地做事情，我希望你能够在这些问题上不会耽误太多时间。

然后说你的请求：请你把这些东西都放还原，清理干净。这样说话，孩子会更容易听进去，更容易跟你配合。

《非暴力沟通》一书为我们贡献了极佳的沟通方法，也是表达情绪不伤人的方法。它的八字箴言是这样的：

第一，观察。留意发生的事情，客观描述事情本身。我们此刻看到了什么？听到了什么？不管是否喜欢，只说出人们所做的事情。不做评判，不贴标签，不用绝对性、模糊性、夸大性的词语。

第二，感受。能用具体、清晰的词语表达自己的感受，不掺杂过多感情色彩，不揣测别人的意图，不做评判。例如受伤、害怕、喜悦、开心、气愤等。这一步的要诀就是表达"我信息"。

第三，需要。需要是感受的根源。因为自己的某些需要没有得到满足，所以才有了那些"不舒服"的感受。有意识地关注自己的感受和需要，真的很重要。

第四，请求。在知道自己需要的前提下，提出自己的具体请求，注意不让对方去猜测。

这八字箴言要在生活中反复操练。

管理情绪还有一些小妙招。当你被孩子一下惹火了，气不打一处来，你可以怎么办？你可以数数，是从100开始数起，而且要跳着倒数：100，98，96，94……因为你这样动脑筋数的时候，你的理智的大脑才开始工作，这个时候理智一出来，情感就容易控制住。

还有一个办法叫打预防针，比如一下班回来，从工作中带回来一些负面情绪。你可以跟家人说，我今天情绪很不好，我现在要发泄了，你们要包容我一点。有时候忍不住说了不好听的话，发了一通火过后可以补救。你可以说：不好意思，刚才是我情绪没有控制好，对不起，我可以给你买个礼物弥补一下不？

还有一个办法，大家都会用，叫写日记，把自己所有情绪都发泄出来（反正只有自己看，可以毫无顾忌），我们还可以逛街，吃美食，跟闺蜜交流，跟朋友倾诉，做手工，等等。

当我们学会了这些表达情绪的方式，学会了管理自己的情绪，就能成为情绪的主人，使情绪成为滋养我们的河流。

调节孩子的情绪

每个人都有四大功能，即思考功能、灵性功能、感觉功能和情绪情感功能，其中情绪情感功能起到连接的作用。让孩子自然地表达情绪，发挥情绪的连接作用，能帮助孩子健康发展。

教孩子表达情绪，首先是要教孩子认识情绪。

如何引导孩子认识情绪呢？有个好办法就是教孩子读绘本。比方说《我的情绪小怪兽》里面就写到了各样的情绪，教孩子们用各种各样的瓶子来装"情绪"，让孩子把心情感受写在纸条上，把纸条放在这些瓶子里，然后进行归类和整理，这个过程，既增加了一些关于情绪的知识，又让自己慢慢理智起来。

读绘本或其他故事时，还可以问一问，你觉得文中的人物当时的心情怎么样？换作你，感受会怎样？在读故事的过程中，不知不觉让孩子能够体验不同的情感，也能认识不同的情绪。孩子情绪表达的词汇越丰富，表达情绪的能力也会越强。

孩子有负面情绪为什么一定要设法及时处理？因为它们会耗损生命能量。让孩子保持喜乐的状态，对他整个身心的发展都有好处。当孩子要表达情绪的时候，他的心是敞开的。这个时候你对他做得好，他就会在你的情感账户大额存款，反之就会大额取款。当孩子特别激烈地表达情绪的时候，你要特别珍惜这样的机会。

"三月孩儿脸，说变就变。"幼儿的情绪，一般都是为吃喝拉撒的要求没有被满足而发出信号。但有时这些生活需求都解决了，孩子还在哭闹，怎么办？这时特别有效的办法就是转移注意力。儿子小时候，有时为一点小事情哭，我们常用的一招就是：你看，那个小虫子怎么过来了？一只狗狗飞来了……儿子马上停止哭泣，不停地问：在哪？让我看看！说着说着，就把刚才"伤心"的事情给忘了。有时我们说"我的肚子里冒出一个故事了"，他也会被吸引，哭泣的事情也就不了了之。

但孩子上学后，出现情绪问题就不能简单应付了。

我们班有一个孩子，平时总是哭兮兮的，也很少与人交流。有一次上心理课，我让同学们把苦恼画出来的时候，他就画了一幅图，图上画了一些花花草草，还画了乌云和雨点。他在上面写了一句话：开心在一时，伤心在一世。

当我把自己读到的意思说给这个孩子听的时候，这个孩子吃惊地看着我说，老师，您是世界上第一个懂我的人。我也觉得特别惊讶，因为在此之前，我完全不懂他的内心世界。没想到就这一幅图，我只是简单的陈述自己看到的，好像就打开了他的心门。从那以后他什么话都跟我说，而且经常把各种情绪画出来。因为他什么都跟我讲，我就可以带领他一步一步走出他自己的天地。这就是一次理解，一次接纳，孩子就会向你敞开心门。

孩子遇到问题，特别是负面情绪冒出来的时候，我们要把握一个大的原则：先处理情绪，再处理事情。

有一次，我们班一个学生跟老师产生了矛盾，他觉得老师冤枉他。那个时候都下班了，一般老师也都不在学校，正好我还在，同学把我喊过去，只见孩子气得浑身发抖，手都变形了，像麻花似地拧着，很可怕。

我走到他身边，一边抚摸他的手，一边问，你是不是特别委屈？你是不是特别愤怒？你感觉特别难过，是不是？我反反复复地说他的感受，设法同理他。

大概过了5分钟，这个孩子逐步恢复到正常的状态。这时候我才开始询问发生了什么，他的问题在哪里。当他恢复理智后，老师的话他就听进去了。

我遇到过很多孩子情绪特别激动的情况，同理这一招，非常有效。

处理孩子情绪最常用的步骤，第一步是了解情况，同理回应。

孩子的情绪没有对错好坏。同理孩子的感受，并不代表自己赞同孩子的做法。

有一天早晨，我们班晓峰同学一早就跑到我办公室，把一张纸往桌上一拍。说："老师，我要辞职，我不干了！"把我吓一大跳。看他在纸上写的内容，我大概明白了，原来他觉得同学们都不理解支持他，他作为组长，觉得自己付出那么多，得到这样的结果，特别恼火。看到孩子满脸通红的样子，知道他很难受。我就跟他说，你当组长为同学们付出了这么多，他们居然不理解你，真的是好生气。这种感觉真的是挺难受的。

我说到这里的时候，这个孩子眼泪就下来了。站在孩子的角度，去同理他，回应他，他就会慢慢从情绪中出来，愿意进行沟通。

接下来我们要教孩子标明情绪。

心理学专家金天老师经过多年的研究，将人常常出现的情绪与对应的需要做成情愿卡。我在班上尝试多次，发现很好用。孩子拿着一叠情愿卡，很快就能找到能表达自己情绪的词汇。

这里我列举一部分：

不安、恐惧、犹豫、惊诧、内疚，

生气、愤怒、闹心、委屈、埋怨，

期待、愉快、感谢、满足、盼望……

标明情绪有两个作用，第一个，让人的语言功能发挥作用，开始理性思考，这样有助于人恢复到正常。第二个作用是让别人知道自己此时的感受是什么，便于与人沟通，因为一般而言人对同一事情的反应都是类似的。

如果手边没有情愿卡，我们也可以试着猜测孩子的感受。比如，你是不是觉得特别委屈，你是不是觉得郁闷？你是不是特别难受？猜测对的时候，孩子就会点头，这样也能让孩子表达出来。当然让孩子自己说出感受更好。

同理孩子，他们也明白自己的情绪之后，就可以进行引导了。心理学家告诉我们，人的情绪与愿望紧密相连。当人的需要都满足的时候会喜乐开心，快要满足的时候会着急盼望，需要不被满足的时候就会愤怒沮丧难过失落等。

那么人有哪些需要呢？心理学家告诉我们，人有五大需要贯穿一生：

一是，安全需要；

二是，爱与关系的需要；

三是，成就力量的需要；

四是，约束的自由；

五是，娱乐的需要。

在孩子情绪平复之后，老师和家长用提问的方式进行引导，就会产生比较好的效果。这时可以提出与这五大需求相应的问题：(以下摘自金天老师的情愿卡)

你希望身心安全吗？希望信赖或信任别人吗？你想放心地哭一场吗？

希望自己现在的样子被别人接纳吗？希望成为对别人有用的人吗？想跟朋友分享友谊吗？

希望自由地选择想要的东西吗？希望得到认可和支持吗？希望得到尊重吗？

希望自己看起来很棒吗？希望自己表现突出吗？希望实现梦想吗？

通过回答这些问题，孩子就能明白自己其实是想要什么。这时候，再来启发孩子：你觉得这件事情如果重新来一次，怎样做会更好？我们有没有其他方式来满足自己的需要？这件事情我们怎样处理更合适？在这样的交流中共同商议解决问题的办法，问问孩子需要家长怎样协助，然后开始实施新的计划。

比如在晓峰同学平静下来之后，我和他商议应对的办法：你其实很想与同学和睦相处，很想提升自己的领导力，那我们想一想，怎样做更好呢？这时，晓峰开始进入"领导者"的角色，我告诉他，当同学意见出现分歧的时候，道理讲不通，还可以抓阄解决，可以举手表决，少数服从多数。这样一来，他就有信心面对同学之间的分歧了。

经过这样的引导，孩子的负面情绪就成为他下一步前行的动力了。

小结一下处理孩子情绪的步骤：

第一步，了解情况，同理回应

第二步，说出感受，标明情绪

第三步，了解深层的心理需求（提问）

第四步，商议应对的办法和下一步的计划

孩子情绪调节，其实底层还是我们前面讲的亲子关系，当亲子关系越好的时候，孩子的情绪越容易调节，同时也因为我们很会调节孩子的情绪，我们的亲子关系也会更好。

当孩子遇到难题的时候，直接指责说教，会让孩子越挣扎越痛越难过。如果想处理这样的问题，最好的方法是先建立爱的关系，只有爱的关系建立了，孩子遇到的所有的问题，我们都比较好处理。

在你的时区里

当我们遇到问题的时候，还需要一个更宏观的看见，有了更宏观的看见，可能很多情绪，就比较容易去开解。有一首诗是这样写的：

纽约时间比加州早 3 个小时，
但不意味着加州变得很慢，
有些人 22 岁就毕业了，
可等了 5 年才找到稳定的工作，
有人 25 岁就当上 CEO，
却在 50 岁去世，
也有人 50 岁才当上 CEO，
然后活到 90 岁。
……
诚然世人有着自己的时区，
周围的人看似走在了你前面，
也有人在你身后，

但每个人都在自己的轨迹上奔跑着，

在他们的时区不用嫉妒或嘲笑他们，

他们在他们的时区，你在你的，

你的生命就是等待着正确的时间点，

然后行动。

所以放轻松，

你未曾落后，

也从未领先。

在你的时区里，

一切都非常准时。

看到人生这样一个大的时间轴，我们会看见更开阔的世界，我们有了这样的看见，会更容易平安而喜乐。

愿我们做情绪的主人，让情绪为我们的人生效力。

本课重点：

1. 情绪是信使，每一封都来自我们的内心。情绪没有好坏对错，但处理情绪的能力能左右事情结果。

2. 负面情绪有正面的价值，处理得当，会成为成长的祝福。

3. 家长要学会调节自己的情绪。调节的方法包括：觉知情绪；理性思考，改善自己的认知模式；恰当地表达。

处理孩子情绪有方法可循。处理情绪的步骤是：第一，了解情况，同理回应；第二，说出感受，标明情绪；第三，了解深层的心理需求（提问）；第四，商议应对的办法和下一步的计划。

课后思考和练习：

1. 关于情绪，你获得了哪些新知？

2. 回顾自己情绪最糟糕的时候，你对自己有了哪些新认识？想想它带来的作用有哪些。

以后当你或配偶出现负面情绪时，请按照本书的做法来操练，并作简单记录，逐步掌握情绪处理的方法。

3. 回顾自己处理孩子情绪的过程，想想孩子情绪背后的需要。

以后当孩子出现负面情绪时，请按照本书的做法来操练，并让孩子反馈自己的感受和收获。

提升孩子的学习力

学习困难的背后

阿尔弗雷德·阿德勒说，幸运的人一生都被童年治愈，不幸的人一生都在治愈童年。

对于中国孩子来说，这个"不幸"的经历多与学习相关。网上盛传这句话：不谈学习母慈子孝，一谈学习鸡飞狗跳。有的孩子特别不愿意写作业，老师一布置作业，他就开始在下面碎碎念：作业少，作业少，菩萨保佑菩萨保佑……看了叫人哭笑不得。

有两张照片，拍的都是学习的场景。一张照片上，孩子对着课本和作业本是100个不情愿，1000个不愿意，显得特别难受。另外一张孩子们也在学习，可是他们的样子显得特别带劲。一边是痛苦沉重，不胜其烦，一边却是轻松愉悦，乐此不疲。

同样是学习，孩子的状态为什么会差别这么大呢？

有一次我请教一位老师关于孩子注意力的问题，他给了两个我没想过的线索。第一个线索，孩子学习的时候，灵性的天线是敞开的，他有可能一会儿想到这里，一会儿关注到那里。如果你给他的任务非常单一，要求又很严格，他就不得不把他的天线收回来，甚至切断，他肯定不太乐意。第二个线索，孩子注意力不集中，除了极少数生理原因之外，绝大多数是因为他的需求被压抑。

那些学习很困难的孩子，和他们深度沟通就会发现，一方面他们在家里确实是过得不开心，很多需求是被压抑的。另一方面大人单方面要求他，不停地要求他做这做那，这样一来，孩子的注意力很难提升。

还有很重要的一个方面就是学习方式。我们把孩子的学习方式分为四大类：视觉学习者、听觉学习者、动觉学习者和自语型学习者。

一般来说，视觉型的孩子是比较适应学校的，因为他看到文字，看到图片就能学习，出示图片文字是学校教学的常用方式，但是有的孩子属于听觉型的，他就一定要听到声音。我上课的时候，经常有孩子会跟我要求说老师你能不能把课文录音放给我们听，我要是不听录音，半天就读不清楚。这就是听觉型的孩子。如果他所在的学校不能提供足够的支持，那么他就会比较吃力。

还有一种更难适应学校的类型，那就是动觉型的孩子。这类孩子需要在活动中学习，经常要这里动一动那里弄一弄。还有的孩子属于自语型，要不停地说才能学习。如果一个孩子正好找到了比较匹配的学习方式，他就会显得比较轻松。如果不是，就会显得比较困难。

总之，学习是一个复杂的系统。孩子学业不够理想，背后可能有我们不知道的原因。学习动机、学习习惯、学习基础、学习方式、学习环境都有可能存在要改进的地方，而不仅仅是孩子个人的问题，以及愿不愿意努力的问题。

多观察，多倾听，多站在孩子的角度去感受，我们才有可能找到原因，对症下药。

孩子喜欢的学习方式

在当下的学习环境中，我们能为孩子做什么？

结合孩子最喜欢的方式来设计实施，会有不错的效果。

孩子往往喜欢有节奏感的，有自主权，让他自己随着自己的好奇心去探究的方式。孩子还特别喜欢身体参与的活动，比如让孩子一边用手按一下揉一下，用脚还去踩一下，还可以去听一下，皮肤都能去感受一下。这样的活动他们会喜欢。内容有趣好玩，孩子才爱学。

通过这样的分析，我们就知道很多孩子看起来好像不爱学习，其实他只是不爱某些方式的学习。如果你跟他换一个方式，换一些内容，可能他就爱学习了。

教育者常给孩子很多理性规范的学习要求，孩子却是灵动的、感性的、随意的状态。如何把一些规范的要求让孩子们收到，这个中间有一个最大的要诀，那就是"哄"。很多老师、家长都是哄孩子的高手，一旦他学到了哄的办法，会发现教孩子要顺利得多。

有一个让人脑洞大开的小故事。有一个国王特别喜欢他的小儿子，小孩子特别可爱。有一天儿子不知道怎么了，非要觉得自己是一只鸡，还跟爸爸说：爸爸，我是一只鸡！他不仅这样说，而且学鸡的动作，吃饭走路都学鸡的样子，睡觉要躲到床底下，在鸡窝一样的东西上面趴着睡。

他的这个样子把国王急坏了。无奈之下，他号令天下贤能之人都来帮帮他的儿子。这些饱学之士简直是把天下的道理都说遍了：小王子，你知道你多聪明吗？你知道学习有多重要吗？你应该好好学习治国之道……可这儿子就是充耳不闻。

后来有一个老师跟国王说，只有一个办法能够帮到你儿子，那就是你也要扮演一只鸡，跟你的孩子在一起玩。国王一想，别的办法实在不行，也只能试试这办法了。

于是这个国王天天跟他儿子一起。吃饭的时候，像鸡啄米一样，睡觉的时候要躲在床底下趴在鸡窝里，在这鸡窝里聊天。这个孩子一看就开心了，他问国王，你是不是爱吃虫子？你觉得这里好不好玩呀？这个爹还真的是不简单，也学儿子的口吻和他对话。

慢慢的，国王就带着儿子走出床底下的鸡窝，用其他方式来吃饭睡觉。这个儿子就慢慢地被爸爸带出来，回归到正常的学习状态。

哄孩子的奥秘在哪里？就是你进入孩子的频道，进入他的世界，用他能懂的方式，用他喜欢的方式来跟他互动，在这个过程中慢慢影响他，带动他。

孩子特别喜欢什么，我们就给他提供什么。孩子很喜欢有节奏感的感觉，你就用带着节奏感的音乐或儿歌来教他。比如为了防病毒，孩子天天要洗手，可能有的孩子洗多了就不耐烦了，你就可以跟他边哼曲子边洗手。

低年级的老师常用儿歌的方式来教给孩子一些行为规范，比如拍手歌就是这样的：你拍一，我拍一，上课发言要积极；你拍二，我拍二，用心学习挺有趣；你拍三，我拍三，学习起来很简单；你拍四，我拍四，什么我都试一试……唱这样的儿歌，孩子不知不觉就把行为规范学会了。

有的孩子不喜欢写作业，我们也用这种儿歌的方式让他去发泄和表达。比方说可以读这首诗：

我有一台作业机，

文字图画全摆齐，

轻按一键全答对，

考试让我笑嘻嘻。

可是……有一天他发了疯，

答案全写 777！

孩子读完这首诗就哈哈大笑，对作业的不满就这样宣泄出来，在笑的过程中他会发现让作业机帮忙是不靠谱的事。

让孩子乐意学习的诀窍是什么呢？是游戏化。在现实生活中，游戏的魅力可谓深入童心。用游戏的方式引导孩子学习，效果非常显著。

就拿孩子必须学习的识字来说吧，用游戏的思维可以让枯燥的识字变得生动有趣。

比如给低年级孩子报听写的过程中，你就可以跟他玩一玩角色游戏：我是猫王国的国王，现在汉字小精灵来到了你们的王国，请大家来跟我读他们的名字。（出示生词卡片）读对了你就可以进入猫王国了。

还可以用小玩具来跟孩子互动，在互动中学到一些知识，比如将士兵模型摆放成战场，通过不同的布阵让孩子归类，建立数的概念。用动作来表达词语的意思孩子们也很喜欢，比方说你出示"拍"字，孩子就会做拍的动作，你出示"生气"这个词，孩子就做生气的样子。识字时还可以用幽默联想的方法，比方说"朝"这个字，可以这样记：朝廷上有10个太阳，10个月亮，它真是亮堂堂。让孩子自己创编识字的小故事，孩子会编得兴趣盎然。

还可以在身体上写字。比方说家长报听写，写在孩子的手心和后背上。孩子也很喜欢，还可以让他用身体来表示各种各样的字，比方说"中"字，手插在腰上就是。

复习生字时可以用照相法，你出示一个词的卡片，孩子说"咔嚓"拍照，我照下来了。到了高年级，一组词语放在那里，让他看一眼，马上就开始写，让孩子的眼睛像照相机一样，把刚才看到的词语写下来。不会的时候就偷看一眼，再拍一下再写。他就觉得很好玩。还可以玩卡片，把卡片扔在床上，看谁收得快。

为了让孩子知道学好词语很重要，利用他们爱节奏感的特点读这样一首小诗：

一座房子少了砖头，
会……倒塌，
语言大厦少了词语，

会……尴尬。

一个词语

就像语言大厦的一块砖

我一天一天地积累，

垒起我的语言大厦。

用这样的儿歌，孩子就知道我是可以拥有自己的语言大厦的。这些游戏的方式，让孩子觉得学习是特别好玩的事情。

在《游戏改变世界》这本书中，作者大胆预言说，未来的学习一定是游戏化的。它里面列举了很多例子，让人感受到游戏化思维引领下的学习让人心驰神往。可以说，未来学习的游戏化，是引发孩子学习热情的引擎。

如何运用游戏化的思维来帮助孩子现阶段的学习？

大家都知道很多人喜欢网络游戏，为什么喜欢？因为它迎合了人的内心需求，只是在电子屏幕上过度使用会影响孩子的身心健康。但我们可以把网络游戏中的元素迁移到现实的学习场景中。

游戏有四大要素，包括目标、反馈、规则和自愿。其中反馈是游戏中特别关键的要素。

这个要素就可以迁移到孩子的学习中。比如当你的孩子作文写出来了，如果他的作文只有老师一个人看，他的动力是不足的。如果你把作文拿来发表，发表在你们家里的微信群里面，或者是发在他自己的公众号中、QQ空间里，他知道好多人看，给他的反馈的人多了，他就带劲了。每个学期我会给孩子集中训练作文或者诗歌，用的就是这个原理。我们可以利用游戏的规则，不断地给孩子制造积极正面的反馈，激发起孩子对学习的兴趣。

反馈还可以用积分加奖品的方式，比如孩子每天做了家务给记两分，作业按时完成可以记两分。每一周总结一次，商定好多少分可以兑换一个奖品。积分奖励的是态度，标准是"认真""努力"，是孩子通过自身努力一定能做到的，而不是考试多少分，排名多少。奖品包括物质上的和精神上的。给孩子的奖品一定要特别有吸引力。我们班的孩子特别喜欢的奖品是什么呢？是免假期的作业。还有就是拍卖来我家做客的"邀请卡"，大家来我家一起包饺子，一起做饭，一起玩。这样一来，孩子平时就特别愿意努力。

除了积分，还有能量块。孩子有时候会有情绪体力的低谷期，这个时候你跟他说，我们预备有能量块，能量块可以是孩子最爱吃的食物，比方说巧克力、炸鸡腿，还可以是家里人一起做个什么游戏，一起去看电影，一起参加什么活动。这些都能跟他补充能量。

助求花，是鼓励孩子每一周至少要找人助求 1~2 次。这样孩子就知道有难题是应该的，助求人就没有什么好丢脸的，鼓励孩子把这些难题挫折变成一个游戏，我一定要去对付它。对付之后，他就把这朵花送给那个朋友。

坏蛋锤，是针对孩子的问题的。孩子免不了会冒些小毛病出来，比方说早晨明明 7 点该起床了，他就赖床不想起来，你就准备一个小锤子，毛茸茸的那种，你就用锤子在孩子身上捶一锤，孩子就觉得很好玩。等孩子发现自己的毛病时，要他自己捶打一番。在欢笑的过程中，他的毛病慢慢会减少。

还有一种类似打妖怪升级的活动，我们称它叫主题升级。就是围绕一个主题，难度逐次增加，通过了这一次才能玩下一次。比如我们经常玩鸡蛋系列，第一次可以在鸡蛋上画画；接下来对着鸡蛋说话，要不停地说，说上几分钟，看谁说的时间长，完成以后可以做鸡蛋的食品，最后用鸡蛋做出艺术品……一层一层地玩，孩子们也是特别喜欢。

孩子的好表现都可以用小贴纸贴在门上。作业做得认真的，上课积极认真的，克服了困难的……各种情况的都有记录。孩子们特别喜欢这样的记录。记得有一次我跟孩子说到六年级了，你们是不是就不玩贴纸小红花了？结果有个孩子居然哭了，他说："老师，没有了小红花，学习还有什么意思？"真是让人哭笑不得，可见游戏积分对孩子的吸引力。

游戏化原理用于训练好习惯，特别奏效。

培养孩子的好习惯是提升学习力最省力的办法。最好从孩子进入学校的那一天开始。因为孩子一旦形成好习惯了，就像汽车司机技术熟练，进入自动驾驶一样。对于孩子来说，主动学习，主动做事的习惯，还有学习活动的时候投入的习惯，列计划并认真实施的习惯，思考的习惯，提出问题，解决问题的习惯等都非常重要。

培养习惯的秘诀是告诉孩子为什么要做，然后反复练习，直到不用提醒。

一旦习惯养成，家长不用做太多的事情。有一个重要习惯要特别说一下，那就是及时复盘。复盘指的什么呢？就是孩子完成一个任务，要来反思自己的过程，哪些地方做得好，哪些地方做得不够好，哪些地方要改进，哪些地方可能就不能再做了。通过这样一个复盘，可以提高他的元认知的能力。

提升元认知能力，是提升学习力的关键。这样孩子就能够自己监控自己的学习过程，不断地优化提升。

我们都希望孩子有认真写作业的好习惯。怎么训练呢？首先父母要跟孩子明确要求：写作业的时候不能玩，不能喝水、上厕所什么的，把这些事情提前都做完，我们才开始学习。然后要求他学习的时候要专注，不能中途被其他事情打断。

这里面要提醒大家的就是孩子写作业的时间，20 分钟是一个单位，只要求孩子认真写 20 分钟就可以了，然后给他及时的反馈。比方说：你刚才写作业的时候很专注很认真，你的这些字写得很好，那些字也写得很好。孩子就觉得写作业很有意思。孩子坚持养成这样的习惯了，家长基本上就不用管了。

在培养习惯的过程中，通过积分的奖励，用能量块、助求花、坏蛋锤等方式，帮助孩子强化这些好习惯。

当然游戏化不能仅仅满足于训练那些外在的东西，但养成好习惯是基础。打好了基础，再去寻找和创造高级快乐就容易了。

提升学习力的王道

学习好的孩子有些什么特点呢？他们表现出来的是习惯好、智力好、方法好，好阅读。他们如何具有这样的一些优点呢？

优秀的学业背后，不是说教，是抓住关键，是无数细节的不断优化。

在疫情时期，教育悄然发生了很大的变化。以学习为中心，课程来源多样化，更多地满足孩子们个性发展的需要的趋势已经显现。另外，电脑技术的更新，在线教育的兴起改变着整个教育生态。在日新月异的时代里，家长要抓的东西好像特别多。

孩子学业这一方面，要抓住什么要点呢？大教育家苏霍姆林斯基给了我们特别关键的答案，他说——

30 年的经验使我相信，学生的智力发展取决于良好的阅读能力。只有激发学生去进行自我教育的教育，才是真正的教育，而自我教育从读一本好书开始。

关于孩子的智力发展，苏霍姆林斯基给了我们两个关键词：阅读、自我教育。

再看看这样一则资料：截至 2015 年，全世界 770 位诺贝尔奖获得者中，有 153 位是犹太人，占世界人口仅仅 0.3% 的犹太人却获得了将近 20% 的诺贝尔奖。

美国的百万富翁中有近 1/3 是犹太人，福布斯美国富豪榜中犹太人始终占据着许多的席位。这样优秀的一个民族，他们最重要的经验是什么呢？那就是阅读加独立思考。犹太人爱读书是举世闻名的，他们爱阅读的习惯和他们今天所取得的成就是密切相关的。

著名教育专家洪兰，是一位国际脑科学家，是美国加州大学研究教授，她认为在日新月异的时代里，只有把我们的大脑打造好了，学习力提升了，再面对那么多的挑战，我们才会应对自如。她提出，提升学习力的三大方法分别是阅读、运动和游戏。

阅读是最快的汲取信息的方式，培养阅读习惯是提升孩子学习力最好最快的方法。高考语文中，阅读部分所占的比重也是最大的。

阅读在孩子成长中的重要作用不言而喻。如何让孩子爱阅读呢?

第一,营造良好的读书氛围。打造一个家庭到处都能读书的地方,在书架旁、书桌旁、厕所里,书都唾手可得。最好是一家人经常在一起读书。人是环境的产物,孩子在一个书香浓郁的家庭里,自然容易养成爱读书的习惯。一个从阅读中总能得到乐趣的孩子自然容易长期阅读。

第二,精心为孩子挑选优质书籍。现在的图书市场太乱了,家长要挑选有品牌的出版社,也参考借鉴一些机构提供的阅读书目。当孩子爱上这些书,自然而然就会爱上阅读。还可以借助经典书目改编的电影,孩子看了电影以后,往往很愿意再去读原著。比如《西游记》,这么长的大部头的书,孩子阅读会有一定困难,但孩子看了电影以后再去读,就会比较容易了。听书平台是近几年出现的,特别适合听觉型的孩子,像"少年得到"APP里就有很多优质内容,家长可以为孩子提供听书方面的便利和适时的指导。

第三,培养在阅读中思考的习惯。我们见过不少孩子有海量的阅读,效果却不理想。其中一个重要原因就是在阅读中缺少思考,思维力没有发展。他们只是猎奇,只在走马观花。在阅读中提升思维力,才会有持久高级的快乐,才会助力学业。

召开家庭读书会,是激发孩子阅读兴趣、培养阅读习惯特别有效的办法。

提升学习力的途径

提升学习力的第一大途径是阅读。具体见上文。

提升学习力的第二大途径是运动。

运动对大脑有特别的作用。著名脑科学家洪兰教授说，在运动的时候，大脑会产生三种神经传导物质，多巴胺、血清素和肾上腺素，运动还会刺激大脑分泌营养素，促进神经细胞长出新的分子。大脑在营养素的刺激下一直保持高速的运转，简言之，经常运动，能让我们的大脑更灵活。生活中你也会有这样的体验——运动以后好像大脑特别清晰。

运动的时候可以让孩子感受到乐趣。比如跑步的时候，让孩子五官都进入，提示孩子你看到什么？闻到什么？听到什么？感受你的手脚是怎样的。经常这样跑，孩子们就觉得跑步很享受。有时候可以在操场上很快地奔跑，有时候会慢慢地跑，有时候用各种他们喜欢的姿势都可以。

我写过一首诗，让孩子们去感受奔跑的快乐——

奔 跑

奔跑 奔跑

让风在耳边呼啸

让大地为你开道

朝气在血液里奔腾

活力在奔腾间飞扬

飞扬　飞扬

生命就这样恣意绽放

　　诗歌可以提点孩子们的感觉。孩子们读完这首诗说，"我以前跑步就只会觉得枯燥、累。可是当我用心去感受，我真的会觉得朝气在我血液里奔腾，活力在奔腾间飞扬，我的生命在飞扬、在绽放。"

　　有时候会用这种特别的方式让孩子感受到运动的魅力。

　　男孩子要多参加这种团体类的体育运动，因为这样的运动能培养孩子的领导力，培养他们人际交往能力和坚毅的品格。国外的很多大学就很喜欢招收运动队的队长，因为他们发现这样的孩子综合素质很好。女孩子要经常进行即兴舞蹈，有没有学过舞蹈都没有关系，跟着音乐想怎么舞就怎么舞，她们会觉得非常的释放，而且想象力、创造力也能得到发展。

　　提升学习力的第三大途径是玩游戏。

　　游戏在孩子成长过程中有特别重要的作用。洪兰教授说，游戏是大脑发育的营养剂，游戏能激发孩子的想象力，游戏教孩子学习如何与人相处，完成社会化的任务。

　　孩子们特别喜欢团体游戏。六年级的时候，孩子们玩的团体游戏被我班才女拍摄下来做成了视频。每次看到这样的视频，特别能感受到童年的美好，感受到游戏、运动带给孩子们的非凡魅力。

　　我曾对孩子们说，你的大脑就是一座智慧之城，我为此写了一首诗，结尾的这几句他们特别喜欢：

我的大脑是智慧之城，

我要日日将它修建，

为了它的四通八达，

为了它的美丽庄严。

当孩子意识到他的大脑是一座智慧之城的时候，他真的愿意日日去修建它，让它变得四通八达，让他日后学到各种各样的东西都能够轻松和愉悦。

如果我们经常做这三样活动，孩子一定会越来越聪明。洪兰教授认为，如果我们一直在塑造自己的大脑，我们无论做什么都不晚。孩子如此，大人也如此。

人生好比马拉松，起跑早晚都可能赢。所以不管我们的孩子起跑怎样，不管我们当下的光景如何，只要坚持不懈朝着远方的愿景努力，一定能走出属于自己的风景。

与学校的合作

学校是增长孩子知识，提升孩子学习力的重要场所。如果家长能与学校有效合作，能事半功倍。

前面我们说到，孩子的学习背后是系统工程。孩子的学习动力、学习状态这些不被人注意的地方，其实作用巨大。这些方面，学校会提供很多帮助。

与学校合作，首先要和老师搞好关系。

教育界有句名言："亲其师，信其道。"如果孩子信任老师，喜欢老师，就会喜欢老师所教的课程。每个人都当过学生，对老师这个职业都有基本认知，当年老师的辛苦、负责，乃至业余生活的清苦单调，大家都看得到。所以一般来说，选择当老师的人都是有情怀，有责任感，对老师这个职业有一份认同的。如果他看重名利，就不会做老师了。对这一类人来说，理解、尊重，比什么都重要。

家长要明白这样一个问题——这个世界除了你们，只有老师最在意你的孩子，这是他们的职业感带来的。家长想帮助孩子，首先要学会和老师做同盟军，因为你们的目标是一致的。

老师也是人，尤其需要"赋能"。这种赋能不是说要为老师送什么礼物，而是适时表达理解和感恩。老师为孩子做的，都出自对孩子的关爱，如果你看到了，表达出来了，老师就会觉得自己的付出值得，就会更有动力做好工作。老师的状态好了，孩子一定跟着受益。平时老师很忙，要尽可能少打扰，但遇到事情，积极正面的回应仍是必要的。比如孩子取得重大进步，要向老师报喜感谢；孩子出现大的情绪波动，家长也开解不了，也要向老师了解情况，求得帮助。

学校教育这个系统现在被很多人诟病，其根源就是这个系统的变化跟不上社会发展的要求，跟不上家长的期待。这个系统的形成非一日之功，改变自然不易。更何况，学校要保持一定的独立和稳定，如果不停地随着社会要求而变化，孩子更遭殃。

可是一些家长常把对教育系统的不满和老师划等号。要知道，老师要根据学校要求做事，出现各种家长看不惯的问题，未必就是老师自身的问题。我们不能要求每个普通老师都是改革家，都有改革系统的勇气和能力。

老师也非完人。如果老师确实做得不好，或者让你困惑，家长完全可以私下和老师交流，把自己的感受和问题真实地反馈给老师，谋求最好的解决方案。如果你在没有全面了解情况时就在孩子面前指责老师，后果很可能就是孩子不再信任老师，也就不会再认真对待那门课了。

没有惩戒，就没有教育。面对老师给孩子的管教，心疼可以理解，但是因为心疼和不满就去控告投诉老师，就让孩子失去良好品格养成的机会，等孩子日后再受社会管教，这个损失就大了。

老师布置的学习任务、提出的各种要求是针对全班学生的。如果家长没有特别的安排和计划，要尽可能让孩子不打折扣地完成。但如果孩子确实跟不上或者"吃不饱"，或者出现负面情绪需要调节，也可以私下向老师申请，提出自己的要求，争取老师的帮助。

儿子成长过程中，我们曾针对儿子的特殊情况，多次向他的几科老师提出申请，取得了很好的效果。大家不妨试试。

下面重点谈一谈阅读这个重要的能力，这个常需要家长配合的地方可以怎么做。

首先，家长可以培养孩子朗读的习惯，因为朗读是培养孩子语感特别有效的方式。一般来说，朗读能力强的孩子语文也差不了。另外朗读能力强的孩子，往往容易在语文课中表现出色，容易获得更多的机会和关注，更容易获得自信。所以当老师布置孩子朗读的时候，你就要鼓励他大声地朗读，如果他对朗读的兴趣还不够高，你就可以把这首诗读给他听——

> 文字是神奇的精灵，
> 将先人的智慧凝聚，
> 我呼唤他，与他对话，
> 他就会在我的大脑中穿行，
> 洒下智慧的种子。

如何让孩子喜欢朗读呢？我给大家推荐花式朗读法。我说的初级、中级、高级是按照快乐的感觉来评的，初级的快乐可以速读，用最快的速度读课文，像打机关枪似的，这样可以培养思维的敏捷和专注力。也可以慢点读，比一比谁更慢，孩子也会觉得搞笑好玩。

还可以变调读。比如课文的第一段全部一声，第二段全部读二声，以此类推。另外，还可以一边表演一边用家乡的方言朗读，表演读的时候，那些平时爱动的孩子，常常能绘声绘色。

高级的朗读就是加进了自己想法的朗读法。比方说《草原》这一课的片段就是孩子读一句，然后加一句自己的想法，即逐句评点：

孩子读第一句"这次我看到了草原"，接着就说：可以看到草原，多好呀！我也好想去看。接着读第二句"那里的天比别处的更可爱，空气是那么清鲜，天空是那么明朗，使我总想高歌一曲，表示我满心地愉快。"孩子可以说：我要是到那里就想写诗，我还想把它画下来，我一定在那里美美地享受那美丽的风光。

就这样读一句评说一句，孩子们很喜欢。还有一种读法叫创意朗读，可以把课文的某些句子变成自己的句子。比如这一句："有的要隔一会儿才冒出十来个气泡，只见气泡轻快地往上蹿，好像你追我赶似的……"孩子就可以把这句改成："只见气泡轻快地往上蹿，好像一个个透明的糖葫芦似的。"下一句："有的半天冒出一个气泡，那些气泡比较大，大多扁扁的一直往上升，一边摇晃碰着水面就碎了。"句子可以改成："那些气泡好像水底下的乒乓球，在那里晃来晃去。"

总之孩子加上了自己的想法，读课文的快乐就会变得更高级。除了朗读以外，我们还鼓励孩子在语文书上做批注，就是他读到哪里有感受，他就可以写在旁边，哪些句子他喜欢就可以画上线，他学到了什么知识点，他都可以做记号。

孩子们都挺喜欢写批注的，尤其是那些成绩好的孩子，觉得写批注是一种享受，它是培养孩子自学能力的好方法。

学习高手特别善于去找知识的内在关联。为了方便孩子找到内在关联，可以让孩子将课文做成知识晶体，也就是用他喜欢的方式，用一些图画或图示加上文字，把文章的内容呈现出来。一个单元完了也可以用可视化的方式呈现出来，孩子们也特别喜欢这样的方式。

一本书学完以后，也可以进行整体上的梳理归纳。当孩子能够整理的时候，会觉得整本书都在自己的掌控之中。

我们还可以借助八大思维图示帮助孩子看到文章内部的结构。经常做这样的练习，孩子的思维力会提升。

圆圈图	树形图
 思维能力：联想	 思维能力：分类
气泡图	双气泡图
 思维能力：描述	 思维能力：比较
流程图	复流程图
 思维能力：顺序	 思维能力：因果
括号图	桥形图
 思维能力：拆分（整体和部分）	 思维能力：类比

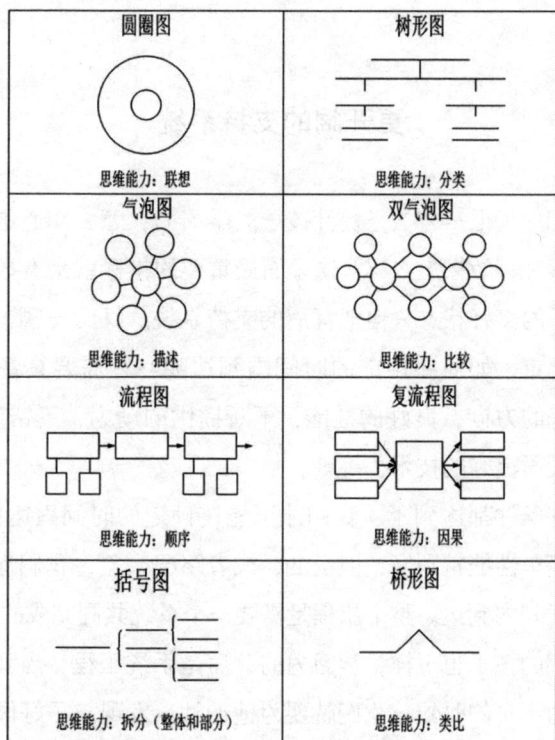

图 3.1　八大思维图示

　　经常让孩子看这些图示，就比较容易找到文章内在的结构，阅读起来也比较容易。洪兰教授建议男孩子读完书以后，可以把书里的内容画出来，也就是读完书要消化一下，整理一下。女孩子就可以复述故事，在复述的过程中把知识内化成为自己的。男孩女孩都爱把书中的内容演出来，他们演的过程中不仅培养了他们的语言表达能力，而且合作能力、艺术化的表达能力、综合素质都能得到发展。

更开阔的支持系统

我们用了很多方法来提升孩子的学习力，怎么知道这些方法用得好不好，效果怎么样？这里面最重要的指标就是看孩子的状态。孩子的良好状态来自他背后的支持系统。好比一辆车，从深圳开到北京，如何在预定的时间内到达呢？它需要具备这些条件：正确的方向，良好的性能，不断提供的动力，不错的路况，还有驾驶员良好的技术，等等。

这些条件都达到了，我们才可能在预定的时间里达到目标。假设一辆车性能特别好，但没油，或者路况太差，我们也很难在规定的时间内到达。整个旅程是需要一个系统共同完成的。

我们的孩子也一样，学习力的背后是系统工程，当我们发现孩子动力不足的时候，我们就要为他加油；发现孩子好像找不到方向，我们就要引导孩子找到自我价值；发现方法不对，就要指导他采用正确的方法。

有些孩子特别聪明，家庭条件也好，能力也强，但他就有一个小问题，他不知道自己要什么，更不知道自己有什么特别的价值，这是就需要帮助他找到自己的核心优势和兴趣；当孩子能力不足的时候，我们就要引导他进行刻意练习，用阅读、运动、游戏，还有及时复盘等方式来帮助他提升，还会为孩子提供一个安全的支持环境，从而给他成长的空间。

孩子哪个地方出了问题，我们就在哪个地方进行调整和弥补，这样孩子才能向前进步。

在当今这个时代，学习已经不限于学校，也不限于书本。像周杰伦、李子柒、岳云鹏等人就没有读过所谓的名校，但他们一样成为了人才；王石、任正非等人早年在大学里面学的专业和他现在所从事的也有非常大的不同，可见他们走到今天，支撑他们的不一定是来自学校的学习，他们有更开阔的学习资源。我们普通人学会做饭做菜，学会穿衣打扮，学会在职场上做很多事情也都不仅仅是从学校学来的。

喜欢付出，福气越来越多，

喜欢分享，朋友越来越多，

喜欢学习，智慧越来越多，

喜欢抱怨，烦恼越来越多，

喜欢逃避，失败越来越多，

喜欢生气，疾病越来越多……

这些人生智慧都是生活教给我们的。生活就是课堂。

我们认识的很多人，他所经历的一切都可能成为教育资源。当我们有了这个想法的时候，可能我们的紧张焦虑就会少一些。比方说假期，很多家长都会给孩子安排很多学习任务，可是如果孩子在这个过程中去旅游了，去参加营会了，他得到的收获可能比他补课获得的收获更大，我们就不会觉得那些经历是浪费时间。其实孩子生活中所经历的这一切，经过了他的思考，经过了他用心感悟，他的收获都比课堂来得更有价值、更珍贵。

知乎上的"大牛"采铜说过一段话：

一个人心中最难解的那些问题，通常不是源自我们知识的匮乏，而是思维方式的禁锢，这些禁锢悄无声息，自己无法察觉，却总是能把人局限在一个狭小的认知牢笼中。这也是为什么我们遇到难题没有办法在知乎或者在百度上直接找到答案，我们要做的是不断地去拓宽我们的眼界，不断优化我们的思维方式。

当今这个社会，百岁人生已经成为一个大概率的事件，也成为众多人的人生蓝图。在这样一个蓝图中，在终身学习的潮流下，人的生命可以活出跟我们原来完全不同的样式。你能想象一个 80 岁的老人成为世界超级名模吗？在我们认知里真的很难想象。

再看摩西奶奶，她就是一个农妇，一直没有什么机会接受什么专业训练，可是她 76 岁开始学画画，居然成为世界知名的画家。她说的一段话特别励志："做你喜欢做的事，上帝会高兴地帮你打开成功之门。哪怕你现在已经 80 岁了。"菲利斯出生于 1923年，她的人生更有意思，她 19 岁的时候是百老汇的演员，75 岁学音乐，学钢琴成了音乐家。85 岁居然去从事高空跳伞，93 岁时她学瑜伽做出来的动作，让人叹为观止。

她的人生系列中值得记录的东西似乎都在 50 之后，她 50 岁以后的人生更精彩。她是终身学习终生精彩的典范。她用她的故事告诉我们，百岁人生可以过得这样的精彩纷呈。

几年前读过一篇文章，讲有些女人放弃自己太早了，非常扎心。很多女人三十几岁就把所有的希望寄托在丈夫身上，寄托在孩子身上，唯独没有寄托在自己身上。看到这些人的故事的时候，特别受触动。为什么非要把希望寄托在别人身上呢？我们为什么不能自己也过得精彩？当我们来拓展教育的时间和空间，当我们发现生活就是课堂，时间空间可以这么大。当时间空间扩展以后，我们的想法真的会不一样。

最有效的学习

最有效的学习是什么？是主动学习，终身学习。现代社会有这么丰富的物质，有这么丰富的教育资源，只要你能够主动学习，终身学习，你想达到你想要的目标，真的比往常的人容易得多。所以说成为优秀家长，成为优秀的自己，永远不晚。

不管你今天是怎样的状况，我们都可以信赖我们自己的生命，信赖孩子的生命。信赖时间会给我们馈赠。

家长如何成为一个高效的学习者？我们又要管职场，又要管孩子就必须要学会高效地学习，利用零碎的时间来进行学习。该怎么做？

这里我想先跟大家分享一张图：

图 3.2

这张图出示的是学习内容的平均留存率，意思是说你学过的东西，你后面能记住多少，这个中间是有一个百分比的。如图3.4：听别人讲，只能记住5%。听别人读，只能记住10%。最好的方式是教授给他人，吸收率达90%。

这就理解了为什么孩子有时候学习效率特别低下，因为我们选用的方式本身就有很大的问题。最好的方式是什么呢？你去教给别人，当你把学到的东西讲给别人听的时候，你的吸收率可达到90%，我们可以多跟孩子讲，也鼓励孩子多跟我们讲，因为这是最好的学习方式，还有讨论，实践这些方式也都非常好。而我们一直很看重的听、读这些方式吸收率并不高。

讲给别人听，多进行主题分享，用输出倒逼输入是特别有效的办法。

思维导图可以按照大脑结构，按照大脑运动的规律来拓展我们的思路。这个工具特别好用，现在电脑、手机上面都有专门做思维导图的工具，我们可以拿来享用。

我们可以早早地教会孩子学会思维导图。把主题放在正中间，不断向四周去拓展思路。学生搞毕业典礼，我们搞很多活动，都会用到思维导图这个工具。

我还想介绍三大高效学习法，是针对成人比较人性的方法。

第一个方法叫小步迭代。不知道大家有没有注意到，我们的父辈那一代人里面，好像很少有人会用智能手机，而我们这代人绝大多数都会用，难道是上一代人真的就比我们智商低了这么多吗？学习能力低了那么多吗？应该不是。他们的问题在哪呢？当智能手机出现在我们生活中的时候，老一代还不太能接受智能手机，等手机更新了他们会觉得很难学，手机不停地迭代的时候，他就彻底跟不上了。

设想一下，智能手机第一次拿到手上的时候，可能你只学会用微信，真的不难。当各种各样的 APP 都出来，加上各种社群越来越复杂，好像掌握他们也不难。为什么？因为你每天都学一点点，一天一天都跟着，手机慢慢成为你的重要工具了。

再看我们的父辈，他们已经完全跟不上，只能用手机打电话和发短信，好像这个世界的大门都把他们关在外面了。但是老人中也有很少的优秀分子，他一开始就选择去学习，跟着变化，他现在玩得可能比年轻人还要溜。这个过程就叫小步迭代。每一次我可能就学了一点点，每一次我就进步了那么一点点，但是一年两年三年过去，你好像已经进步了很远，你在靠时间的复利获胜。

我们写东西、做东西或者完成一个作品，都不要指望一次成功，都不要只想憋大招，做出一个出类拔萃的什么作品。每次就做一点点，每天就改进一点点，最终你能看到自己的质变。我们对孩子也是一样，也是引导他一点一点地进步。

第二个方法是制造反馈。学一样东西你一定要设法让人给你一点反馈。比方说你写文章，就发在公众号上面，点赞也好，阅读量也好，它实际上就给了你一点反馈。如果去学弹琴，就拍一段视频发给专家或者行家去，请求帮忙指点一下。如果学朗诵，就发点音频，让别人给我们指点一下。总之不要闭门造车，自己埋着头做着，而是不断地把这些东西展示出来，让你的朋友或专家给你一点点反馈，你在这个基础上再去更新。

我们2011 年开始讲家长课堂课程的时候，当时的我们就像是一群菜鸟，但是我们不停地讲，老师之间互相评价，不停地优化。几年过去，我们跟自己比，不知不觉中就前进了好大一步。

在制造反馈的同时还用到一个工具就叫复盘，就是做完之后回顾整个过程，设想我如果重新再开始做这个事情，哪些环节可以优化，哪些地方我可以做得更好。社会不停地变化，很多东西我们很难提前都规划好，但我们做完之后来进行复盘，进行各种原因的分析，并且做新的尝试，可能它比规划带给我们的进步更大。

第三个很重要的方法叫与优秀者多交流。这个时代真的变化太快。罗振宇老师说，很多智慧，很多最优秀的洞见都存在优秀者的脑子里，根本就还来不及成熟。我们要与优秀者为伍，多跟他们交流。我在得到大学听到同学互相之间的交流，比我读很多书都管用。优秀者给你的东西可能是多方面的，不光是知识方面，还有很多你自己想不到的思路、思考方式等。当你的生命和他的生命碰撞的时候，你不知道哪里就产生了化学反应。

随着互联网的普及，随着各种资源的大量涌现，不管是线上还是线下，我们想得到优秀的资源，比以前真的是容易得多了。

基于这样的认识，我们不要为我们的人生去设限制，不要说我只能怎样，谁知道你学会了什么就能怎样？如果李子柒一想到自己出生在那样一个地方，又没有特别好的文凭，如果她受了这些观念的辖制，不去拍视频，她今天所做的我们谁都不知道。

愿学习先改变自己的命运，再去改变我们下一代人的命运。

本课重点：

1. 学习是一个系统工程。孩子学业不佳，需要用系统化的思考去找到问题所在。

2. 孩子天生爱学习，只是现在的学习方式不一定适合孩子，这方面需要家长的观察和指导。

3. 提升学习力有三大途径：阅读、运动和游戏。其中，阅读的作用巨大，阅读能力需要长期训练。

4. 积极与学校合作，要处理好与老师的关系，辅导孩子学习要讲究方式方法。

5. 主动学习、终身学习是家长和孩子共同努力的方向。

课后思考和练习：

1. 观察你的孩子属于哪类学习者（视觉、听觉、动觉、自语）。结合他的学习类型，家长可以提供哪些帮助？（如果孩子学习不够好，分析一下原因有哪些。）

2. 提升孩子的学习力，家长可以做哪些事情？

3. 家长的学习方法在哪些方面可以优化？

孩子逆反揭秘

令人抓狂的逆反

不知哪一天开始，孩子像变脸了，不再温柔听话，变得冷漠、生硬，家长说什么他都不愿听，甚至对着干，你要往东，他偏要往西。青春期的孩子有主见，心野，见识多，讲起道理一套一套的，你未必说得过。冷不丁的，孩子还可能做出出格的事情，让人震惊不已。面对孩子的变化，家长心里非常抓狂。他们无奈地叹息：唉，孩子的逆反期到了，怎么办？

其实，逆反是人类成长过程中的一种现象，它几乎贯穿孩子的整个成长过程。教育家们指出，孩子成长有三次逆反期，分别是 3 岁左右，7~9 岁左右，12~18 岁左右。只是青春期逆反时间最长，孩子反应最强烈，家长最头疼。

一起冲突，家长心底里忍不住冒出狠话："这孩子怎么变成这样！打一顿！"愤怒无奈的家长，看自己孩子尽是毛病。可是听说一些逆反期孩子自残自杀的消息，心里又怕孩子也走极端。

　　这个时期，面对心爱的孩子，家长不得不"认怂"，不得不求助。

　　可怜的家长，让人头疼的孩子，这是家长看到的一面。

　　站在孩子的角度看呢？

　　知乎上有这样一个问题：青春期时，你最受不了父母什么？

　　其中一个高赞回答是：父母不关心自己的真实想法，眼里只看到自己在玩，经常情绪失控。

　　很多网友说，当年上学时，每次回家，妈妈见面的第一句话总是："快去写作业！"从来不关心自己今天发生了什么事，在学校是不是开心。妈妈们只要看到孩子写作业就嘘寒问暖，语气温柔，只要看到孩子做点别的，转眼就变成"母老虎"。

　　难以理喻的家长，可怜的孩子，这是孩子看到的一面。

　　那么家长和孩子，谁对谁错？

　　我们来看两个有趣的比方，这两个比方生动形象地诠释了这种现象。

　　第一个场景叫作"施工中，请绕行"。

　　我们很熟悉的马路，本来很畅通。有一天它被围起来了，变成了施工的现场，旁边还挂着牌，写着"此处施工，请你绕行"。青春期的孩子就像马路中的那些施工现场。他们经常把自己一围，摆出来的姿态，就是"施工中，请绕行"。

　　还有一个场景，就是盆栽。刚买回家的盆栽，精致、可爱，但是慢慢的，随着盆栽中的小树枝繁叶茂，花盆对小树就变成了一种阻碍。它也类似孩子成长的过程——孩子小的时候，父母给他的那些爱，让他健康可爱。可是随着孩子逐渐长大，需要的空间越来越大，这个时候家长还来不及更换"花盆"，于是就产生了冲突和矛盾。

所以逆反这个问题，不是谁对谁错那么简单。

有一次，一位家长恳切地对我说："老师，我儿子上网成瘾，我打过、骂过、哄过，办法用尽，孩子就是不听。唉，这孩子进入逆反期，很难搞。可能是我方法不好，口才不好。我能否请您跟我儿子好好说一下？"

我理解这位家长的心情。他希望我对孩子加以点拨，然后云开雾散坚冰融化，孩子变好，未来可期。但我知道，这件事绝不可能这么简单地解决。

我们对孩子的观察，大都来自于孩子的行为表现，但问题的根源在哪里？我们往往忽略。就像这幅图，表面上看到的是这样，但在海水下面，才是冰山的原貌。

图 3.3

如果说我们看到的孩子的那些逆反行为，只是冰山一角的话，造成孩子逆反的原因，就是冰山下面的主体部分。

人们常常说冰冻三尺非一日之寒，要想使坚冰融化，是一个系统工程，绝非几句话的干预，就能够有效果的。

逆反为何变成社会问题

其实青春期的逆反不仅困扰中国人，也困扰过美国人。美国人经历的青春期逆反和对它的研究，你可能意想不到。

从1900年到1930年这30年里，美国迎来了高速发展期。在30年的时间里，它的经济一直在持续地高速增长。经济持续地高速增长，带来人口聚集，带来城市化大踏步地迈进。随着城市化的推进，人们的迁徙移动变得越来越频繁，物质也越来越丰富，中产阶级的体量迅速变大，他们成为了社会的主流。

在这样的大环境下，成人和青少年，都有了很多选择。选择是一把双刃剑。对于有分辨能力的成年人可能是好事，可对于那些刚刚成长起来的青少年，就未必了。还不成熟的青少年突然和多种选择不期而遇，那些选择跟家长的要求还不合拍，亲子冲突就容易出现。冲突涉及的中产阶级家庭多，那些中产阶级一路走过来都得益于教育，他们是教育的受益者，自然很关注孩子的成长和教育。因为中产阶级是社会的主流，他们的痛点、关注点自然就成为了整个社会关注的热点。

于是逆反就变成了一个社会问题。

当时，一些社会学家们介入了进来，寻找深层的社会原因。后来有一个研究者帮人们解开了这个谜底，并将社会学从一个小众的认知推向了大众公知的领域，后来成为著名的社会学家。她就是玛格丽特·米德。

她是怎样研究的？有什么特别发现？她的研究结果是什么？

先透谜底吧：青春期与逆反之间并没有直接的因果关系。

是不是出人意料？

美国先迎来了那个时期，逆反的问题他们先遇到了。当我们发现这是先后之别的时候，自然会推想，他们的研究我们能借鉴吗？

让我们来看看米德的研究。

米德的研究与发现

1928 年，玛格丽特·米德才 25 岁，跟着导师在一个课题组进行研究，她的导师研究的就是逆反的原因。他们想知道逆反是生理现象，还是社会现象。

他们研究的起点就是在西方文明之外找到一个族群，看看那个地方跟西方文明下的孩子有什么不同的地方。

他们选择了南太平洋的一个群岛，叫萨摩亚群岛。

米德来到这里生活了 9 个月，跟那些当地人吃在一起，住在一起，玩在一起。她观察他们的生活，观察他们的娱乐，观察他们的情感，观察他们如何跟家人相处……总之，密切观察他们的生活中的一切。她把所有的观察写成了一本书，叫《萨摩亚人的成年》。

透过这本书，米德告诉人们，萨摩亚群岛的那些青少年没有逆反现象。他们的生活很简单，很幸福。日出而作，日落而息，男孩子主要是参与捕鱼，女孩子主要是编织，他们特别喜欢的娱乐方式就是载歌载舞，不分男女老少。他们每天都跳舞，长时间沉浸在歌舞中。在歌舞中，劳动中积累的疲惫，心里头的不愉快，会全部发泄掉，这项活动对身心的健康起到了非常好的作用。

萨摩亚人为什么能拥有这种简单幸福的生活？她分析出三点原因：

第一，封闭的社会环境。因为它是一个群岛，生活方式比较原始，没有大型的船可以去航海，来往的人就是旁边一些小岛上的，人们生活相似，人与人之间的交往平和，没有多少事件给人特别的冲击。在这样的环境下，人不需要做太多的选择，祖辈们传承下来的生活经验与习惯，下一代可以直接沿用，省了很多选择。没有过多的选择，就不会有焦虑。

第二，宽松的文化环境。孩子们都比较自由，父母对孩子们的娱乐活动也没有过多的限制，大家伙成群结队一起搞活动，彼此帮扶帮带。大家不需要晋级，也不会有某一个人突然暴富，超过大家。大家伙的生活水平比较平均，自然朴素。

第三，开放式的家庭结构。一个家族的人会住在一起。一个大家庭里面的每一个长辈都可以来教导孩子们，可以教自己的孩子，也可以教别的孩子。如果孩子不太喜欢听爸爸妈妈说的那一套，可以去询问其他长辈，如果跟家里人生气，可以跑到亲戚家，和堂兄妹们住在一起。大家也不会觉得有什么不好，家长也不会紧张地到处去找孩子。

《萨摩亚人的成年》这本书用大量的观察与研究说明，逆反不是一个生理现象，而是一个社会和文化的现象。

这本书一经推出，不得了！人们读后都为之一振。它就像一剂良药，大大减轻了人们的焦虑感。它为令人焦虑的逆反问题，找到了思考和解决的方向——既然逆反不是生理现象，那就说明可以通过人们的努力进行调整，来解决青少年逆反带来的系列问题。

这些研究成果带给人们很多思考。

逆反不是必然发生的生理现象。既然不是必然发生的，我们就要认真观察和思考，弄清自己孩子逆反的真相，找到应对之策。

逆反的真相

从人性的角度来看，没有人愿意与周围人处在不好的关系当中。

孩子逆反时，其实自己也很难受。

那么他们为什么会这样？

人的需求是多样的。著名心理学家马斯洛提出，人有生理的、安全的、爱与归属的需求，还有获得尊重、求知、审美的需求，最高的需求是自我实现。

图 3.4　马斯洛的需要层次论

生理需求，主要指吃饱穿暖，满足身体生长的需要。

安全需求，主要指人需要在安全的环境中。孩子还不能独立生活，需要家庭这个保护伞，需要在物质环境安全的地方生活，同时还包括心理上的安全感。

爱与被爱的需求，指的是人不但要被人爱，也需要去爱他人。青少年在向独立阶段尝试，他会特别关注来自异性的爱。

尊重的需求，指的是人与人之间彼此尊重，自己能得到他人的关注和在意。

求知的需求，指的是人需要不断学习，得到新知。

审美的需求，指的是人们需要感受美，体验美，创造美。

自我实现的需求，指的是人需要实现自己的价值，获得认同，获得成就感。

青春期的孩子，生理和心理都在快速发展。他们的独立性明显提高，觉得自己已经长大了，身体方面发生着显著的质变，他们正在向成人发展，他们的情感世界、精神世界也在急剧变化。他们对尊重、求知、爱与被爱的需求更强烈。

过去的人们，往往奋斗到中年乃至老年，才会去设法满足自我实现的需要，可当下的孩子，因为时代的进步，加上父母的厚爱，父母创造了良好的条件，很多孩子已经关注到自我实现这个层面的需要了。

但另一方面，中考高考的压力让孩子必须在学业方面投入较大精力，加上一些客观原因，一些孩子很多方面的需求都难满足：想结交朋友，没有好的方法指导；和老师或同伴产生矛盾，不大会沟通；想建设更强大的精神世界，没有多余精力；想培养自己的爱好，探索未知的自己，没有多少方法……

此外，孩子还面临与父母之间的矛盾。

有人说，当下的中国家长与青春期孩子的冲突，是两种力量的相遇产生的共振效应。

青春期的孩子新陈代谢非常旺盛，内在发展很澎湃，他们渴望了解外面的东西，他们的心需要向外去寻找突破，他们呈现的是向上的势头。

而他们的家长大都人到中年，经历过很多困难，对人生多了平和随意甚至无奈的心态，他们要面对各种各样的压力，自己精力有限，于是他们要寻找一个平衡点，寻找稳定的感觉。

这时孩子在向上突破，而家长却在求稳。这个时候两股力量正好错峰逆行，就形成了一个非常奇妙的共振效应。

有人戏谑地说，青春期撞上了更年期，这样的相遇自然火花四射。

身体长大了，灵魂还跟不上；愿望变大了，能力还跟不上。身处成长期的孩子，其实困难重重。

所以心理学家指出：青春期的孩子正处于心理断乳期，他们向往成为自由奔跑的小马，但是被缰绳牵绊住了，他就会感到不满，迫切希望摆脱束缚，独立起来。

逆反的起因，其实是孩子遇到了解决不了的难题。这个难题的背后，就是某些需要没有得到满足。可是，作为孩子最亲的父母，还没有做好这些准备，还理解不了孩子的难题，很难帮到孩子却又希望孩子和以前一样听话，于是，逆反就产生了。

作为父母，有必要对逆反这个问题做深入的思考。比如：自己在青少年时期，是不是也曾逆反过？逆反的结果怎样？如果自己整个成长过程都听父母的话，会怎样？经过这番反思，我们不得不承认，逆反不能简单地归咎于孩子不听话，逆反未必就是坏事。

逆反的正面作用

逆反，虽然让人难受，但是客观上，它对孩子、对家长有正面作用。主要表现在：

第一，家长如果认识到，逆反不一定是孩子的错，也许有些时候问题还出在自己身上。家长对成功的认知，对社会发展的认知不一定对，更不一定能指导孩子的发展。所以孩子逆反时，也是自己反思成长之时。

第二，孩子逆反说明他开始有了独立意识。这是孩子成长的信号，值得重视。只是周围的人还没有做好准备，环境还没有提供支持。看到这一点，家长就知道整体上怎样调整。

第三，孩子逆反中带着强劲的生命能量，蕴含着一些正能量，利用得好，它会发挥意想不到的作用。

有一个父亲就充分利用孩子的逆反心理，帮助孩子成功实现逆袭。这个故事叫作《考零分的故事》。

著名作家刘墉有一个儿子叫刘轩，这篇文章是刘轩后来写的回忆录。

刘轩12岁的时候，来到美国读初中。他发现美国的法律，对未成年人的保护非常到位。比如，如果爸爸打你了，你只要报警，警察就会上门来干预，警告父亲。如果再打你了，第二次警察上门的时候就不是口头警告了，会给你们父子两人的手上各戴一个手环，那两个手环不能靠得太近，否则就会发出警报，警察第三次上门处罚就会更严重。

中国爸爸一下子就被束缚了手脚，孩子倒是很高兴。刘轩非常聪明，同学们在一起，他们喜欢干什么就跟他们一起做，那些小伙伴喜欢看赛车，对赛车手特别追捧。

舒马赫简直就是他们心中的神。刘轩玩着玩着也喜欢上了赛车，也梦想着当赛车手，觉得当赛车手好刺激好牛，于是他发誓要做舒马赫第二。结果玩着玩着成绩就掉下来了。

刘墉觉得有必要跟儿子谈一谈，于是他说：刘轩，过来！我们谈一谈！刘轩一想，谈就谈，反正你又不敢揍我，于是就很大方地走到父亲的面前，跟父亲谈话。

父亲问他成绩怎么会这样，刘轩得意地跟父亲说："我现在对学习没啥兴趣，我现在最感兴趣的就是赛车，我决定要当舒马赫第二！其实舒马赫小时候成绩也不怎么样，还考过0分呢！"

父亲刘墉是一个非常有智慧的人，他思忖片刻就应道："刘轩，我们既然要学舒马赫，干脆就学到位。你也考一个零分，你要是能够考一个零分，以后我就不再管你的成绩，你的其他事情我也不再过问。"

刘轩一听，懵了：什么？考个零分？他以为自己听错了。父亲肯定地说，没错，就是考个零分！他怕父亲反悔，还跟父亲击掌为盟。最后还问父亲，有没有什么特别的条件？父亲说："考试的时候你就正常发挥，考一个小时，你就认认真真地做一个小时，你不要提前交卷，有多少道题你就答多少道题，不要空着，不要漏就可以了。"

刘轩一想，这些都是考试的基本要求，没问题。他很兴奋，只要考个零分，就可以摆脱父亲的束缚，多爽！在期盼中，考试到来了，他就认真地考，认认真真地反向答题。交了试卷以后还在想，这次能不能考零分？最后的几道题，我是蒙的，万一不小心蒙对了，可怎么办？

试卷发下来一看，果不其然，得了 5 分，也就是说还有几道题被他蒙到了正确答案，所以就没得到 0 分。

回家以后，爸爸笑着问："考试啦？拿给我看！考到零分没有？"面对父亲的挤兑，刘轩非常郁闷：考个零分都考不着，还被父亲这样嘲笑，真衰。但这个小孩比较聪明，转身他就想，下一回怎么办？要考零分，就必须把每道题做错，但是要把每道题都有把握做错，我就必须知道每道题的正确答案才可以。要知道每道题的正确答案，我上课的时候就要认真听讲，还得做笔记。从此以后，只要是上课的时间，刘轩就认认真真地听讲做笔记，遇到考试，他就认真地故意写错。

可是考零分哪那么容易，考了很多次，都没有如愿，但是他上课认真听讲，做笔记的感觉却越来越爽了，他也慢慢喜欢上这种感觉。

经过了很长时间的努力，终于有一次，他考到了零分！此时拿到零分的他，并没有特别开心，因为时间过去太久了！不过他还是决定拿回去跟老爸有个交代。这老爸比较幽默，一听说儿子考了零分，赶紧下厨炒了几个好菜，为儿子庆祝。吃饭的时候，父亲说："我遵守约定，你这次考了零分，今后你的事我就不再管了，成绩我也不再过问了。不过我很想知道，你考了零分有什么感想？"

刘轩说，其实当我能够考零分的时候，我已经可以得满分了！他爸爸就笑起来了：是不是觉得被我蒙了？刘轩说，有一点，不过经过一年多的努力，我现在已经喜欢上学习了，我不想当赛车手了，也不想做舒马赫第二，我想做刘轩第一！

他在写这篇回忆录的时候，他已经在哈佛大学完成了硕士论文，准备继续读博了。

一想到这个考零分的故事，我就忍俊不禁，不禁为这个爸爸的智慧击节感叹！刘墉深刻把握住了逆反中的正能量，让这股能量造就了非常美好的结果。

这个故事也让我们找到"曲线救国"的方法。有些父母过于简单粗暴，自觉或不自觉地强迫孩子，就会产生问题。

有人说，哪里有压迫，哪里就有逆反。强迫孩子的表现有哪些？

辱骂、数落、呵斥、唠叨的言语，蔑视、歧视、漠视、嫌弃的态度，嘲讽冷战、臭脸、瞪眼睛的行为，这些也都属于强迫孩子的范畴。

对照一下就知道，我们有时候真的会一不小心落入到对孩子的强迫里面。当孩子逆反时，家长也需要反思，改善自己的言行。

回到关系

前面我们讲过，有关系就没关系，没关系就有关系。孩子成长出了问题，首先要回到关系这个层面来。

生活中，我们会发现这样一个现象——小时候不在父母身边的孩子，长大了回到父母身边，哪怕父母对孩子特别好，那孩子都很难带，特别容易逆反。

顺着这条线，我们进一步来看清逆反的真相。

心理学家刘婷博士专门研究依附理论，通过依附理论生发出了好多的项目，包括上网成瘾、毒品成瘾的医治等。她的研究表明——孩子的心理出现问题都因为依附关系出了问题。

人与人之间最深层的连接，其实是通过情感来实现的。这种与人特别紧密的关系，就是依附关系。情感的亲疏度，我们把它称为依附的紧密度。

随着孩子长大，孩子与父母会形成不同的依附类型。

依附关系分为四种类型：安全型、逃避型、焦虑型和紊乱型。

安全型依附：看自己是好的，看别人也是好的，情感特征成熟，有弹性，不怕被别人依赖，他能够给人空间，也能够给人亲密。

逃避型依附：看自己很好，看别人都不好。他不会让他人依附自己。若有人发出这样的请求，他会逃避。

焦虑型依附：看别人都很好，看自己却不行。他会去赞美别人，粘上去依附别人，而且这种依附很紧，不给对方留空间。

紊乱型依附：看自己不好，看别人也不好，既渴望爱又不敢爱。

在这四种依附类型里，最佳的状态就是安全依附了。安全依附让孩子的内心有一个大本营，有一个避风港。每当他遇到困难的时候，他就会到那个地方去吸取力量寻找帮助。有这种安全依附关系的人，会表现出这些特点：自信独立，会向外界去探索，求知。能够通过各种体验，获得较高的情商、逆商，他会大胆试错，不怕失败。

但是另外几种依附关系中，孩子遇到较大难题，依附关系不健康不紧密，孩子就容易表现为逆反。

有效的修复方法

依附关系出现问题，有办法修复。

因为孩子在遇到困难、挫折、压力、怀疑、疾病和恐惧的时候，会生发出新的依附需求。这个时候家人要果断地给孩子提供安全支持，让他依附家人。让孩子跟家人在一次次的互动中，恢复和家人的依附关系，要抓住这个机会来强化安全依附的紧密程度。

这个理论不只适合于亲子之间，在夫妻之间同样适用。有时候丈夫觉得妻子似乎在无理取闹，实际上却是她因为依附需求没有得到满足，所以会不自觉地用各种各样的东西来刺激丈夫，想再次得到丈夫的回应，给她安全的依附。

一般来说，当依附需求得不到满足，一个人会产生愤怒、焦虑的情绪，甚至是绝望和逃避的言行。有的人被一个团队排斥，或者说被家庭遗弃，失恋……会留下很深的依附创伤，这样的创伤留给人的痛是刻骨铭心的。

有的孩子在幼年期，父母错过了做他恩人的机会，是有机会再次弥补的。不过第二次的机会跟第一次就完全不同了。这个时候要让家长与孩子的汗水再次流在一起。因为一个人只有身体活动开，在往外流汗的时候，他的感觉才是放松的，才是往外展开的，心门才是打开的，这个时候家长如果陪孩子一起搞运动，哪怕什么话都不说，只要两个人的感觉靠得近，孩子能感知家长的存在，孩子就会慢慢接纳父母。

家长千万不要坐而论道，这种方式激活不了他内在的依附需求。

修复依附关系，还有很多方法。

脑神经科学家给我们提供的思路是：大脑中间有神经元和神经元之间的连线，需要通过爱的体验才能发出信息，重新连线。这样的连线建立以后，安全依附就能够得到修复。

修复亲子关系，我们可以回到"爱的五种语言"，也就是我们在跟孩子沟通的时候，要特别注重孩子接收的信息频道。我们回顾一下：第一，肯定的言语；第二，精心的时刻；第三，服务的行为；第四，真诚的服务；第五，身体的爱抚。总之你跟孩子互动的时候，要特别把握好对方的接收频道，比如说写信，虽然我们现在已经不常用了，但是偶尔在关键的时间节点上，你用心地给孩子写信，会收到特别的效果。

有一年的父亲节，我专门给儿子写了一封信，透过这封信我表达了对他深沉的爱，儿子读到这封信以后，受到了极大的鼓舞。

全文如下——

咳！我们家的小伙子，你好，时逢父亲节心中有些感动，想用笔谈的方式与你聊一聊，虽然我们面对面的沟通并无障碍，但这种方式也许会让我们有不一样的感觉，时间过得真快，一转眼你都长成一个大小伙子了，我和你妈妈都很不习惯。说实在的，我从来没觉得自己是个好父亲，甚至连做父亲的角色都很淡，但我坚持给你快乐，给你时间，陪你成长。

小时候的你对什么都充满好奇，我完全把你当做一个玩具，带你去踢球，特喜欢看你疯狂地追逐，忘形地欢叫，摔倒了自己爬。教你学骑车更是反其道而行之，规定你不摔二十跤，不能回家。教你学游泳，我更是把你扛在肩上，直接往深水池里扔，把旁边的人全都看傻了眼。每当你累趴下了香甜的熟睡时，你妈妈就会心疼地责怪我。其实我心里知道，一个父亲对儿子最大的信任，就是对他的生命力充满鼓舞和期待！在这些粗犷而又强横的背后，你的母亲常常质疑我对你的爱，其实在你哭着来到这个世界的时候，我就在心里送给了你一份最好的礼物，那就是一定要对你的母亲好。

多年以后我才知道当时心里的这份冲动是多么正确。

后来看到一位教育专家的理论说，父亲对孩子最大的责任就是点燃母爱的能量。这与我的想法不谋而合。

悄悄地不知从何时起，游泳时虽然我暗中较劲，还是被你超越了，旅行时你毫不经意地搬走了最重的行李箱，闲谈时你已经有了自己的见解，而我竟然很赞同！于是我明白，你已不可抗拒地长大了！身体的强健总是和心理的强健联系在一起的，一个中学生的心理成人，还需要大量的阅读，愿你把握好自己人生的丰年，好好地修学储能，学会用谦卑和忍耐磨炼自己的品性，任何时候都勇于为自己、为家庭、为社会承担责任。

当你走过自己人生的花季雨季，享受着最美的青春年少，我和你妈妈会默默地为你守望，期盼你能长成一名博学担当的优秀男儿，最后衷心地祝愿你好，一切都好！

爱你的父亲

大家如果喜欢，也可以用这种方式，在特别的时刻给孩子写信，能够收到不一样的效果。

建立依附关系的时机非常多。你只要用心地把握，总能找到那些点，比如在孩子的妈妈的怀孕期间，你好好地陪伴孩子的妈妈；孩子生病的时候，你细心照顾。比如，孩子的朋友第一次到家里来玩，孩子每一次的生日，还有，孩子有时候受到挫折，受到委屈，回来找你的时候。一些重要的考试，孩子的各类毕业典礼，比如幼儿园的、小学的、初中的、高中的，还有每一次的家长会，这些时间节点都非常重要。

孩子有时候需要某一个东西，他会明确地跟你提要求，只要你觉得不过分，都可以大胆地去满足他。

总之，这些错过的，用心弥补，都可以修复。

如果你和孩子关系进入了冰点，打破坚冰的起点，就是向孩子道歉。父母对孩子有养育之恩，孩子应该听从父母。但是父母不是完人、伟人，也会犯错；孩子也是独立的生命个体，是需要被尊重的人。建立在这种关系中的对话，才会打动孩子，才能重启曾有的亲密关系。

其实孩子的心一直渴望与父母亲近，一旦父母真诚道歉了，孩子一定愿意回到父母的怀抱中，重归于好。这样做不会降低父母的威信，反而会触动孩子去改正自己的不足。父母道歉时最好说出一些具体的事情，说出自己当时的想法以及后面为什么改变，讲出自己的心路历程，这样孩子就会敞开心扉，有利于亲子

217

之间重新建立爱的连接。

当然道歉之后，家长还需有一系列的修复行动，需要耐心守望。

如果依附关系已经修复了，我们看看还可以怎么做。

行为科学领域有一个非常著名的理论叫结果选择理论。一个孩子，最开始可能是很偶然产生了行为，比如孩子在哭，家长为了安抚孩子，就给了他一颗糖。孩子觉得这个糖很好吃，他还想吃，怎么办？他会再哭。这时候孩子的哭是冲着得到糖果这个结果去的。

结果选择理论告诉我们，人是结果的奴隶。

假如孩子胡闹的时候，家长夸孩子很可爱，有个性，下一次孩子为了讨你的喜欢，会继续胡闹给你看。这时，如果你及时矫正说，你这样做妈妈不喜欢，你想要什么可以告诉我，但你胡闹我就不理你了。随着回应的矫正，孩子的行为也会跟着调整。

讲一个比较好玩的故事。我孩子在上初中的时候，一大堆英语单词句子要背诵，儿子学起来很吃力。

妈妈的英语好一些，儿子刚开始的时候都是找她妈妈检查并签名。但是在他背诵的过程中，一旦哪个地方背错了或者忽悠了，妈妈马上就会喊停，让他重来。搞了几次，儿子有点犯怵了，在他妈妈面前背诵的时候很没有自信。有一次他妈妈很忙，就让儿子背诵给我听。我就跟他开诚布公地说，其实我不太听得懂你说的英语，你说错什么我也不知道，但是我很喜欢看你在我面前自然流畅说英语的那种状态。只要看到你说得很流畅，我就给你签名。

儿子一听，松了一口气。他就站在我的面前一边说一边还做着手势，说得不知道有多自如。我从来不打断他，只是笑眯眯地看着他。有些地方他可能背不下来，但是他可以不停地说。结果他在我面前背英语，非常流畅，因为我只关注流畅这一个指标，所以儿子背诵得非常的爽。

后来他再也不找他妈妈了，只要是英语背诵的作业，他就一定找我，因为什么？因为他在我面前背诵的感觉太爽了，我给他的回应让他很有成就感。你看这就叫结果选择理论。我们可以通过结果来控制和矫正孩子的行为。

不用说教，通过这样的回应来引导孩子的行为，孩子不容易逆反。

如何应对孩子的逆反

面对孩子的逆反，根本解决办法首先就是建立良好的亲子关系，满足孩子成长的需求。

其次，是转变父母角色。

前面我们说，盆栽里的树长大了，要做的是换花盆，而不是修剪树根，不让它长大。对孩子也一样。孩子长大了，家长不应拽着孩子不长，一味让孩子听从自己，而是应设法适应孩子的变化，因为孩子属于未来。

对青春期的孩子，我们要从权威这个角色中退下来，学习做孩子的朋友，就像自己对待朋友一样，尊重他，理解他，帮助他，陪伴他。

最简单有效的办法就是陪孩子一起运动。运动不仅能增进亲子情感，还能解压、健脑，作用多多。

儿子上初中的时候，英语成绩不太好，他用过很多办法，也很想把成绩搞上去回报父母，但是收效甚微。那段时间他情绪低落，我就带他去打球，找一个地方两个人打得满头大汗。儿子情绪就慢慢好转，我就用这样的方式给他支持，陪他走过了那段低谷。

儿子初中学业压力大的时候，经常到了十一二点作业还没写完，我就帮他写作业，第二天上学前还讲给他听一下，这个举动让儿子觉得自己有了战友，压力骤减。他知道父母的心，不会因此就偷懒。每天吃完晚饭，我们都会陪他散步、聊天，认真聆听他说话，认真做听众，同理他，极少批评指责。

最后，我们可以做孩子的"教练"。也就是通过提问，让孩子自己分析，自己决定怎样做。

比如，有一次儿子的作文，语文老师只判了 30 分（满分 40分），对于这个低分，他很不服气，就向妈妈抱怨说，语文老师真奇怪，居然给我这么低的分？我不服！我拿过作文一看，儿子的作文很有感染力，满满的都是猫的可爱和他对猫的牵挂。我不愿儿子质疑平时一贯负责的老师，也不愿他因此受挫。于是和他进行了这样的对话：

妈妈：如果我判分，这篇作文语言很棒，立意也有特色，肯定会超过 36 分。不过，我不是中学老师，对中学的标准不那么了解。你们老师一贯认真负责，训练你们也很扎实，这样扣分确实有点奇怪。以前她也多次给你高分啊，这次你觉得老师扣分的理由可能是什么？

儿子：我哪知道，她这么扣分没道理。

妈妈：你觉得你们老师心中的好作文，可能有些什么标准？

儿子：老师说过，要写正能量的东西，字数 800 字左右，要有事例……我猜到了，可能老师觉得我这篇不够正能量？不该写牵挂猫而应该牵挂人？我猜到了，老师可能是根据中考要求来的。我的立意，她怕改卷老师不认同，就扣很多分让我注意。

妈妈：有可能。那下次写作文，你会不会注意这些考场作文标准？

儿子：我也说不清。都按改卷标准写，那有什么劲。

妈妈：也是。你看，如果平时写作文，就按自己的来，考试时，就训练考试的能力。这样分开，怎样？

儿子：这办法还不错，我试试。

用提问的方式，提示孩子自己找到问题症结，如果找不到解决之道，家长就用建议的方式提出来，往往会有不错的效果。这种方式，我常用在学生和儿子身上，亲测有效。

儿子的青春期，没有逆反。这是我们做他朋友和教练得到的结果。

借鉴米德的研究，参照萨摩亚青年的状态，还有几件事父母是可以做的：

第一，家庭结构上的宽松。虽然没有那么多亲戚住在一起，但是我们总会有一些住得比较近的朋友，平时和这些好朋友之间形成联动，几个家庭的孩子可以定期或不定期去朋友家住一住，联络一下感情。可以提前约好，订一些互通的条例，比如当孩子受憋屈的时候，到朋友那里去，让朋友帮忙照看几天，危机就容易解除。

第二，尽可能给孩子"活动"的机会，让孩子在活动中，与人互动中会绽放活力。当孩子情绪低落或者不爽的时候，带他们发泄，一起去唱歌、跳舞、打球等，这些是非常好的舒缓身心压力的方法。

第三，顺着孩子的意思做，让孩子自己去体验去反思。家长和老师生怕孩子走错了路，苦口婆心地要求孩子这样那样，效果并不好。其实孩子有时候就是故意跟你反着来，你消掉它的反作用力，会收到意想不到的效果。

有一段表现家长应对逆反孩子的视频特别有意思，相信你看了一定会有启发。

我们来看看这个有趣的故事——

一对夫妻被女儿的逆反问题困扰不已，两人学习了新的应对方法，决定认真试一试。

一天，叛逆的女儿放学回家，面对餐桌旁等待自己吃饭的父母，竟把椅子踢翻了。妈妈笑嘻嘻地说，踢得好！我早就看它不顺眼了！爸爸接着说，你看家里的空间一下就变大了！来吃饭！

孩子发现第一招没有激怒父母，继续出招：我们为什么要坐着吃饭，跟别人家一模一样，一点个性都没有！爸爸妈妈闻言，同时站了起来。妈妈说，这一站起来就感觉更饿了，还真是啊，以后咱们家都站着吃饭！孩子发愣了一会，继续发难：我的意思是说我们家为什么要吃饭？每天就是早饭、午饭、晚饭，我看起来有那么饿吗？我不要吃饭！

妈妈快速地回应——最近我也观察到你发育过度的状况，知道你肯定会有减肥的计划，所以今天的晚饭根本就没有给你准备，这炸鸡腿是给你爸爸的。爸爸接着说，你看连你的碗筷都没准备，所以不要有任何的压力，说完给妈妈递了一个鸡腿。

两人很夸张地吃了起来。孩子被激怒了，开始放大招：爸妈你们是不是吃得很香？你们叛逆的女儿即将告诉一个让你们一辈子也吃不下饭的决定，我不读书了，读什么书呀，语数外再见吧！

妈妈赞同道，这不读书也能成才，是不是？老公，你现在就打电话给老师，说我们家女儿正式退学，他们的传统教育根本不行。

孩子的几次发招都打在棉花上，到这时也快没招了，只好继续说，我最讨厌被安排，我不要被安排！

爸爸妈妈轮番说，没想到还是安排错了，现在改还来得及：欧洲十日游退了，巴黎铁塔下的晚餐退了，西班牙的斗牛赛退了……爸爸妈妈再也不给你安排了，你以后想干什么就干什么，反正也退学了，明天就放假了。

没想到父母最后的那些安排都是孩子喜欢的，这下孩子更生气了，使出绝招：我已经长大了，我已经16岁了，我要离家出走！我要去北漂，我要住潮湿的地下室，我要跟"犀利哥"做朋友……结果这次爸爸妈妈迅速地拿出了行李箱，把她推出门。

做完这一切，夫妻俩对视，说不出的忐忑。

意外的是，没过多久，孩子回来了。整个说话的语气和内容全都变了：爸爸、妈妈，我回来了，家里的椅子怎么掉在地上了，我扶起来吧……我喜欢的语数外三件套放这儿吧，最近学校在学欧洲史，如果能安排一个欧洲十日游，那就太好了……家里在吃饭是吗？没有我的碗筷？没关系，我自己去拿，爸爸妈妈我真的好爱好爱你们！我们是幸福的一家人！

这段视频特别搞笑，也特别耐人寻味。

有人说，你看到的问题，其实是孩子的解决方案。这句话怎么理解？比如众多家长头痛的问题——孩子网络成瘾问题。我们看孩子网络成瘾是个大问题，可是它是孩子舒缓压力，获得成就感、快乐感，满足社交需要的手段。孩子的这些需要不满足，依附关系不修复，网络的瘾就戒不掉。

另外，要区分正当的上网需求和网络成瘾。成瘾的表现是不受控制，连正常生活都出现问题。若孩子只是每天玩一阵，学习生活不受影响就不必担忧。毕竟，电脑是孩子未来学习与生活的必需品。

有个父亲用了这几招，经过一段时间的努力，成功地帮孩子戒掉了网瘾。他的办法是：

（1）和孩子一起玩电脑，了解孩子的需要，还通过一起运动，周末深谈，参加有趣的活动，赞赏孩子的每一点进步等方式，与孩子建立良好的关系，满足孩子精神需要。

（2）允许孩子玩网络游戏，但和孩子商定每天玩电脑的时间，到时间坚决停下来。

（3）规定玩多久时间的电脑就要做多长时间的运动，对冲电脑对眼睛和大脑的损伤。

（4）同一种游戏最多玩3次，以免上瘾。

看这个案例，生活中类似问题的解决方案都可参考。总之，孩子的难题都不是简单地用一两招能解决的，它需要多种方式的配合，需要时间，需要父母的爱和智慧。

逆反，作为孩子成长过程的一种特别现象，带给我们很多思考。在这个过程中，只要我们静下心来琢磨，了解背后的原因，找到应对办法，逆反一定会转化为孩子成长中的风景线，成为难忘的经历，成为增进一家人感情的催化剂。

本课重点：

1. 逆反不是一个生理现象，而是一个社会和文化的现象。

2. 逆反的起点是孩子遇到自己解决不了的难题，根本原因在于一些需求没有得到满足又得不到有效的帮助。

3. 逆反也有积极正面的作用，关键是能否得到正确的引导。

4. 应对孩子的逆反可以从修复关系、满足需求、改换角色等方面进行，它需要家长付出爱和智慧，它是一个系统工程。

课后思考和练习：

1. 孩子逆反的原因有哪些？哪些方面家长可以有所作为，哪些方面需要他人帮助？

2. 回顾自己青春期逆反的表现，采访一下朋友青春期走过的历程，从中有哪些发现？

3. 如果你家孩子已经逆反了，你们要做哪些改变？

第四部分

提升空间

激活孩子的内在力量

有的家长养孩子觉得特别享受，而有的觉得一直在忍受，同样是养孩子，感觉却有巨大的差距。巨大的差距里有一个最关键的因素——是否激活了孩子的内在力量。

为什么要激活孩子的内在力量

当下的孩子要学习的东西真是不少。除了学校教育规定完成的各种任务，包括知识的学习，活动的参与，综合素质的培养等，还要发展自己的兴趣爱好，开阔眼界，结交朋友，提升爱商、情商、逆商、智商……设想一下，如果这些学习都是孩子在老师或家长的要求下被动完成的，孩子会有多累！家长有自己的工作、事业、要处理的各种问题，还得陪伴孩子做这做那，会有多累！

在实际生活中，我们看到众多孩子被动完成各种任务，把自己弄得云里雾里，什么也学不好不说，还会压出层出不穷的情绪问题，乃至心理问题。爱子心切的家长跟着焦虑烦躁，自己的负面情绪又会作用在孩子身上，然后孩子也进入不良状态，如此进入恶性循环。

怎么办？

最重要的路径，就是激活孩子的内在力量，引导孩子成为学习的主人，发挥自己的主动性、创造性，如此，孩子的成长才会发生精彩的故事，成长才可能成为享受。

有一个有趣的故事。1938 年的时候，有一个教育家应邀来到武汉大学做一次演讲，因为教育家太有名了，很多人搬着板凳前来，并且拿着笔记本准备记录他的教育金句。

这位教育家走上讲台，做了一件让全场观众目瞪口呆的事情：他从包里拎出了一只活蹦乱跳的鸡！然后从口袋里抓出来一把米，把米放在讲台上，按着鸡的头让它吃米。鸡不想吃，他就把米用力塞到鸡的嘴巴里，可怜的鸡使劲挣扎。全场观众惊呆了：难道老师要教我们怎么养鸡？这位教育家葫芦里卖的什么药？过了一阵子，他把鸡轻轻放下，那只鸡走了几步，自己开始吃起米来。接着这位教育家说了一段话：我们做教育就像喂鸡一样，如果你一个劲地把知识灌给学生，他不会好好学，也消化不了。只有你给了学生自主权，他才会主动学到各种知识。

说完他就鞠躬说，今天的演讲就到这里。

这场演讲真是太生动，太简短，太发人深省。

这位教育家是谁呢？他就是中国现代教育史上杰出的人民教育家陶行知先生。陶行知先生留下了特别多的真知灼见和教育智慧。其中他对学生的定义，在今天仍有特别的意义。他这样定义学生：学字的意思是要自己去学，而不是坐而受教。生是什么意思呢？是生活或者生存。学生就是要自主地学会生活，学习人生之道。

陶行知先生关于学生的定义，跟当下我们的认知大有不同。我们对学生的预设定义是：学，是认真跟着老师学习，生，是不熟悉的知识，是未知。学生就是要跟着老师学习未知的知识。这个定义深刻影响着伴随工业文明发展起来的学校教育。可是随着社会的变化，教育者对人本身的特质，对教育的内容目的有了更多的思考：作为活生生的人，学习知识真的是最重要的吗？学习知识应该成为教育的目标吗？

对学生的定义会影响教育者的行为。*Alike* 这部短片获得六十多项国际大奖。这部短片的故事情节不算新鲜，却让全世界无数父母感动。短片讲述了一对都市父子的故事。在职场忙碌的爸爸一直试图让孩子用"正确"的方式学习和生活，片中描绘的种种场景，都是父母熟悉的，比如让孩子一心学习，摒弃自己的爱好，忽略自己的梦想，按照学校要求完成标准化的作业，不能有自己的"胡思乱想"等。当孩子渐渐丧失了快乐和灵性时，引起了这位父亲的反思，也引起众多家长的共鸣。人们不禁会想：如果人失去了自主性，失去了创造，失去了个性，完全被外界的各种标准牵引，活着的意义在哪里？

苏霍姆林斯基是世界级的大教育家，他这样告诉我们：不能把小孩子的精神世界变成单纯学习知识。如果我们力求使儿童的全部精神力量都专注到功课上去，他的生活将会变得不堪忍受。他不仅应该是一个学生，而且首先应该是一个有多方面兴趣要求和愿望的人。

我怀疑 *Alike* 剧作者是不是参考了斯霍姆林斯基的这段话，又或者说大道至简，英雄所见略同。

可惜，人们被各种思潮裹挟时，这些教育的基本原理、基本常识被人们忽略了，由此引发一系列问题。有智者就尖锐地指出违背教育规律背后的深层原因。心理学家艾瑞克·弗洛姆说，"教育的对立面是操纵。它出于对孩子潜能的生长缺乏信心，认为只有成年人指导孩子该做哪些事，不该做哪些事，孩子才会获得正常的发展。然而这样的操纵是错误的。"

这些深入研究教育的专家学者，不断将自己在实践中的观察思考写进书本，以启示大家将孩子引向通往幸福的大道。在这条大道上，他们都将培养孩子的主动性创造性放在特别重要的位置，把激活孩子的内在力量放在重要的地位。

看到这些教育箴言，我们不禁要想：在当今的条件下，我们能做什么？我们有没有可能让我们的孩子活出自己的个性？让他去经历和享受创造的乐趣？让孩子也让自己享受成长的过程？

一些先知先觉者的实践告诉我们，虽然困难不小，但一定有可能。实现这个设想的前提是，让孩子由被动变成主动。只有这样的转变，那么他经历的一切才可能让他觉得是一种享受。

从被动到主动的秘密

如何使孩子由被动到主动呢？当代著名的动机理论专家德西和瑞恩提出了这三个关键要素：归属感、自主感和胜任感。

归属感，是说孩子无论做什么，总能感受到被尊重和接纳。

在实际生活中，如果一个孩子做什么都不被接纳，不被尊重的时候，他就不太敢做了，也不愿意去做。这一点前面的课谈得比较多，这里不赘述。

自主感，是说自己的行为可以自己决定。在和孩子一起成长的时间里，我特别深的感悟就是：只有给孩子自主空间，他才会主动做事。如果给孩子不停地提要求，不停地要求孩子做这做那，时间久了，孩子就会两眼无光，什么也不愿做了。

当老师告诉孩子，活动主题是什么，基本要求是什么，基本流程是什么，然后给足时间空间，给支持，其余都由孩子自己定，孩子就会迸发出极高的热情。在这过程中老师进行点拨和引导，孩子们就会创造出让人惊喜的东西。那些平时都不太起眼的孩子，会给你惊艳感。

有一次，我让孩子们以"诗意"为主题，各个小组自行进行创作。有个组就做出了"诗意的房子"的模型。他们用一段诗意的语言描绘他们的设计，当一个孩子说："当夜幕降临……"所有的灯就关了，可是房子里的灯突然就亮了，全场发出"哇"的惊叫声。每个组的展示各具风格，精彩纷呈，我都能感受到空气被点燃，能感受到孩子们身上的亮光不断地闪现。闪光背后的秘密就是给孩子们自主和创造的空间。

我班孩子毕业前筹款做诗集的故事，每每想起来就会很感动。

有一天，我在家长群里面看到家长发了一段小视频。这段小视频拍的是天黑了，孩子们在人行道上边吃盒饭边守摊的情景。孩子们把自己家里的旧书旧玩具拿来卖，卖掉的钱用于我们班孩子原创诗集的印制。有家长说，平时给孩子准备各种好吃的，孩子还嫌弃。他怎么会乐呵呵地吃盒饭呢？孩子说，为了让更多的人读到我们的诗啊！让更多的人知道诗意之美啊，这点苦不算什么。一旦是孩子想做的事，什么苦他都不在意的，真的是特别有意思。

家长可能会担心，给孩子自主了，他浪费时间怎么办？比如疫情期间，家长不在家时，孩子能把时间用好吗？放手会不会让孩子放纵？

在这里特别给大家两个经验，第一就是逐步放手。不能一开始什么都由着孩子，而是每一步都要教他怎么做，并且有反馈。像孩子小时候学会走路那样，最开始牵手，随着孩子的力量变强，再慢慢地放。

第二个经验就是要有检测。比如让孩子自学一篇课文时，老师事先会有要求和流程提示，自学完成之后会检查他朗读得怎样，有错字按照设定扣分。还可以报听写，看他做的批注，这样孩子的自学效果就有一定的保证。

把这两个经验用进来，孩子的自主管理能力就会一步一步地形成。

接着说胜任感。胜任感是让孩子觉得这件事我可以做到。

记得儿子三岁多的时候，我让他画画，他画的简直不成形，根本不知道他画的什么。有一天，我给他买了一套画册，这套册子设计的很有意思，比如册子上画了一只鸡，别的都画好了，孩子只需要画鸡嘴巴，第二页可能就是只用画鸡的翅膀，第三张可能是鸡脚上面有一点点需要涂一下。当儿子去画这些东西的时候，觉得特别有成就感，画完一页，他会说：妈妈你看我画的！我们觉得特别好笑。令我们惊讶的是当他把那一套册子画完以后，居然就会画画了。他在白纸上画的小松鼠、小兔子等小动物活灵活现。我们拿给画画老师看，老师说，你儿子太有绘画天分了！其实我就知道，他的所谓天分无非是最开始体验的那种成功体验，那种掌控感。有了掌控感，他好像就对造型、构图、线条等要素有了感觉。

这个故事耐人寻味。孩子无论做什么，我们要让他觉得自己能做好。办法就是最开始给他最低的难度。

比如教孩子完成复习表，第一天只要求完成一格，第二天才完成两格，他慢慢就知道怎么做了。这样孩子就会觉得这些东西在我的掌控之中，他就愿意主动学。

有时孩子无论怎么努力，学习成绩也不大可能拔尖，怎么办？那就开拓各种平台，让他有胜任感。学习不好，可以去弹琴，可以去做树叶贴画，可以当众去朗诵，他还可以去打球，去做关怀人、帮助他人的事情……总之他在什么地方有长处，有强项，你就让他去展现。等孩子有了自信心时，他再去做别的事情，这种自信感会迁移到别的地方去。

虽然有的孩子成绩不拔尖，但他在各种活动中尝到这种甜头，感受到了胜任感的时候，他对学习也会变得主动积极。因为他对自己的要求就变了，他知道自己是一个人才，只是在学习方面不够出色而已。

无论是给孩子自主感还是胜任感，都要有"底线"。当孩子热情上涨，恨不得不吃饭不睡觉也要去做的时候，我们给的底线，就是不能影响孩子的健康，要按时作息。

同时，还要注意把握分寸，或者说是"度"。请参考这张图。

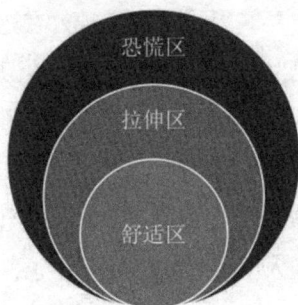

图 4.1

不管是大人还是孩子都喜欢待在舒适区里面。如果给他一个新的任务，怎么判断新任务合不合适？标准就是新任务要在拉伸区里面，也就是说孩子通过一段时间的努力，就一定能做到。如果你给他一个特别难的任务，比如要他一个晚上背下一篇长课文，他根本做不到，他就进入了恐慌区，在恐慌区的经历就有可能让他产生心理阴影。

遇到很难的任务怎么办？那就分解，一次只完成1/3，完成1/2，花的时间长一点，孩子会觉得我可以胜任这些事情。

给孩子归属感、自主感、胜任感，是激发孩子内在力量的重要方法。只有孩子内在力量激活了，他才可能去体验更多的精彩。

发展孩子优势

和孩子多一点接触，就不难发现，他们做自己喜欢擅长的事情，热情最高，主动性最强，效果也最好。

在未来，个人的作用会越来越彰显。做自己最喜欢最擅长且有价值的事情，最容易获得成功和幸福。在这样的趋势下，"让孩子成为最好的自己"越来越成为大家的共识。

让孩子做最好的自己的第一步，调动孩子主动性积极性的第一步，就是发现孩子的优势。

哈佛大学的加德纳博士认为，每个人一出生便拥有 8 项独特的智能，虽然它们在人出生时就已经存在了，但每种智能都需被唤醒、在各种生活经验和行事态度上发展智能。其观点从 1983 年至今对美国的教育影响至深。

这 9 项智能简介如下——

1. 语言智能

能够有效地运用口头语言及文字的能力。

这种人对声音、意义、文字的节奏都高度敏感，能用语言文字传递及理解复杂意义。语言智能是应用最广泛的人类智能，作家、演说家、记者、编辑、节目主持人、播音员、律师等有更加突出的表现。

2. 数理逻辑智能

能够进行概念及抽象思考、辨别逻辑及数字图案的能力。

这种人擅于计算、量化、抽象、关联、思考假设及命题，能顺序推理，也能归纳演绎。他们通常是科学家、侦探、银行家和工程师。

3. 空间智能

进行精确而抽象的图像思考的能力。

空间智能强调人对色彩、线条、形状、形式、空间及它们之间关系的敏感性很高，感受、辨别、记忆、改变物体的空间关系并借此表达思想和情感的能力比较强，表现为对线条、形状、结构、色彩和空间关系的敏感以及通过平面图形和立体造型将它们表现出来的能力。

这种人能立体思考，他们想象鲜活，能进行空间推理及图像处理，喜欢设计和装饰。水手、飞行员、雕塑家、画家、建筑师、摄影师均具有空间智能。

4. 身体——运动智能

善于运用整个身体来表达想法和感觉，以及运用双手灵巧地生产或改造事物的能力。

这种人能很好地操控身体、操作物体，他们很有时间感，身心能完美协作。运动员、舞蹈家、外科医生、手工匠人均有发达的肌体智能。

5. 音乐智能

生产及欣赏音乐的能力，能轻松记住歌曲。

有音乐智能的人能分辨音高、音色、音调、节奏，音乐家和高水平的听众都需要具备这种智能。

6. 人际智能

正确探知、恰当反馈情绪、动机、需求的能力，包括四大要素：组织能力、协商能力、分析能力、人际联系。

这种人善于理解别人，能进行有效的语言及非语言沟通，对情绪和性格很敏感，能在不同场景应对自如，擅长交朋友，有影响他人的能力。

优秀的教师、社会工作者、演员、政客都有人际智能。

7. 内省智能

自我觉知，感受内心、价值观及思维过程的能力。

这种人不但了解自己的想法和感受，把握自己的情绪、意向、动机、欲望，还善于运用这种知识规划及指导生活，爱思考，是效率专家。这种能力可用于自身，也能推及人类。心理学家、精神领袖都属于有内省智能的人。

8. 自然探索智能

识别和分类自然界事物的能力。

这种人对动物、植物等都非常敏感：在原始社会他们是好猎手，在农业社会他们是种植专家、产粮大户，在现代社会他们是植物学家、明星大厨。达尔文、袁隆平、日本的寿司之神，应该都是这种人。

日常生活中，那些超越常人的精明买家——对不同品牌、年份、型号的汽车、运动鞋、化妆品、酒都能分辨出细微差别的人，也具有"自然探索智能"。

9. 存在智能

处理关于人类存在的问题的能力。

这种人是哲学家，他们对生命的意义很敏感，会关心"为什么我们会死""我们从哪里来"之类的深层问题。

加德纳认为，有的孩子可能在好几个领域均有天赋，有的则可能某项突出、其他平平，但世界上没有两个人的智能组合是完全一样的。

所以，我们要细心观察孩子，看看孩子哪方面的智能优势突出，就采用相关的方式来学习——

表 4.1

智能类型	适用的学习方法
语言智能	讲故事、讨论、记笔记、听力词汇量、背诵、写短文、演讲

智能类型	适用的学习方法
数理逻辑智能	提问、解决问题，对现实生活中的故事感兴趣
空间智能	参加活动、观察图片、图表、展览品等，用眼睛思考
运动智能	有意识的活动、边走路边背单词、用手在空中比划，或在白板上写
音乐智能	播放音乐学习（个例）、播放与所学内容相关的音乐
人际智能	在小组中完成任务，先讨论，再独立完成
内省智能	一个人学习，喜欢完成具有选择性的任务
自然探索智能	观察各种事物、分类比较，户外学习

这些理论看起来有点抽象，但由这个原理我们可以看到，在孩子的幼年和童年期，要创造多种可能，给孩子丰富的经历，只有这样，孩子天赋潜能的图谱才能逐渐"显影"。

我们熟知的众多人才多在童年乃至幼年就表现出对某项事情的酷爱，比如在冬奥会成为瞩目明星的谷爱凌，在 3 岁跟着妈妈去滑雪场时就表现出对冰雪运动的热爱和天赋；著名围棋高手常昊在 6 岁时看到围棋就挪不开步；高尔基在童年就对书深深痴迷，历经苦难也不放弃读书；袁隆平 6 岁时参观园艺场就被深深吸引，为他日后的理想埋下了种子……这些人才一旦找到自己的热爱，自驱力形成，家长就不必操那么多心了。

加德纳的理论颠覆了"智商高＝成绩好"的传统认知。如果孩子在学校没有成为学霸，更需要给孩子时间空间来发现优势，发展优势。当孩子的优势彰显出来，自信心建立了，还可能用优势智能带动弱势智能，获得更好的发展。

在生活中，家长要观察孩子在做什么的时候，他处于宁静喜悦的状态，乐此不疲的状态，他无需奖励没完没了就想做，做出来的成果很容易超过同龄人，那么那件事可能就是他的天赋优势所在。随之就为孩子创造条件，发展他的优势。一旦孩子的优势展现出来，让孩子热爱自己从事的事情，他的内在力量就会极大地发挥出来。

古典老师在超级个体课程中，专门讲到了如何找到一个自己特别喜欢的职业的方法。他提出了一个关键点，叫甜蜜区。什么叫甜蜜区？就是你做的工作既是你喜欢的，又是你擅长的，而且是有价值的，这三样都具备，那你就愿意全身心地投入到你的工作中，并且从中获得享受，获得幸福。

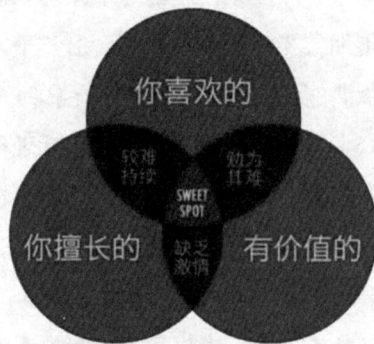

你喜欢的

较难持续　勉为其难

SWEET SPOT

你擅长的　缺乏激情　有价值的

图 4.2

工作时间如果能够成为一种享受，那是多么幸福的事情。能否享受其中，其实孩子的童年期、青少年期就打下了基础。我们家长要做有心人去创造各种可能，发现孩子的优势，创造条件去发展他们的优势。

当你被各种社会风潮左右裹挟，恨不得让孩子不断靠近学校标准，并且为孩子设计美好蓝图然后亲自实施时，请参考《园丁与木匠》的作者艾莉森·高普尼克的这段话——

爱没有目标、基准或者蓝图，但爱是有意义的。爱的意义不是塑造所爱之人的命运，而是帮助孩子塑造自己的命运，这才是我们给孩子最有价值的爱。

儿童诗的魔力

儿童诗对激活孩子内在力量有特别的作用。这一点首先来自我在一线的实践。

2006 年的某一天，我们班有两个孩子申请当小老师来教大家学习。那天他们教大家学的是《我多想》这首诗。上到一半的时候，有个孩子突然说：同学们，请你们模仿这首诗来写一首诗。听到这句话，我吃惊不小。因为诗歌在我们印象中是特别有语言天分的人才能写出来的，小学生怎么可能写得出来？

虽然我想反对孩子突然抛出这么难的任务，但是我要尊重学生。于是就故作淡定地坐在台下没吭声。结果过了十几分钟，居然有十几个孩子就写出来了。他们写出的语言特别优美，大大出乎我的意料。这件事给我特别大的震撼。从那开始，我开始走进了儿童诗的园地，由这个园地发现了童年的美，也发现了教育的魅力。

儿童诗有怎样的魔力？我们先来感受日本诗人谷川俊太郎的一首诗：

妈妈

河流为什么在笑？

因为太阳在逗它呀！

……

妈妈

河水为什么冰凉？

因为想起了曾被雪爱恋的日子。

……

妈妈

河水为什么不休息？

那是因为大海妈妈

等待着它的归程。

……

读完这首诗，是不是觉得河流有爱又有趣？再看河流的时候，是不是会有不同的感受？会不会觉得看到新的风景？

我们的孩子读了这首诗以后，特别喜欢，他们模仿写出这样的诗句——

老师

河流为什么那么蓝？

因为大海抱着他。

妈妈

云雀为什么会歌唱？
因为他有一颗赞美的心。

妈妈，
你为什么如此爱我？
因为你在我心里呀。

由此可见，孩子们在模仿的过程中，诗人独特的角度，对大自然发自内心的热爱，诗人奇妙的想象孩子们不知不觉就体会到了。

疫情期间，老师、家长和孩子都经受了重大的考验。如何在这样的日子里保持生命的热情，对未来热切地盼望？顾城的《种子的梦想》这首诗，胜过千言万语的说教。

种子
在冻土里梦想春天。

它梦见——
龙钟的冬神下葬了，
彩色的地平线上走来少年。

它梦见——
自己颤动地舒展着腰身，
长睫旁闪耀着露滴的银钻。

它梦见——

伴娘蝴蝶轻轻吻它，

蚕姐姐张开了新房的金慢。

它梦见——

无数儿女睁开了稚气的眼睛，

就像月亮身边的万千星点……

种子呵

在冻土里梦想春天……

种子为什么会在冻土里孕育？联想到生命孕育的过程，联想到成长过程中不可避免地要经历的一些艰难，由此积蓄坚强力量的过程，联想到海伦·凯勒、詹天佑、刘慈欣，想到他们成长的经历，成长的故事，孩子们就知道一个人只要心里有春天，有希望，他就有勇气战胜无数的艰难险阻。当我们的孩子有这样一个认知的时候，一股坚强的力量就会入他的心。

孩子们在遇到艰难困苦的时候，诗歌会带给他们趣味，有感染力的力量。

在教孩子读诗的过程中，我不断产生疑问，不断去找答案。比如孩子会不会多愁善感，变得悲观敏感？但我仔细观察，发现孩子们感受力变好了，但并没有什么不好的表现。特别是在开各种公开课的时候，我班的孩子表现出来的那种深刻的、敏感的丰富的情感体验，让一些听课的老师惊叹，孩子们的表现实在是让人惊喜和意外。

后来我读到人本大师卡尔·兰塞姆·罗杰斯的话，他说身心和谐的人有四大特点，其中一个是能深刻地、敏感地体会自己的情感。看到这段话的时候，我更加释然了。

儿童诗对孩子来说是一种怎样的存在呢？儿童诗纯美的意境，朗朗上口的音韵，天真烂漫的趣味和孩子的天性特别相合。孩子是天生的诗人，诗歌与童年相遇会产生特别的化学反应。

诗歌是直入心灵的艺术，引导得当，诗歌能充分发挥教化的作用。被诗歌浸润的孩子有慧眼、慧心，更有灵性。

诗歌给孩子带来怎样的变化？我们通过孩子们的诗歌来感受一下。

这是一位与人交往有困难的孩子写的诗——

洗衣机
你白天黑夜忙个不停，
我真后悔
给你留下那么多的脏衣。
那天停电，
你有没有好好休息？

读到这首诗我的心被深深地触动，全班同学听了，也特别地感动。我没有想到，一个与人交往和学习都有困难的孩子有这么纯美的心，同学们对他的看法一下子也就变了。大家都会对这个孩子格外的包容和理解。

再看看小男孩铖澍的一首诗——

爸爸的手像印章，

一巴掌盖在我的屁股上！

爸爸的手像朋友

拉着我向成功冲击！

爸爸的手

是温暖的，

也是残酷的，

一步一步牵我

走向幸福的美好时光。

在班上读这首诗的时候，全班同学都爆笑，都觉得他写得太形象了！爸爸真的就是这样的。当孩子写这样一首诗的时候，他和他爸爸的情感就有了很深的连接。这首诗写完以后，我让孩子们做评点，孩子们的评点特别有意思——

曾雨欣说，父爱如山，母爱如江，你站在父亲的肩膀上去触摸星芒。

陈姿伊说，爸爸的手里藏着爱，一打就到你心里了。爸爸的手是有皱纹的，它记录着成长的美丽。

赵芷萱说，父爱是伟大的，是不易发觉的，宛如一座青山。也许你会发现青山后面藏着的是世间最完美的爱。

王蕊说，父爱是宏伟的，是仔细的，宛如一个精细的计划。也许你并不会发现，但到最后，最大的获益人是你。

读到孩子们对父爱的理解，真是特别欣慰。爸爸爱孩子，孩子能读懂爸爸的爱，而且用这么诗意的语言表达出来，读来真的是特别感动。

我们班还有一个才女尹雨菡读了《一卷大唐风华》这本书，读完以后用诗歌的方式来写读后感，用诗歌来跟阅读进行了连接——

烟萝水秀
玲珑翠玉
是你精致的妆容，
青山绿水
烟柳人家
是你眉心，一点如画。
金戈铁马不是你的结局，
如星空般璀璨的古典诗韵，
才是你不变的风华。

我难以置信，小学生能用这种方式写读后感。

会写诗的孩子，他们读出来的东西有独特的韵味，他们的表达方式也更有意思。看看孩子的评点：

刘圆圆说，曾经大唐如此辉煌，青山绿水，烟柳人家，精致小巧的日子，豪迈大气的人。如若此生能达此地，定无怨无悔。

周逸茗说，江山如画，渲染出一片芳华，起舞的是她，大唐的繁华。

李智豪说，琴棋书画，诗情画意，历经时光的冲刷，风华依旧存在。

孩子之间这样的评点特别地让人享受，也特别让人惊讶。他们是如何读懂彼此的呢？这是一个谜。

我班有一个才子刘科尔，写了这么一首诗，其中有两句是这样的——

> 宇宙里好安静，
> 就让行星绕灯旋转，
> 宇宙里好无趣，
> 就让生命来好奇。

可见，孩子的眼光已经延展到了宇宙，而且洞察到生命的特别力量。

因为诗歌，孩子们与他人，与大自然，与阅读，与生活有了更深的、更丰富的连接，灵性被唤醒滋养，心灯被点亮。

每次问到孩子，你心中的童年是什么？他们常用诗歌般的语言来回答我——童年是一个个欢笑的瞬间；童年是喜怒哀乐交织的戏剧；童年里坐着爱哭爱笑的小灵人；童年是翻飞的翅膀，流淌的歌……

当孩子们不断用纯美的诗句来描述自己的感受时，我不得不为纯净的童心、灵巧的思绪、美善的愿望惊叹，为童年之美感动。如泰戈尔所说："我愿我能在孩子世界的中心，占一角清净地。我知道有星星同他说话，天空也在他面前垂下，用它傻傻的云朵和彩虹来愉悦他。"

我想，这就是童年应该有的样子。

孩子们的变化让我明白，童诗是滋养孩子心灵的最佳载体。

如果你希望你的孩子爱上读诗，可以买《飞鸟集》《中国经典童诗诵读 100 首》《中国最美的童诗》等诗集，和孩子们一起来享受诗意之美。

怎么教孩子读诗？就是兴致勃勃地读，一次就读一两首，反复朗读，说说自己喜欢哪些句子，然后让孩子模仿着写写看。有些孩子模仿到一定的时候就找到感觉了，就会写了。当然最主要的是给孩子诗意的生活，让他的灵性能够呼吸，这样孩子的内在力量就能够被激发，被点燃。

愿更多的孩子去读儿童诗，拥有诗意的童年。

奇妙的连接

人天生就有自主性创造性，具有向上生长的力量。人出现问题是因为这些天性被埋没毁坏。在安全支持的环境下，解放身体，激活人的感受力，重新建立连接，他们就会恢复正常。

——娜塔莉·罗杰斯

娜塔莉·罗杰斯是人本大师卡尔·兰塞姆·罗杰斯的女儿，她在罗杰斯人本理论的基础上，发展了一套人本表达性艺术治疗理论。在人本表达性艺术治疗的课堂上，我不断感受到这段话的分量，也找到帮助孩子发挥自主性创造性的特别办法。

建立连接指的什么呢？我们先从最熟悉的场景开始吧。

下面这一段经典的话，它节选自《斯宾塞的快乐教育》——

如果有这样一位老师，他可以培养孩子的美感，又可以启发孩子的悟性。他既可以向孩子展示事物的规律，又可以使孩子的身体得到调整。他的课堂不论是在白天还是夜晚，不管是在晴天还是雨天，都不间断，但他从不收取报酬，也从来不会厌倦。他对所有的孩子都一视同仁，公正、宽容。他有父亲般的威严、理性、热情、粗犷，又有母亲般的柔情、感性、温柔细腻，他既可以给每一个孩子以品质性格的典范，又可以让每一个孩子的自信感觉得到升华。

人们是否愿意把孩子交给他？对于每个人来说都堪称伟大的老师是谁呢？他就是神秘而万能的大自然。

这段话把大自然的奇妙与伟大，诠释得特别到位。

在大自然中人的状态会特别的舒展放松。近些年来，欧美很多发达国家开设了森林学校、森林幼儿园等。在这样一个工业高速发展，给人的身心带来巨大困扰的时代，他们觉得大自然是更值得信赖的，大自然是最好的老师，如果想让孩子心灵得到滋养，要让他沉浸在大自然中。

我对大自然重要性的认知是从读诗歌开始的。因为对诗歌的喜爱，我对大自然有了新的看见。

为了让孩子们在大自然里打开自己的感觉，我会带孩子们每周一个早晨去我们学校的怡情园里观察，跟大自然里的植物动物有一点连接。有一次我让孩子待的时间比较长，那一次我对大自然的奇妙作用有了非常直接的感受。

我对孩子们说，你们今天在怡情园中不能讲话，也不能奔跑打闹，必须是安安静静地用眼睛去观察，用耳朵去聆听，然后去闻一闻各种花花草草的味道，闻一闻花园的气息，还可以用手去摸一摸那些特别有意思的那些植物，看他们是怎样的。

平时孩子们有各种各样有趣的发现都会来跟我讲，比如有个孩子兴致勃勃地告诉我，一个很不显眼的果子一落到地上就翻卷，卷成花的样子，引起一群孩子的围观。大家觉得特别好玩，有孩子给它取个名字叫爆炸果。

但那一天孩子们很安静地徜徉在怡情园，默默地打开感官去感受。半个小时以后，我们回到教室。我对孩子们说，你们试着把刚才感受到的写一首诗。那个时候我教孩子们诗歌的时间还很短，照说他们还不能进入独立创作的阶段。但是那一天居然就有一批孩子写出诗来了，把他们在大自然的感受生动有趣地表达出来。

我觉得很神奇——孩子们在这里安安静静地去感受，诗歌为什么就出来了？在诗歌的感染下，我每天早晨学诗人的样子跟大自然打招呼，我也把自己打招呼的感觉写了一首诗，教孩子这样度过自己清晨的时光——

你好，树上的碧玉，
你好，阳光，
在你的光辉下世界苏醒了，
开始了歌唱和舞蹈。
你好，我的眼睛、鼻子、耳朵、皮肤，
你们让我感受到了世界的奇妙，
世界对我微笑，

他们连为一体为我服务，

我是最受宠的孩子。

每天早晨我都跟大自然里的花草这样交流，我发现早晨写诗歌很容易，换别的时间还不太容易。而且在早晨写诗灵感也特别多，很多很想写却写不出来的内容，好像早晨突然就能流淌出来。

大自然的种种美好，他给我们的教导，我们之前大多都忽略了。我让孩子们一起讨论最难忘的课堂是什么的时候，孩子们对我带他们去大自然中的经历都特别难忘。比如我们在大榕树下去感受榕树的美，有的孩子就会说榕树上面跳跃着非常多的精灵；我们去看日全食的时候，会想象太阳和云层的对话；看爬山虎的时候，就看到爬山虎的脚是怎么一步一步往上爬；我们在公园赏月的时候会读诗，会去欣赏月光下的景象……

大自然如此的美好神奇，我们怎么样来培养孩子对大自然的感情呢？刚才用到的这些方法，大家可以试试。在大自然中把你的眼睛、鼻子、耳朵、皮肤都敞开，全身心地投入其中，你就比较容易感受到大自然的气息。还可以像我那样和大自然对话，在观赏大自然时写诗也可以。对科学感兴趣的，在大自然中可以去采集植物的种子，采集各种叶子做标本，可以去找同样的颜色的植物，可以去摸一摸最软的东西有哪一些，进行各种各样的探索，还可以在大自然中画画写生，等等。

人本来就是大自然的孩子。当你经常沉浸其中，你自然而然就会对他有特别的情感。

除了和大自然连接，我们还可以有多种方式的连接。比如与人的交流，身体各部分之间的连接动作，在绘画、听音乐、阅读等活动中时让身心投入其中……为什么要进行连接？娜塔莉·罗杰斯说，在安全支持的环境中，当人的主动性创造性发挥出来，他们就会绽放出生命本该有的光彩。受了这个理论的启发，我曾在一部分孩子身上尝试，看到了特别的效果。比如，有的孩子几乎放弃了学习，有的孩子就是一整天不发出声音，还有的孩子说活着没什么意思，我就用了这些方法来帮这些孩子恢复了正常。

如何养育孩子的感受力

最常用的方法就是让孩子多做多种感官都能参与的事情。比如让孩子们把自己的宠物带到学校来写作文，跟这些宠物玩，建立与动物的连接；在生日会的时候互相送贺卡，建立与同学的连接；让孩子跟着音乐自由地做与人连接的动作，比如拍拍手碰碰脚跟碰碰头等，然后开始来表达。可以用自己喜欢的方式，可以画画，可以用剪贴纸，也可以用各种材料来做，这个过程中孩子们就觉得特别的放松，觉得特别有意思，然后再与同伴交流自己的感受。

有一次我让孩子表达最快乐的时刻，孩子用图画或轻彩泥做出各种作品之后，互相分享。那个时刻，看到一些孩子绘声绘色的样子，看他们彼此之间的那种联动互动，会觉得他们的开心欢乐把空气都点燃了。有时候我让他们画出自己的苦恼，然后一个一个地跟他们交流，这些孩子说，当他把这些话说出来的时候，就好多了，不知不觉就从那种阴霾中走出来了。

当他们重新建立连接的时候，孩子就能慢慢地恢复健康，恢复到正常的状态。

孩子与生俱来的感受力发挥出来会怎么样？

给大家讲一个我印象特别深的故事。有一次孩子们商量，如何为我班的诗集画插图？有同学建议在网上找图，有的同学却认为，要自己画插图。可是当时我们班上只有3个同学的画能拿出手，怎么办？于是我建议说，先一起来试试画插图。

放学后，班上自愿留下来一部分孩子参与尝试。我让他们分成小组，2个人，3个人，4个人一组都行，组员在一起商量画什么，怎么分工，谁勾勒线条，谁来画色彩，谁来补充想法，在交流碰撞中看能发生什么。很快孩子们开始小声地交流起来，孩子们会心地微笑着，走来走去地看，氛围特别温馨。

大概过了一个小时，就不断有孩子告诉我说，袁老师，我怎么画出我自己都难以想象的画了呢？以前我的画特别难看，为什么就画出这么好看的画了？

当孩子彼此交流，把自己的设想和诗情画意进行连接的时候，竟然能做出他们自己意想不到的东西。孩子们那天都惊叹自己的生命力，觉得特别的开心。

后来我们班的诗集全部都由孩子们手绘配图。按孩子们的话说，我们创造了奇迹。

总之，让孩子愉悦的东西，舒心的东西，绽放光彩的东西，对孩子有益的东西，他们能滋养孩子的心灵，积累生命的能量。

《好妈妈胜过好老师》的作者尹建莉老师说——

童年的任务不是向外延展，而是向内积累。一个人内在力量强大，才能很好地把控自己，未来才有可能处理好自己和世界的关系，在人生事务中获得主动权，这才是培养竞争力的正常顺序和逻辑。

我常常会想到一个画面：一粒种子，在肥沃的土壤中，充盈着饱足的能量，将来才可能长出最好的样子。而这个种子整个的成长时期，真的不要急，因为我们的目标不是只让他今天获胜，而是获得长久的幸福。

童年是整个人生中的一个重要阶段。我们如何为它奠基？我们最应该做的是慢养，养出内在富足的孩子，让家成为慢养孩子的花园。当我把"慢养孩子的花园"这个题目作为我公众号题目的时候，我就开始按照我的理解去写孩子们的一些经历和故事。我发现只要你慢慢地去欣赏，慢慢地去体验，慢慢去思考的时候，养孩子才可能是一种享受。

说到孩子的内在的生命力量，我就常常想起，一个鸡蛋，如果我们从外面使力，它就会破碎；如果我们从内在滋养它，它就会孕育出美丽的生命，这是成长中的一个大奥秘。

生命不是待填充的容器，而是待燃烧的火。

让我们激活它，点燃它！

本课重点：

1. 激活孩子的内在力量，育儿才可能成为享受，孩子才可能健康发展。

2. 让孩子由被动到主动，有三个关键要素：归属感、自主感和胜任感。

3. 激活孩子的内在力量有几大途径：发展孩子的感受力；读儿童诗，创作儿童诗；发展孩子优势；为孩子提供安全支持的环境。

4. 教育的本质是激励、唤醒、鼓舞。

课后思考和练习：

1. 如何让孩子主动学习？

2. 你家孩子有哪些优势？你们会提供哪些支持？

3. 为孩子买一本儿童诗集，孩子小的话就选图文并茂的那种。每天和孩子读一读，让孩子跟着仿写、改写。

话语的力量

话语是怎样的存在

我们的日常生活中，多少个瞬间，有人一句话就能伤到你，把你拖到痛苦的境地；多少个瞬间，有人一句话就能鼓励到你，让你重拾生活的勇气；多少个瞬间，我们一句话就让孩子号啕大哭，然后我们又伤心自责；多少个瞬间，孩子的一句话就能让我们感动不已，让我们觉得为他付出一切，都心甘情愿。

透过这些瞬间，我们不得不感慨话语的力量。有人说，话语是无形的利器，能助人如虎添翼，也能让你的心碎了一地；话语又像燃烧的火把，能点燃你的生命之轮，又能毁坏你的全身。话语有时候就像空气一样平常，但有时候它又能成为改变世界的重要节点。

话语真的是一个神奇的存在。

我在武志红的心理课上读到这样一句话：一个人常说的那些话，可能会成为他自己的生命预言。

在这节课里面武老师讲了一个例子。有一个女性很优秀，但是两次婚姻都失败了，失败的原因都是家暴，家暴让她伤透了心，于是她下定决心不再结婚。可是后来有一个好男人走进了她的生活，这个男人的温暖与真诚让她下定决心再次走进婚姻。

但遗憾的是结婚不久，家暴居然又发生了。这个女人就特别伤心、难过、抓狂，她就找到朋友来倾诉。正好这位朋友是学心理学的，就让她说细节，于是她就开始讲，其中有一个细节引起了心理学家的注意。她说，其实我们就是为一点鸡毛蒜皮的小事情吵架，没想到那天吵着吵着我自己火来了，就随口冒出一句话：有本事你打我，就像我爸打我妈那样！不知道为什么她就不停地重复这句话："你想干什么？你想打我？你打，你打啊！你今天要不打，你就不是一个男人……"

就在她话语的轰炸下，她丈夫就挥舞拳头打过去，然后这个女人就跟她的朋友说，你看，果真男人都不是什么好东西。

这个故事真的是耐人寻味。

武老师分析说，人是一种特别自恋的高级生物。一个人常说某些话，他自己就容易爱上那些话，他会不由自主地推动所有的事情，向着他说的话那样去发展去实现，然后证明自己的话是对的，哪怕这个结果对他不一定好，他可能无意中都会去维护他说过的话。

这让我想起我原来一个邻居。我很小就经常听她说，我们家的儿子都不是学习的料，他们肯定是考不上大学的。儿子长大后，果真都不是学习的料，果真都没考上大学。当我再看这句话的时候，就会想，真的是她的孩子不是这学习的料，还是因为这位母亲不由自主地把她的孩子推向了不是学习的料的境地？

一个美国的小男孩生活在贫民窟，这个地区整个的教育环境非常糟糕。但是这个小男孩很幸运，有一次他遇到了来他们学校考察的教育家，教育家遇到他，拉起他的小手，仔细看了看说，我会看手相，我看出来了，你将来会成为一个州长。

这个小孩特别惊讶，因为他所有的伙伴，包括他的父母、爷爷奶奶都没有人能够走出贫民窟。于是他回去就把这句话说给他的爷爷奶奶爸爸妈妈听。爸爸妈妈也很惊讶，但是因为他们非常相信教育家的眼光，也相信这个手相能够决定孩子的命运，所以他们就想方设法为孩子不断创造深造的条件。这个孩子在他 50 岁的时候果真就当上了州长。

这些故事让我们看到话语的神奇力量。话语有时候助我们梦想成真，心想事成。但是当语言成为暴力，它就会起到相反的作用。

比如有些家长这样说：

"你真是丢人！"

"你看人家孩子怎么做的，看看你怎么做的，就没见过你这么笨的！"

"谁都比你强。你就会让我操心。"

有人调查少年犯犯罪的原因。其中几个孩子都说到：妈妈说我没有用，为什么不去死，你这个猪脑子……这些孩子的生活里充斥着否定、辱骂、冷漠、刻薄。语言的暴力将他们一步一步推向了犯罪。

可是这么爱孩子的父母，为什么会对孩子恶语相向？

有人说这是因为有的父母把孩子当成自己的私有财产，有人说这是因为这些父母觉得，我要跟你说实话，免得你骄傲。还有的说，父母可能是怕孩子不能适应社会，觉得这个社会有很多不好的东西，从小让他有个适应。

这些是作为家长一厢情愿的以为。

恶语之后，效果如何呢？

有一年夏天，我在夏令营里当义工老师。有天晚上老师召集孩子们交流，分享的主题是：父母和你沟通如何，你的感受是怎样的？孩子们都知道父母对自己好，但孩子们列举种种来自言语的伤害，就像河水一般涌流出来。那些孩子回顾与父母沟通的经历都痛哭流涕，不可思议的是，这样的孩子居然超过了一半。

如果我不是亲耳听见，我真难以置信。

于是我就把这个信息传给我们夏令营的导师，导师在第二天就跟孩子们专门谈到了这个问题。他谈到的话题主要是这样的——

"受伤的人如果没有疗愈，会不自知地再去伤人。也就是说一些孩子在家里，父母在骂他，伤害他，其实是因为在他们父母小的时候也是被这样对待，就不知不觉把他学到的东西又传给了下一代。也就是说话语伤人或者不会表达爱，会代代相传。你们的父母不爱你们，是因为他们从小就不懂得如何表达爱，他们不懂得，是因为他们的父母在他们小的时候也不懂得，所以如果我们想断开这个不好的诅咒，我们就必须做出改变。"

接着老师说了两个改变的建议。

第一，我们必须去饶恕我们的父母，因为我们的父母真的不是有意这样对我们，他们是不自觉不自知地用了父母对待自己的方式。如果我们将父母的无心之过放在心里，它就会继续出来作怪，甚至通过你去影响你的下一代。唯有饶恕，才能断开这种诅咒，最终获得救赎。

第二，我们要学习如何进行爱的表达，如何说出造就人的话，让我们的话语，让我们的所想所为，成为众多人的祝福，成为下一代人的祝福。

老师的话给孩子们莫大的安慰和启示。

富裕家庭和贫困家庭孩子的差距

说到话语的力量，我特别想跟大家推荐《父母的语言》这本书。这本书是芝加哥大学妇科及儿科的教授达娜·萨斯金德博士写的，这本书记录的是他们的一项课题研究：早期的家庭教育，富裕家庭和贫困家庭孩子的差距差在什么地方？

在一般人的印象中这些家庭经济条件不同，或者父母受的教育程度不一样。可是萨斯金德博士的团队所发现的关键要素却不是这些。他们认为两种家庭的差距是：贫困家庭的孩子在 4 岁之前比中产家庭的孩子至少少听了 3000 万个词汇。

我们把这个结论放到生活中去联想一下，是不是这样？我教过一年级，有几个孩子，各个方面的学习都非常艰难，因为这些孩子处在没有父母管的境地，更不用说父母与孩子之间有多少亲密的对话互动。

萨斯金德博士说，父母的语言是世界上最珍贵的语言，父母的语言对开发孩子大脑具有最为关键的作用。

有人问，家长很忙，让孩子听录音、听故事、听音乐，不是也挺好吗？萨斯金德团队的研究是：一定要交互式的对话。如果孩子只是被动听录音、看电视，孩子在中间学到的词汇量非常少。孩子一定要跟养育者交流、互动、对话才最好。亲子对话，就像打乒乓球。父母打个球过去，孩子要回过来，这样才能激活孩子的大脑。父母们充满爱意地跟孩子对话，这样的语言才是对孩子最有帮助的。

那么父母的语言最关键的差距是什么呢？

萨斯金德博士认为是肯定语和禁忌语的运用。比如有的孩子做得好或者是需要鼓励的时候，家长总是用肯定的语言激励他，让孩子一步一步向前。但有的父母总是会有意或无意说些特别难听的话，这些话就对他们造成巨大的伤害。这两种语言的应用特别能拉大孩子之间的差距，所以关于肯定语和禁忌语的使用是家长修炼的重点。

萨斯金德博士的研究还告诉我们，人类的大脑是唯一出生后还具有可塑性的器官，它的发育几乎完全依赖于他所遇到的事情。大脑本身提供基本的规划，其余则是由父母的每句话作为材料亲自来搭建的。

孩子一生的学习行为以及健康，都建立在与父母积极的相互回应的基础上。这个结论真是激动人心的结论。当孩子出生之后，家长的智力、学历以及其他很多能力，好像可塑性都不那么强了，可是如果家长与孩子有一个积极的你来我往的回应的过程，如果家长能够刻意修炼自己的语言，对孩子依旧有很大的帮助。

心理学家还给了我们一个激动人心的消息：大脑一直可塑，家长即使不太懂这些知识，错过了，后面还有机会去创造各种各样的连接，可以帮助孩子，帮助自己激活大脑，塑造大脑。

这些研究告诉我们：交谈是让人类多方面能力同时发展的一种强大的驱动力。父母与孩子交流的质量塑造孩子的大脑和心灵。

家长要重新审视自己和孩子在一起时，该如何交流，如何使用时间。

有人总结话语的作用，非常精辟——

道歉的话，能平息一场战争；

刻薄的话，能刺透人的心灵；

真诚的话，能挽回变质的心；

谎言的话，能让人失去信任；

贬低的话，能使人失去信心；

鼓励的话，能叫人重新得力；

急躁的话，能令人心烦意乱；

赞美的话，能化解许多危机。

……

如果我们能对孩子经常说这些美好的话，且当我们说错了的时候，就跟孩子道歉，那我们带给孩子的是不是非同一般的环境？

有人说，现在孩子的比赛，哪是孩子在比？是拼爹。拼爹拼的是什么呢？是拼钱财吗？是社会地位吗？是文凭吗？是本事吗？

心理学家的研究告诉我们，拼爹拼的是父母的眼界，是父母与孩子交谈的质量。

因为有了孩子，我们不得不去认真对待我们的语言。记得孩子在很小的时候，我就因为有一些这方面的认知，便开始重塑自己的语言，与孩子的交流也有很多的心得。我跟自己相比，真的是取得了非常大的进步。确实，因为孩子，我们有了一次重塑语言、重塑大脑的机会。希望有心的父母们抓住这次机会，重塑自己的语言和大脑，重新开始新的生活。

孩子喜欢的话术

我们来设想这样一个场景：孩子背课文，半天背不会。A家长说，这么简单的东西，你还背这么久，这半天都背不会，你能学啥？你学习搞不好，将来就没出息，你知不知道？B家长说，孩子，你背了这么久，你好努力呀。我观察了一下，你背了这么半天，说明你的大脑，它的脑路比较宽，脑路很宽，就像马路一样要来回轧，你多轧了几遍以后，脑路通了，以后学东西就简单了。

第二个场景：孩子和小朋友打架了，哭丧着脸回家了。A家长说，你跟别人打架了是吧？哭什么哭！真没用！B家长说，今天是不是跟人闹矛盾了？别担心，有老爸在，老爸一定会帮你！同样的场景里，家长的回应完全不一样。不同的回应会塑造不同的孩子。

孩子和父母交谈，父母回应时要把握的尺度是怎样的？

给大家三条建议：第一，要说造就人的话，第二，要说让人快乐的话，第三，启迪心智的话。这三种是孩子成长过程中特别需要的内容。

第一，要说造就人的话，就是要给孩子良好的自我感觉。在给孩子好感觉时，常常要用到积极暗示的方法。我有一个学生，成绩不太好，凡是需要记忆的内容她一律排斥，试卷上有背诵的内容她就空着不写，她似乎也不在意自己的分数。但是这个女孩子很爱动脑筋，课外书涉猎很广，而且很喜欢做与众不同的事情。我去家访时发现她不爱记忆是因为她觉得那是死记硬背，是笨人才会干的事情。我就告诉她，你爱阅读爱思考，有自己的主见，你是一个特别富有创造力的人。但创造不是空中楼阁，掌握的东西越多，能组合的可能性就越多。孩子听了，似乎茅塞顿开了。

从此，创造性人才这个词就入了她的心。随后在语文学习中，她不再排斥背诵任务，学习很认真。不同的活动中，这个女孩更是不断展现出与众不同的创意，因为这些创意得到众人的称赞，她又会表现出更多的创造性，也越来越有信心，后来成绩也越来越好。在小学六年级的时候，她竟成了我们学校有名的大才女。这就是积极暗示的神奇作用。

很多家长不容易发现孩子的亮点，主要原因是心中的标准单一，而且太过看重学校标准，太重视他人的评价等。如果将孩子看做一个丰富的立体的拥有巨大潜力的独特的生命个体，你就能多几把尺子来看待孩子。比如善良、勤劳、诚实、细心这些美好的品性，比如绘画、运动、自省这些突出的优势才能，比如孩子一天比一天进步……这样多开启几个维度，你一定能发现孩子的亮点。

当孩子做得不好时，如何给孩子好感觉？

记得儿子低年级的时候上课常常不太认真听讲，有时候甚至坐到桌子底下去玩。有一次我就跟他说，你知不知道我们的学习有两大种方式，一个是接受性学习，一个是探究性学习。接受性学习就是老师说什么你就学什么，探究性的学习就是自己去观察，自己去查资料，自己去得出结论。

儿子说，妈妈，我这个人就是适合探索性的学习方式。我接着说，不过我还知道有一种超一流人才，他既会探索性的学习，又会接受性的学习。孩子一听，就说：我要成为超一流的人才！我用这些方式和孩子对话是为了让孩子建立良好的自我形象。因为孩子的自我形象来自他人的评价。当你用一般的标准来评价孩子，发现不能给孩子信心时，可以多一个维度的评价，给一个特别的说法。

孩子的形象立起来以后，他的整个行为都会跟着改变。有一次，一个朋友带着孩子来我家做客。孩子吃饭挑食，吃饭跟吃药似的，朋友就问我怎么办。我就跟他儿子聊。我说，你是班长，班长肯定是最厉害的人，肯定是搞学习、搞活动、吃饭都很厉害的吧。他说那当然！说完，他吃得特别带劲，把他妈妈看得目瞪口呆。由此可见，一旦孩子建立了良好的自我形象，他的很多行为都跟着会改变，这也是为什么班干部一般比普通孩子更优秀的原因。因为孩子知道班干部就应该比别的孩子更好，他对自己的要求看法都会跟着改变。

我们跟孩子讲的这一切，为他树立良好的自我形象，给他好感觉，都是为了造就他。为了造就孩子，教育者就不能说污秽的言语，污秽的言语一旦说出来，就像一滴墨水滴在清水里一样，会带来污染。

给孩子好感觉，还可以利用一些非常好的素材。中央电视台

《经典咏流传》中，一群山里的孩子合唱《苔》打动了无数人。

白日不到处，
青春恰自来，
苔花如米小，
也学牡丹开。

如果孩子学了这首诗，他就会明白，哪怕只是很小的一朵苔花，生命也要绽放，这是文学艺术带给我们的启迪。
泰戈尔的一首诗孩子们都非常喜欢：

小小流萤
在树林里，在黑沉沉的暮色里，
你多么快乐地张开你的翅膀，
你在欢乐中倾注了你的心，
你不是太阳，
你不是月亮，
难道你的乐趣就少了几分？
你完成了你的生存，
你点亮了自己的灯，
你所有的都是你自己的，
你对谁也不负债蒙恩，
你仅仅服从了你内在的力量，
你冲破了黑暗的束缚，
你微小，但你并不渺小，

因为宇宙间的一切光芒都是你的亲人。

……

我曾经让孩子们模仿这句话来说自己的感悟：你不是……难道……

有的说——

你不是学霸，

你不是多才多艺的明星，

难道你的乐趣就少了几分？

有的说——

你不是班长，

你不是引人注目的人，

难道你的价值就少了几分？

……

孩子们在说的过程中，就能看到自己的价值和乐趣。这是送给孩子特别有力量的一首诗。真的，我们每个人都很微小，但是并不渺小。

透过这些诗句，透过这些优秀作品，透过我们跟孩子说的话语，我们不断看到孩子天生就具有自主性和创造性，孩子天生就有向上生长的力量，我们所做的这一切就是把它激活，所做的这一切都是让孩子绽放出他本来就该有的光彩。在孩子成长的过程中，建议让孩子参加一些朗诵会、演讲会，比如让孩子讲"我的梦想"，孩子讲的过程中就会去思考自己想成为怎样的人，哪怕暂时不知道，他能够找到自己心目中的榜样，对于他来说就具有非同一般的意义。

第二，要跟孩子说让他快乐的话。为什么？《斯宾塞的快乐教育》在西方世界引起了非常大的反响。他说孩子在快乐的状态下学习最有效。我在与孩子一起成长的过程中，发现确实如此。另外，我们心心念念的是希望孩子获得幸福，而获得幸福的要点是快乐和有意义，所以我们在生活中要不断地制造开心的时刻。

与大家分享我的一篇随笔：

儿子 6 岁时的一天，他一早跑到我们床上来，不知道为什么就突然学鸡叫，我灵光乍现，说了一句，这是一只感冒了的鸡。这一下就把儿子的兴致激发出来，他就开始学各种各样腔调的鸡叫，我就附和说，这是一只胆小的鸡，发神经病的鸡，是一只生了金蛋的鸡，他有时候学猪叫，还故意学各种各样的怪声音，我就说这是和猪一起长大的鸡，正在抽风的鸡。儿子学会了以后，觉得特别好玩，然后他让我学鸡叫，我就故意学那种很恐怖的声音，他就说这是被恐龙当做自己的蛋孵出来的鸡，随着我的声调不断变换，他接着说，是嗓子发炎了的鸡，笑鸡，哭鸡，坏脾气的鸡，歇斯底里的鸡……说的差不多的时候，我就指着旁边的爸爸对孩子说，这是什么鸡？结果爸爸趴在那里突然就冒了一句：拖拉机，结果我们全家都笑抽了。

这样开心的早晨，带给孩子不小的心理能量。

我想揭开一个小秘密：家长为孩子做很多的事情，孩子也不一定跟你很亲，但是你跟他搞笑，你就特别容易得到孩子的喜欢。记得儿子读初中的时候，作业很紧张。他有次洗完头，头发湿漉漉的就准备睡了，我就拿毛巾不停地蹭他的头发，动作很夸张，还故意发出"滋滋滋"的声音。他就冒了一句：无论怎么蹂躏，头发就是不掉，霸王牌洗发水就是好。说完我们都哈哈大笑。儿子读初中时，我把自己折腾成搞笑分子，幽默细胞蹭蹭蹭地长，因为那时我能做的最重要的事情，就是设法制造笑点，让孩子释放，帮孩子解压。

第三，要多讲启迪心智的话。这些启迪心智的话，我们需要把优秀的书籍和影像作品拿来作为进货的渠道。因为在生活中教孩子、启迪他们心智，不大容易，但是我们把这些书拿来说，相对比较容易。

和孩子一起读书的时候，要从经典中来汲取营养，如果我们能跟孩子读大部头的书，当然最好。如果家长特别忙，我就特别推荐你跟孩子一起读诗歌与绘本。

推荐它们的第一个原因就是它们都很简短，花费时间不多，容易坚持。第二是因为它们提供的精神养料不同一般，而且让人愉悦。

诗歌是滋养孩子心灵的话，优秀的诗歌有特别的作用。绘本是集美觉、语言训练和哲思于一身的最佳亲子读物，而且是老少皆宜。

有人这样说，一个人一生至少有3次要读绘本，一个是自己在童年的时候，一个是当自己有了孩子的时候，还有一次是当你生命要走向终结的时候。可见优秀的绘本，特别适合各个年龄的人一起读。如果我们要开读书交流会，特别适合读绘本。

还有一些很好的适合给孩子们一起观看的节目，比方说《朗读者》《中国诗词大会》《一堂好课》，还有一些 APP，里面就有非常棒的精神养料，我们可以作为亲子共读的重点。

亲子共读，不只是说我们在一起很温馨，很美好就可以了，还要在一起交流讨论。在一起交流讨论，情感和思维各种碰撞交流，进行深度沟通，收获会比较大。有的孩子和家长开过读书交流会后跟我说，我真的不知道我爸爸这么牛，这么厉害，他能想到那么多我想不到的东西。我听了觉得特别好笑，当然爸爸妈妈肯定比孩子懂得更多，想得更多，可是我们平时没有机会呈现出来，而在跟孩子一起读的时候，竟能赢得孩子的心，还能把自己的人生经验生动巧妙地传给孩子。

造就人的话，让人快乐的话，启发智慧的话，孩子会很喜欢，而且受益良多。如果我们能够经常说这几类的话语，孩子一定会更爱你，并且发展得更健康。

和孩子交谈的心法

美国名校把一些著名教授的课放到了网上，最开始上网听的人特别多，可是没多久这个数量就会急剧下降。为什么会这样？有学者指出，这是因为网课缺少了人与人之间的互动交流，缺少了"场"，这样的学习对人的帮助有限。

薛涌的《一岁就上常青藤》一书中讲到，美国常青藤联盟的教学方法中最有价值最独特的部分就是互动交流。从这些学校出来的学生，都善于思考善于讨论交流，常青藤的模式让他们终身受益。所以作者薛涌认为，只要家长们掌握了要诀，平时能跟孩子探讨问题，多进行互动交流，那么孩子从小就相当于上了常青藤。

基于这个理念，结合教育实践经验，我们归纳出 3 个跟孩子交流的心法：

第一，聆听回应。

孩子的世界和成人大不相同。有几次我和全班学生（包括其他班级）交流，竟有一半以上的孩子反映说，家长总是在不了解情况的时候就把自己教训一顿，根本不听孩子的想法。所以就不愿再跟家长说什么了。

众多亲子沟通存在的问题，大多来自成人不了解孩子，就用自以为对孩子有好处的方式教训孩子，孩子却领悟不到，由此双方都产生不好的体验，小事情也弄成大事情，沟通效果就非常糟糕。

成人不太懂孩子很正常，但成人可以通过聆听来了解孩子。用专注的眼神、关切的肢体语言让孩子愿意说出自己的想法。当家长用心聆听，你会发现孩子的"生命之泉"源源不断地涌流出来。那个时候，你再跟孩子说什么，孩子就容易接受了。

如果你不知道跟孩子交流，有个最简单的办法：孩子说什么你就顺着孩子的意思说，不做评判。

举个例子：

孩子：妈妈，今天我们搞朗读比赛的选拔，老师很偏心，就选她喜欢的，真是烦人。

妈妈：今天你们班搞朗读比赛，你觉得老师很偏心，就选她喜欢的。真的是好烦人。

孩子：就是，其实我的朗读水平也很好啊，为什么老师就不选我，真是的！

妈妈：我也觉得你的朗读水平很好，真奇怪，老师不选你。怎么搞的！

……

一旦孩子的话匣子打开了，慢慢你就能知道孩子的想法和感受，你就能走进他的内心，帮助孩子处理情绪或解决问题。不管孩子说什么，家长都积极回应，而不是心不在焉或不理不睬。

当家长聆听孩子，孩子感受到自己被接纳，被理解时，奇妙的事情就会发生：孩子会启动自己的动力系统，自己消解一些负面的东西，重新得力，很多时候也能自己找到解决的办法。

第二，轮流谈话。

国外有一首《唠叨》歌，听了让人捧腹大笑。唠叨最大的问题，是单方面不停地输出。你讲的再有用，孩子没有参与，没有给你回馈，双方没有连接，效果都不会好。

家长忙碌的时候，让孩子听录音、听故事、听音乐，这只是权宜之计。注意，萨斯金德团队的研究结论是：一定要交互式的对话才是对孩子最有帮助的。

第三，引导思考。

这一条应该是最难，也是含金量最高的。

海沃塔聊天法是犹太人的家庭总结出的一套亲子聊天方法，特别棒。犹太民族是一个特别的民族，这个民族散落在世界各地，多灾多难，但他们却诞生了无数杰出的人才，从人才的产出比来说，世界上没有谁能比得过他们。犹太人的成功，家庭教育功不可没，父母持守的信仰，父母和孩子对话的内容与方式作用巨大。像扎克伯格这些人，特别受益于在家庭中的海沃塔聊天法，这种方法步骤很简单，就是通过提问、对话、讨论来研究学习某个问题。

使用海沃塔聊天法，有三组特别重要的能力：第一个是倾听和表达，它们就像交谈的引擎一样，引发谈话的方向和兴趣。第二个是探索和聚焦，它就像方向盘一样。第三个是支撑和挑战，形成想法。

怎么运用这些方法来交谈？我举个例子，儿子原来英语成绩很糟糕，他初一的时候曾经考过 40 多分。为他的英语学习我们谈过多次。有一次，我和他进行了这样的交流：

妈妈：你觉得学英语给你的感受是什么呢？

儿子：我觉得学英语实在是难受，我一学英语就浑身都痒，学别的我都挺开心的，学英语就特别难受。

妈妈：为什么你对英语的感觉这么不好呢？

儿子：小学的时候没有上过任何关于英语的什么班，但是同班同学绝大多数都上过，老师看到大家都会了，很多内容就不讲了。这样我就跟不上大部队，总觉得自己是落后分子。我的方法也不对，别人背单词可能把词根组合在一起，我就是一个字母一个字母这么硬拼在一起，记住它们就很难。老师说学英语要多听，我也没有。

妈妈：我们来分析一下，你最大的问题在哪里？

儿子：我觉得主要是基础比较弱，跟不上老师的节奏。

妈妈：嗯，确实是个大问题。基础落下不少，赶上来很难。我们设想一下，既然学英语这么难，我们不学怎么样？

儿子：如果不学英语，中考肯定会很惨，可能高中都考不上，如果高中考不上，可能就要上职业高中，或者去打工。

妈妈：那这样的结果，你愿不愿意接受？

儿子摇摇头。

妈妈：如果不会英语，那么多优秀的英语电视节目、英文书籍，可能我们也看不了。还有去世界各国旅游，出去以后都像智障人。这方面的好处我们也得不到，对不对？

儿子点头：英语很难，我还是得学。

随后我和孩子就形成了一些基本想法：从基础开始抓起。怎么办？那一年假期，我和儿子决定从新概念的第一册开始学习。因为新概念有整套教材、录音和配套练习。我可以跟他做一个学习伙伴一起学，因为他觉得一个人学实在是没有勇气坚持。和孩子一起学习，就是我给他的支撑。另外因为新概念自成体系，我们跟着一步步学习，就一定能赶上。一旦把这个想法形成以后，我们就很愉快地制定了假期计划。

初二那年暑假，所有的旅游计划我们全部取消，专攻英语，专门和他一起在家里按照听、读、背、默这样的程序，一课一课地学习。经过一段时间的努力，孩子的英语就有了起色，随后就能慢慢跟上老师的计划了。

设想一下，如果孩子学习遇到问题，家长只是说，你要努力，你要加油，不学好是不行的，他还是不知道从哪里开始努力，但经过这样一番分析研究，最后形成想法，有计划地执行，并且提供具体的支持，才能取得良好的效果。

海沃塔聊天法说起来似乎有点复杂，名字都不太好记，记住几个要点相对容易：教育者提出问题，然后引导孩子从各个角度去思考它，最后来找到一个好的解决办法。只要你始终这样去做，孩子的思维力、解决问题的能力就会不断提升。

主动积累

话语对孩子成长的力量非同一般，但家长和孩子的语言积累有限。如何主动积极的积累优质的语言呢？

最好的方式当然是朗读。关于朗读的魅力，中央电视台推出的《朗读者》表现得很充分了，可以让孩子收看，从中得到感染，激发孩子朗读的兴趣。现在我们从孩子成长的角度来说说朗读的好处，这是优秀的语文老师总结出来的：

朗读过程中，把文字变成了声音，并且伴之以节奏、韵律、形象、情感，使人进入一种美的艺术体验；经常大量朗读，可以帮助我们打开大脑表层到深层的记忆回路，记忆品质因而得到改善；诵读可以激发激情，提升自信心，增加孩子的胆量，特别是在班级诵读时可以展现优势；名篇佳作的音韵美、节奏美、气势美，文章的起、承、转、合，都能在朗读中感受到，经常朗读可以帮助孩子形成良好的语感……

可以说，朗读是一举多得的优质训练方式。

在我们教过的孩子中，朗读能力强的孩子语文不会差，综合素质往往也好。

记得儿子读初中时，我们一起诵读严凌君老师《古典的中国》前言，就被严老师诗一般的语言打动："白云深处，沿溪曲行，大槐树旁，青草池塘，竹篱斜插，青砖乌瓦三两间，前院红了樱桃绿了芭蕉，后园青竹青松青山，冬天有红泥小火炉温酒，夏夜虫声新透绿窗纱，春天燕子梁间呢喃、杜鹃远山唤归，秋天禾香麦熟、傩戏社宴……那是我的家。"

他在描绘古典中国诗意生活的方方面面之后写道：

"这是奉献给现代中国人的古典读本，是一首文化赞美诗，而不是一部历史批判稿，请你放开怀抱，品尝中国味道，体会中国性情，迷醉中国心灵，给自己一个机会，感动于中国、感恩于中国。一种语言代表一个民族数千年的心路历程，让我们面对世界，用汉语发言。"由此，我们就都爱上了中国的古典文学。

我经常带孩子朗读这段话，孩子们非常喜欢。这段话也成为孩子成长的指南——

愿意谦卑学习的孩子有福了，因为他们的生命及见识会愈来愈丰富；

愿意在比赛中为别人的胜利而欢呼喝彩的孩子有福了，因为他们明白比赛的最终目的不是输赢，而是过程中的参与和认识不少志同道合的朋友，让自己的能力得到提升；

愿意温文有礼待人的孩子有福了，因为这样容易被人喜欢和欣赏，与他为友的人会愈来愈多；

愿意认识真理的孩子有福了，因为他们自幼便知道何为善，何为恶，懂得什么是应该坚持的；

愿意专心一意的孩子有福了，因为做任何事他们都会专注投入，全力以赴，是日后梦想成真的最大动力；

愿意宽恕别人的孩子有福了，因为他们胸襟广阔，宽大为怀，会成为朋友中的盐与光，发挥其调和与照亮别人的作用；

愿意发现美的孩子有福了，因为世界有美好也有丑恶，有一双发现美的眼睛，有一双创造美的手，就能活在美好的诗意中。

愿意关心别人的孩子有福了，因为他们相信助人为快乐之本，他们的人生一定过得快乐，并且会成为他人的祝福。

可以说，朗读文质兼美的文字，不知不觉中，孩子就受到了教育，它是发挥话语力量的捷径。

想让孩子养成朗读习惯，家长也要坚持为孩子朗读，给大家几条建议——

（1）每天至少安排一个固定的朗读时间，尽量使之成为习惯。开始时一次时间不要过长，保持孩子对朗读的热情。随着孩子接受度的提高，慢慢增加时间。

（2）读故事给孩子听，要留意孩子听故事时的反应，可以让孩子参与其中，比如猜测人物想法，让孩子猜测故事的发展等。鼓励孩子听完之后复述故事。读完后与孩子讨论收获或感受。

（3）选择孩子感兴趣的内容，也让孩子选择。偶尔读一些内容较艰深的书，挑战一下孩子的大脑。多启发孩子思考，尝试跟孩子讨论书中内容。

（4）选择文质兼美的文章，尤其是诗歌，中高年级可以选择文言文。高品位高段位的文字会带来更丰富的收获。

经常朗读，会提高孩子和家长的语言能力，会促使孩子进入良性循环。

多和孩子说无聊的话

孩子们最不喜欢家长谈学习，讲空洞的道理。他们喜欢说搞笑无聊的话。其实这种"无聊"最能增进亲子关系。

吃饭、睡觉、散步……在一起就随意地说，不求孩子有什么收获，不求自己有什么形象需要树立，怎么轻松怎么好玩怎么来。这可能是和孩子交流的常态。（前文提到的刻意谈话，是遇到特别场景或者特别的时间才需要说的。）

比如——

爸爸和孩子在地上摆上了恐龙模型。

爸爸：现在这些蓝色军团和红色军团要开始打仗啦！我方是蓝色军团，高大威猛的霸王龙走在最前面，接下来后面是肿头龙，翼龙在空中进行掩护，后面的小恐龙，摆成方阵。他们要战胜红色军团取得胜利。

孩子：这边是红色军团。高大威猛的暴龙走在最前面，要和前面的霸王龙展开决斗。红色军团还把人类的坦克和装甲车也运过来了，这些威武的军车现在不发炮。他们一起轰隆轰隆向前进，把大地都震动了。

爸爸：霸王龙，过来吧！

孩子：轰！轰轰！

（蹦蹦蹦！咚咚咚！咔咔咔！两只狼，在空中转来转去，不停地碰撞，打得难分难解）

爸爸：第 1 场战斗，红色军团的暴龙获胜。让我们进行第 2 个回合，第 2 方阵的各派 3 只恐龙向前冲。

孩子：红色军团获得了第 1 场胜利！好了，现在我们的第 2 梯队又要开始战斗了。

（他们又拿出 3 只恐龙模型，在空中搅成一团，各种象声词的配合，打得很激烈，最后，4 只恐龙掉在地上，不能动了）

孩子：第 2 场战斗，双方打成了平局。一边损失了两只恐龙。

现在第 3 个梯队要一起前进了！

然后两个人都把余下的恐龙用一个大板子推着向前，一股脑的搅成了一团。

生活中常见这种无厘头的闲聊。正是这些闲暇的时光，让孩子和父母有了更加亲密的关系。

话语具有神奇的力量，愿每个家长用好这个工具。如果在生活中给孩子加以运用，你会发现跟孩子聊天会非常的享受。

本课重点：

1. 父母和孩子交谈的质和量，塑造孩子的心智。

2. 教育者要跟孩子说造就人的话，让人快乐的话，启迪智慧的话。

3. 与孩子交谈的三大心法：聆听回应、轮流谈话、引导思考。

4. 通过日常的朗读，我们可以积累高质量的语言。

5. 平日里多和孩子说无聊的话，增进亲子关系。

课后思考和练习：

1. 父母的语言对孩子有哪些作用？

2. 和孩子如何交谈会有好效果？

3. 为了提高聊天质量，在语言积累方面，你们打算怎么做？

建设成长型家庭文化

现在的孩子会面临很多问题和挑战。家长看着心疼，恨不得帮孩子承担，但这样做可能会让孩子缺少独立精神、探索精神，家长的工作也受影响。任由孩子努力，也会有缺憾。比如近来网上出现的"小镇做题家"，他们靠着刻苦努力取得优秀的学业成绩考上重点大学，但是他们的视野、综合素质不足，在工作之后，产生巨大的不适，甚至有人出现心理问题。

怎么办？

最可行的办法是建一个支持孩子成长的小系统，这个小系统中，每个人都贡献一点力量，每个人都在成长，系统的力量远大于个人力量之和。

这个小系统，就是成长型家庭。

著名亲子专家吉姆·博恩斯博士说："完美的家庭是不存在的。我们看到的好家庭，是在漫长的时间里慢慢建设出来的，慢慢成长起来的。"

成长型家庭的榜样

成长型的家庭大概什么样子？

大概在 2009 年，我们一家去广东新会参观梁启超先生故居。在那个乡村的古朴院落里，看到这一大家子人的照片和背后的故事，内心受到极大震撼。

梁启超是中国近代史上著名的政治活动家、思想家、学者和教育家，夫人李蕙仙是名门闺秀，是中国第一位女学校长，也是丈夫钦佩和倚重的"闺中良友"和得力助手。梁启超不仅自己功成名就，还和夫人携手把 9 个子女都培养成为国家栋梁，创造了"一门三院士，个个皆才俊"的家教传奇：长女思顺，诗词研究专家；长子思成，著名建筑学家；次子思永，著名考古学家；三子思忠，西点军校毕业，参与淞沪抗战，英年早逝；次女思庄，著名图书馆学家；四子思达，著名经济学家；三女思懿，社会活动家；四女思宁，新四军女战士；五子思礼，火箭控制系统专家。

这个成果真是让人惊叹。一个孩子成才，有可能是个人天赋出色，或者是其他因素。但 9 个孩子都这么成才，一定是家庭教育有过人之处。

这个家庭有什么特别之处呢？

先看几个有意思的场景：孩子们年幼时，梁启超经常让他们围坐在小圆桌旁，听他讲故事，讲那些中外历史上爱国英雄的故事，他还常和孩子们热烈地讨论国家大事、人生哲学以及治学的态度和做学问的方法，俨然就是一个家庭沙龙。

梁启超还聘请他在清华大学国学研究院的学生谢国桢做家庭教师，在家中手把手地对孩子们进行辅导。课程从《论语》《左传》，至《古文观止》，一些名家的名作和唐诗宋词，由老师选定重点诵读，并且还要背诵。孩子们每周写一篇短文，文章用小楷毛笔抄写工整。史学方面，从古代至清末，由老师重点讲解学习……

这些做法，在今天看来都很超前。

关于家庭教育，梁启超先生有很多自己的洞见。他认为教子之道要贯穿"严"和"爱"两个字。"严"出于理智，"爱"则出于情感，二者缺一不可。在学习和做人方面要"严"字当头，在生活上要以"爱"相扶。

有人将梁启超先生对子女的教育秘诀归纳为六个字：意育、智育、情育。

"意育"，即培养坚强的意志、顽强的毅力。他认为，子女们能否成才，关键是要看有没有坚强的意志和毅力，这是战胜人生一切挫折的武器。为了培养子女们的意志和毅力，他从不溺爱子女，要求子女们艰苦朴素，守住寒士家风门风，鼓励子女们在逆境中磨炼品德。

"智育"，梁启超认为，人的智商虽然大半部分是天生遗传，但是通过后天的努力学习，也是可以成为有用之才的。因此，他很注重子女们的学业，但是并不在意他们的考试成绩，而学习态度和治学精神，则是他最为看重的。

"情育"，就是今天指的情感教育，即培养子女的亲情、爱心以及自我情感的调控能力。梁启超重视亲情的陶冶，他常在家书中提醒儿女要孝敬、尊敬长辈，同时为儿女做出榜样。比如他曾告诫思顺："总要在社会上常常尽力，才不愧为我之爱儿，人生在世，常要思报社会之恩。"

在家庭教育中，梁启超还很重视方式方法。他有几点做法特别值得我们学习借鉴：

一、重视与子女的交流沟通

梁启超先生从不在子女面前摆父亲的架子，他喜欢和子女们在一起。由于工作的原因，梁启超一生都在外面奔波、忙碌，但他总是要通过书信的方式，与子女进行交流沟通。比如有一封信这样写道："宝贝，我晚上在院子里徘徊，对着月亮想你们，也在这里唱起来，你们听见没有？"在孩子面前，他就像一个撒娇、卖萌的小孩，特别可爱。当收到子女的来信时，他会迫不及待地打开来看，并且在第一时间回信。在信中，梁启超与子女谈学习，谈交友，谈生活，谈国事，甚至谈子女的恋爱问题。自己遇到事情，也会坦白相告，听取他们的建议。

二、培养子女的个人兴趣爱好

梁启超先生的子女们在不同的领域都有所建树，这归功于梁启超的趣味教育。他说："我信仰的是趣味主义……凡人必常常生活于趣味之中，生活才有价值，若哭丧着脸捱过几十年，那么生命便成沙漠，要来何用？"

三、关注子女成长的每个阶段

从早期幼教，到学校教育，到他们出国留学，再到学成回国、谈婚论嫁、就业择业，子女人生的整个过程都不会游离梁启超的视线。在全程关注的同时他又注意对子女的智商、情商、意商等进行全面培养，在其引领下，子女们个个都得到了全面发展。

梁启超先生一家生活的社会大环境其实是很糟糕的，但他却培养出国家栋梁，这个家庭活出了我们心目中成长型家庭的模样。

成长型家庭要素

成长型家庭，首先是家庭成员在其中拥有幸福感。如何让人感受到家庭幸福呢？

博恩斯博士集 25 年辅导经验、采访了几百对夫妻，他在《幸福家庭 10 块基石》一书中总结出建立幸福家庭的 10 个关键因素：

家人常在一起；

把肯定、温暖和鼓励送给孩子；

树立健康的道德观与价值观；

教育的一致性；

家庭第一，工作第二；

无往而不胜的沟通；

越玩儿越亲密；

爱你的伴侣；

生命中最好的是爱；

为孩子烹饪有营养的精神食粮。

这些要素包括了生命排序、家庭文化的核心、家人在一起相处的内容和方法等方面，认真研读，参照自己家的情况进行对比思考，会有很大的借鉴作用。

在获得幸福的基础上，再增加一些促使家人成长的要素，比如学习、锻炼、交流等，力求每个人都在其中获得更好的成长，便是我们心中成长型家庭的样子。

如果我们借鉴这些要素，给了孩子好的环境，如何让孩子吸收率更高，效果更好？

这个秘诀就是——让孩子全身心地参与其中，让身心和谐发展。

联想到根系吸收营养的过程——根系越发达，铺展的面越广，吸收的营养越丰富。借鉴到孩子的成长过程中，就知道，孩子的感官敞开，即用眼睛看，用耳朵听，用手做，用身体感受，用心感悟和思考，吸收到的营养也会越丰富。

去观察孩子的学习过程，你会发现，当一个孩子全身心投入其中，身心愉悦时，他不会累，而且效果也好。

比如，一个孩子读完某本书，随后用图画来表现人物形象，用思维导图画出文本结构，和老师同学一起观看同名电影，开读书交流会，和同伴一起表演这本书的内容……

如果几个孩子一起去森林，他们沉浸其中，去闻森林的味道，去触摸各种树木的质感，去倾听鸟的啼鸣，去制作标本，寻找几种颜色的树叶，然后在草地上写生，写诗歌，写观察日志，并且有充裕的时间逐项进行……

如果几个孩子决定一起研究某个问题，他们分别去查资料，去调查，采访，动手做实验等，最后形成一个作品展示给大家看……

孩子们身处其中，会是怎样的状态呢？会不会收获丰盛，心情愉悦？我和孩子们在一起进行过各类学习，我发现当孩子用这些身心都参与的方式学习，他们会乐此不疲，亮点不断。

与外界互动的关键

孩子逐渐长大，会不断增长社会属性。在与外界互动的过程中，我们要教给孩子的最重要的东西又是什么呢？

有一次，我班有位才女写出了一篇特别棒的作文。我读给全班听，大家惊叹不已。过了几天，一个孩子自己也写出一篇很棒的作文并交给我，说是受到那位才女的启发写出来的。但有个男孩却偷偷告诉我，听了这么优秀的作文，很受打击，觉得自己水平太差了，现在写作文都找不到感觉了。

后来我发现，这不是偶然现象。一群孩子共同经历同样的事情，各个孩子的反应会不一样，收获会不一样。比如，大家一起看一部电影，有的孩子感动得热泪盈眶，有的觉得很无聊；读一篇浩气凛然的作品，有的孩子激动不已，灵魂受到洗礼，有的却觉得奇怪搞笑；在美丽的大自然中，有的孩子会感动，沉醉，乃至沉静欣赏，有的却只在嘻嘻哈哈玩闹，对那种自然之美无感；大家都违反规则被老师批评了，有的会诚恳认错，及时改正，有的却觉得自尊心受伤了，从此一蹶不振。

为什么在孩子与外界互动的过程中，会产生如此不同的反应？

我和这些孩子深入接触之后发现，他们生长在不同的家庭，都带着各自家庭的深刻烙印；他们阅读的书不一样，精神发育史各不相同；他们的小朋友圈不同，带给他们不同的影响。这些不同，让每个孩子拥有不同的心智模式，这些心智模式会让他们对外界产生完全不同的应对机制，在与外界互动时感受到不同的东西，产生完全不同的收获和结果。

我们来回顾哈佛大学的格兰特研究：同样出自哈佛，同样出自寒门，不是他们的学历，不是他们的外貌，不是他们的智力，而是因为他们对世界的应对机制决定了他们拥有不同的人生。

小船出海的比喻耐人寻味。一艘船，能航行多远，能进行怎样的旅程，是由船舱的结构功能和水手素质决定的，它是在造船厂就预备好的。如果船的质量好，体积大，也便于修理，水手水平高素质好，那么不管是风平浪静还是波涛汹涌，它都能安然渡过，即便受伤了也能及时修复，继续朝着目标前行；反之，就无法经历风浪，也无法远行。

如果人生就像航行在大海的旅程，人的心智模式类似船，家庭就像造船厂。我们不能让大海永远风平浪静，也无法预知和控制风浪，我们能做的就是在造船厂里造出一艘高质量的船，应对海上的一切变化；我们无法创造一切环境，无法预知孩子遇到的人和事，更无法保证孩子遇到的都是对他有利的。在不断变化的世界中，我们只能为孩子养育出良好的心智模式，使它稳定和谐宽阔又富有生长性，如此孩子能自如应对他遇到的一切，这样才能领略更多风景，到达彼岸。

由此可知，应对不确定的最好方案，就是找到能以不变应万变的东西。对于孩子来说，健全的人格、良好的心智模式就是它应对未来最好的预备。对于家长来说，塑造孩子良好的心智模式，就是养育孩子的着力点。

什么样的心智模式对孩子的成长有利？

良好的心智模式建立在爱的关系上。不缺爱的孩子才能够有健康的应对机制，才能将遇到的事情朝着好的方面转化升华。

在此基础上，最重要的要素就是建立成长型思维。成长型思维由斯坦福大学卡罗尔·德韦克教授提出，这个理论被称为近几十年来心理学发展的一项重要成果。

每个孩子生来就不同，先天的东西虽然重要，但是后天的努力，后天的教育才是起决定作用的力量。所以当一个孩子，一个家庭坚信，人是可以不断成长的，一切都可能改变，那么不管他们当下的境况如何，他们就会有勇气去做出实质的改变。这种信念带来的力量是惊人的。

具备成长型思维的人，相信大脑可塑，他会把自己的前途和努力挂钩，并对自己的努力过程进行反思，做出一些优化和改善。他们想方设法来提升自己，从而赢得更多机会、更多成果。

多年前，一个来自农村的女孩子在我们学校借读。当时父母都是在菜市场卖菜的，没多少文化，也没时间关注她的学习。在小学毕业的时候，她的成绩在我们班都是垫底的。结果小学毕业的那个暑假，父母为了她能考上附近的初中，为她请了老师。这孩子刻苦学习，恶补了几年落下的功课，读初中后竟然一直在全年级名列前茅。或许她的父母并不懂成长型思维，但是被形势所逼不得不请老师去设法改变，孩子不得不做努力，没想到孩子迸发出巨大的学习热情，改变了自己的现状。她用实际行动证明，一切都可能改变。

另一个反例是：有一个孩子问题很严重，老师跟家长提出很多建议，比方说每天陪孩子读书，跟孩子在一起玩，老师每提一个建议，家长都说不可能，要么是没时间，要么是没精力，要么是孩子不配合，老师情急之下就说了一句话：你的意思是说你的孩子无可救药了！这一说才把家长吓一跳。很多问题孩子的出现就与这种心智模式有关。

很多家长在孩子读低年级的时候，充满期待和盼望，觉得孩子要成龙成凤才好。随着孩子长大，成绩一直处于令人不满意的位置，一些家长就放弃了努力，觉得身体健康就够了，甚至是活着就行了，于是孩子也放弃了努力，令人叹息。其实，孩子成绩暂时不佳，不等于永远不佳，也不等于就没有其他优势，更不等于就没有希望。孩子只是暂时没找到办法而已。如果家长和孩子都有了成长型思维，就会去寻找可能，迎接挑战，最终找到出路。

成长型思维需要提醒，需要刻意训练。

成长型思维，我们运用在生活中就常常有这样的句式：

我再试试别的办法。

我可能需要更多的时间才能搞定

我有进步，

我还有提升空间。

……

这些话我们经常说，就会有特别的作用。

孩子在成长过程中，犯错是难免的，也是必需的。更何况，未来社会充满着不确定性，我们不可能事事都能预测，都能提前做出安排。所以我们要鼓励孩子大胆去尝试。如果犯错了，犯错之后要进行复盘：这件事我们是怎么做的？如果重新来一次，哪些地方可以优化？哪些地方要省略删除？哪些事情要提前准备？

有没有更好的方案？下一步我们还可以怎样做？

经过这样的复盘训练，孩子看似不好的似乎难以挽回的经历都能变成有价值的东西，都能成为成长的一部分。

成长型思维也意味着以开放的心态拥抱未知，愿意尝试各种可能，接受挑战，不断扩大自己的舒适圈、学习圈，不断生长。

塑造强健的精神内核

著名学者钱理群先生提出了一个词：精致的利己主义者。这个词刺痛了众多老师和家长的心。因为大家明白，这些天之骄子，这些顶尖的学霸，如果是精致的利己主义者，对他本人，对生养他的父母，对社会，都是灾难。我们宁愿他们是普通的能有利于家庭有利于社会的人，至少，我们付出的心血多少能有些回报。

近些年，又有一个词引起大家注意，那就是"空心病"。说的是一些看起来素质很好的孩子，不知自己要什么，不知为何学习，内心没有什么笃定的东西。

我们不禁要问：这一路优秀的孩子为什么会这样呢？

原因当然是多方面的，可以肯定的是，我们在塑造孩子人格的时候，缺失了重要成分。

这方面，梁启超先生给我们做出了榜样。比如，梁思成、林徽因夫妇从美国学成归国后，梁启超就建议他们不要前往生活舒适的清华园，而是去条件艰苦的东北大学任教。梁思成夫妇听从了父亲的建议，埋头于中国历史建筑的教学、研究与田野考察，后来成为中国建筑学研究的翘楚。

人，需要和更大的存在连接，人需要明白，在这个世界，有东西比你大，它可以引导你，帮助你，让你不会孤单，你得有敬畏之心，不能为所欲为。

回想当年，有多少仁人志士为了国家，为了真理，为了人民愿意付出自己的一切。能让他们超越生死，超越小我的，都是崇高的、超然的所在，也是人类文明得以延续的精髓所在。当这些精神进入他们的心灵，就会激发起强大的生命能量，发出夺目的光彩。

那些高贵的为民舍命的灵魂，那些激荡人心的文字，那些带给人崇高感的艺术，那些超越了时空的文化，那些美丽壮阔的大自然……都是人们获得强健精神内核的重要载体。

尼采说，一个人知道自己为什么而活，就可以忍受任何一种生活。当孩子真正明白为什么学习，他就可能迸发出巨大的热情，激发出潜在的能力，成为学习的主人，成为对家庭对社会有益的人。

家庭文化的营造

很多人都认识到家庭是温馨的港湾，是影响每个家庭成员成长的最重要的系统。如果这个系统健康，积极向上，成员之间相互扶持，彼此成就，每个人都会获益良多。

而家庭文化，就是串联每个家庭成员的看不见的丝线，是凝聚人心形成良好系统的强大动力。

塑造良好的家庭文化，需要每个家庭成员的努力，也需要家庭成员共同的活动。下面介绍几种简单有效的营造家庭文化的方法：

一、营造仪式感，产生家庭凝聚力

仪式，能让参与其中的每个人身心都投入其中，注意力集中在共同的活动中，形成特别的凝聚力。

下面介绍几个特别有效果的家庭活动仪式：

1. 读书交流会

如果选择一件事情，坚持做，能长久受益又带来精神愉悦，非读书莫属。

如果我们要给孩子留下传家宝，让他去哪儿都能带在身上，成为他得于立足的财富，并由此带来幸福快乐，非读书莫属。

如果我们希望孩子成年后，仍能与我们有共同的话题，有深入的交流，让我们老了也不孤单，非读书莫属。

可是，想做好读书这件事并不容易。

每个人生来就爱学习，学习打鱼，学习织网，学习生火做饭，学习说话走路……学习早已刻入我们的基因。但是阅读是教育普及以后才有的产物，它走入平常百姓的生活不过百年，作为一种复杂的学习方式，它还没有刻入基因。

所以阅读能力需要刻意训练。在家庭中进行这种训练的最好方式，就是读书交流会。家庭读书交流会可以促使家庭成员进行深度沟通，积累语言，发展语言，建立亲密的亲子关系，形成家庭文化。家长的很多人生经验，很多人生感悟，不用通过空洞的说教，而是可以通过读书交流的方式来教给孩子，这样做孩子比较容易接受。

简言之，读书交流会一举多得，益处多多。

亲子共读的书目，首推经典的绘本。

经典的绘本适合所有年龄的人阅读，是可以一辈子阅读的书。绘本中各式风格的绘画，感人的故事情节，生动的人物形象，内涵的丰富性使它天然地适合孩子的天性，又具有奇妙的生长性。不同的人都能在其中感受到心灵的悸动，并得到生命的启迪。比如《一片叶子落下来》《獾的礼物》，用孩子能理解和接受的方式，诠释着死亡的概念，抚慰孩子的心灵，帮助他们迈过那难以逾越的坎；《花婆婆》《活了一百万次的猫》通过主人公探索的故事，给读者探索生命的特质和意义的线索；《田鼠阿佛》《小黑鱼》讲述一些特别人物的独特价值，引发认识自我的思考……

经典的绘本具备丰富的统整性，还可以扩展成一系列的家庭活动。比如《敌人》这一本书，一家人可以一起讨论关于战争，关于冲突的问题；可以一起表演，再现绘本表达的场景；可以一起绘画，进行想象力的训练……

绘本所具有的丰富内涵和深刻的哲理有助于帮助孩子进行思维训练。绘本的魅力，一大半是带来思维和思考的提升。提出合适的层层深入的问题，家长和孩子一起交流，家长借此可以交流自己的人生感悟，就让孩子的思维上升一个层次。

还有一个重要原因，就是它短小，容易在较短时间里读完，方便家人交流。

我在班上给孩子讲过十来篇绘本，每一篇都让他们爱不释手，啧啧称奇，无论是学习成绩好的，还是不够好的，孩子们对绘本的喜欢都溢于言表。我们也曾引导一个班的家长带领孩子一起读绘本，家长和孩子都觉得受益匪浅。

所以我相信，绘本是超越年龄，超越各种差异的。

孩子读初中后，建立人生观价值观的要求会浮现出来，阅读要求也更高了。如果有余力，建议一家人一起读《青春读书课》系列丛书（严凌君老师编著）。这套书选材、立意、编撰都具有较高水准。一经问世，得到众多同行和学者的高度赞誉。它的每篇文章都写了导读的内容，这些导读对于一家人阅读品位的提升有非常大的帮助。大家可以试试。

开读书交流会的时候有几个注意事项：

第一，要营造认真交流的环境，要有仪式感。如果随便看看随便读读孩子不在意，就不容易进入，所以开读书交流会要把手机放一边，特意铺上桌布（显示与平时的不同），把茶水都准备好，提前把自己的笔记本准备好，有这样的仪式感，孩子就知道我们要进行一个非常正式的活动。

第二，交流时多用问题引导的方式。尽可能不要直接说结论，让孩子自己思考得到收获。

第三，不断地给予积极正面的反馈。孩子最开始可能什么也说不出来，家长切忌这样说："你怎么不会动脑筋呢？这么简单你想不出来？"这样说的话，孩子以后就不愿意再说了。只要孩子开口，家长都给他积极正面的反馈，如果孩子什么都说不出来，家长可以先示范一下。

我以《失落的一角》这本书为例来讲怎么引导孩子讨论。《失落的一角》是绘本大师谢尔·希尔弗斯坦的作品。它的基本故事情节是这样的：有一个圆，失落了一角，很不开心，它就一直寻找，历尽千辛万苦去找失落的角，找的过程中有的角大了，有的角小了，后来它找到了最合适的一角，成了一个圆满的圆。

没想到这样一来滚得特别快，结果周围的风景看不到了，跟朋友聊天也没办法聊了，所以它最后又把找到的这个角放弃了。

这个故事情节很简单，如果孩子自己读可能 10 分钟就读完了，读完了孩子可能也想不到很多。如何引导孩子进行思考呢？最重要的方式就是提出问题，把孩子的思维一步一步引到更高的层次。这样孩子的思维力才能得到训练。最常用的问题有：本书大概讲了什么？哪些地方不好懂？由这本书你联想到哪些人或事情？分析一下主人公的前后变化，看看你从中得到什么启发。

有可能的话就让孩子跟同伴交流。有些孩子只能想到某一个点，听到同学交谈以后，好像思路就全部都打开了。因为孩子跟他同龄人的交流，思维的激荡、启发真的跟成人在一起时不一样。

读书交流会最好每周固定办一次，坚持下来就会看到家庭成员能养成深度沟通的习惯，这对于形成家庭文化特别奏效。

2. 年终盘点

鲁迅先生有一个习惯——每年的最后一天进行一年的总结，这个习惯让他受益终身。这个做法我们家学习借鉴了 20 多年了，获益良多。我们把这个做法叫作年终盘点。

年终盘点的好处有哪些呢？

第一个好处就是能"美化"我们的经历。

时光其实是靠回忆来定性的。通过我们的解读，它可以是美好的，也可以是令人沮丧倒霉的。当我们回忆一年走过的路时，我们会有选择地提取对我们有益的经历，反思它给我们带来的好处，也会重新解读曾被情绪左右的事件。那些刻骨铭心的痛苦，暂时封存。等到适当的时候，我们会用温暖的色调去看待，而不至于成为不断作痛不断作乱的伤疤。

美化的结果就是觉得自己很幸运，很幸福。这种良好的暗示对日后有很好的引领作用。

第二个好处就是看到一些变化趋势，更清楚什么是自己生命中最重要的。

比如，我们1998年的记录，工作方面占了很大比例，别的方面乏善可陈。当时搜肠刮肚也只记了几件值得记录的事情。但2008年后，我们的生活发生了比较大的变化。看到那年发生的大事，我们就知道是什么改变了我们的生活，什么是我们要坚守的。去年的年终盘点，儿子密密麻麻记录了很多。10年前我们认为的大事，在2015年的记录里，就只有一句话带过去了。这种更开阔更丰富的生活正是一年一年的年终盘点迭代产生的。

第三个好处，就是不断提示家人做时间的朋友。

小时候觉得时间漫长得用不完，而现在，就感觉时间匆匆走过，根本留不住。当我们记录下来，所有经历的时间像电影一样在眼前播放，就能重温着时光的美好，提醒着我们的幸福。将他们放进时间的胶囊，就让我们感觉到生命有了足迹，有了质感。

年终盘点可以分三步——

第一，营造愉悦的环境。一家人围坐在一起，准备好茶点，手机静音，拔掉电话线。避免被外界打搅。

第二，自由说出这一年值得记录的事情，由一个人记录。可以按照时间顺序回想，比如一月份开始，直到十二月份，也可以按照工作、家庭、个人成长、社交、信仰、健康几个方面来归纳。自己在微信朋友圈发过的信息，手机或相机里的照片都是整理的线索。在这个过程中特别容易有成就感，留下的记录证明了我们的努力。至少我们可以聊以自慰。

第三，将重要的事情拎出来再次解读。经历过的事情，当时的想法和放了一段时间后的想法会不一样。到了年终总结的时候，会放在一个时间流里来看待。这时候的记录可能会改变角度，提升认识，最终归到精神财富账户里面。

3. 精心时刻

和每周固定的读书交流会和一年一度的年终盘点不同，精心时刻是根据情况不定期进行的。

比如节假日去大自然游玩。大自然是巨大的宝藏，大自然是最好的老师。节假日哪怕到大自然中去玩半天，身心的疲惫就能一扫而光，生命的热情重新生发出来。有时候，可以在大自然中开读书交流会，那种快乐舒展会治愈一段时间的问题。一家人还可以一起做美食，做游戏，做家务，修理家里的东西等，让家庭充满生活的气息，快乐的气息。

比如召开家庭会议。针对家庭发生的大大小小的问题，大家坐下一起讨论，深究原因，达成共识，商量对策，分工协作。召开家庭会议时可以让家庭成员相互说优点，这些优点要有具体的事例说明，这样就能彼此赋能。

比如举行生日庆祝会。每个家庭成员过生日的时候都特意庆祝一下，让每个人感受到自己的重要之处。

比如一家人一起晚餐时，有一点开心的事情就可以做"烛光晚餐"，用浪漫的氛围加持每个人的好感觉。

还有一件事不定时间，不点地点，随时可以做的，那就是感恩。

一家人常常在一起感恩，就容易发现生活中的美好，容易产生积极正面的情绪，树立自信，容易交到更多朋友，好处多多。

还有，孩子们最爱的家庭游戏，有空就刻意带孩子做。

这些事情，坚持做下来，时间会带给你巨大的复利。

当孩子进入一个全员都在认真参与的环境中，仪式感就产生了。在郑重的仪式中，每个人都是身心全然投入，这个时刻，孩子的身心最容易与环境共鸣共振，心灵得到滋养，生命的成长就会自然而然发生。

除了充满仪式感的事情，我们还应该刻意做一些天天进行的"实诚"事情，比如让孩子天天做家务，天天进行亲子阅读，每个人起床睡前固定做一些有益身心的事情，培养良好的习惯。好习惯，是形成家庭文化最坚实的力量，能助我们在不费力的情况下，形成最有价值的能力。

二、不断调整家庭平衡轮

每个家庭成员都会遇到各式各样的问题，家庭成员之间随着时间和事情的变化，也会跟着发生变化。隔一段时间，家人可以根据新情况在一起反思，进行适当的调整，这样就可以及时解决问题，找到方向。

可是根据什么来反思呢？用什么方式简单有效？

常言道，清官难断家务事。家庭文化能有什么测试方式吗？可是一个家庭就是一个系统，若没有任何检测标准，如何能形成一个好系统？

有一年，戴钊老师来给我们讲课，讲到了家庭平衡轮，大家茅塞顿开。后来，我们在一个人才课程学习中，多次担任了家庭日活动的义工老师。每一次家庭日活动，都以家庭为单位进行。我们发现，每家人画各自的家庭平衡轮的时候，兴致很高，一家人在一起讨论时特别热烈。当他们发现自己家庭哪些地方做得好，哪些地方要加强时特别兴奋。特别是孩子画出未来家庭愿望图的时候，很多家长都深受感染，在孩子的引领下，家长们似乎找到了努力的方向。大家都受益匪浅。

那一次，我们进一步认识了家庭平衡轮。家庭平衡轮是戴钊老师在《自我教练：迈向自我实现之路》一书中提出来的。戴钊老师将查理·佩勒林的领导力系统理论应用到家庭环境中，提出了家庭第五力模型——家庭平衡轮。用这个平衡轮来表示家庭的"圆满"程度，非常形象直观。

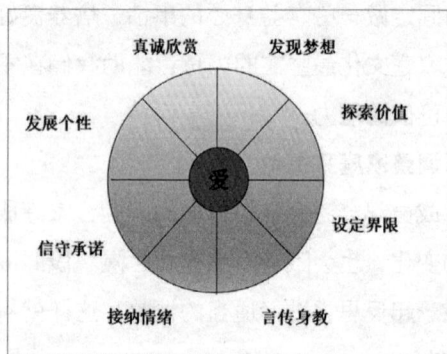

图 4.3

分数越高，弧线越接近圆周；分数越低，弧线越接近圆心。每个方面大家凭直觉打分，从 1 分到 10 分不等。[如果每个维度家人凭直觉评分（0—10）都达到 10 分，这个家庭就是圆满的了。] 如下图所示：

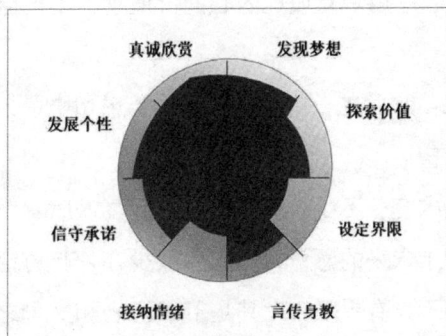

图 4.4

如果发现某个方面欠缺，就重点在某些方面加强。

戴老师还提供了一套家庭文化测评表，分别对应以上维度，对于我们建设家庭文化有非常好的指导作用——

真诚欣赏：家人彼此欣赏感激，并且用言语行为表达认可、鼓励和感谢。

发展个性：家人彼此之间了解并尊重各人的个性，帮助家庭成员发展个性与兴趣。

信守承诺：父母严格地遵守所有约定，承诺在破坏约定之前重新商讨有问题的约定。

接纳情绪：在家人有了情绪的时候，不指责不判断，而是接纳同理，谈论关心接纳彼此的感受，有心灵层面的联结。

言传身教：父母成为孩子学习的榜样，父母要求孩子的，父母自己先做到。

设定界限：每人承担自己该承担的责任，对应该做、不该做的事情有清晰的界限。

探索价值：了解尊重彼此内心的价值观，不把自己的价值观强加给家人。

发现梦想：家人在一起谈论家庭的梦想和愿景，并且在一起分享未来的希望。

参考这些内容，不少人发现配偶之间真诚欣赏做得很少；不少人发现，对于未来的愿景，一家人很少在一起讨论；不少人发现，家人之间不大有界限，尤其是爷爷奶奶和父母之间……这些发现和反思，能促使家人做出一些调整，使得家庭文化有高质量的提升。

三、回到"你是谁"来解决难题

每个人在工作和学习的过程中都会遇到问题。孩子遇到小问题，摆事实，讲道理，会比较奏效。但较大问题出现时，你会发现，就事论事没有用，建议用什么方法，也没有用。

那怎么办？

这时候，提醒对方回到自己的身份，知道"你是谁"很管用。

有一次，我的学生一大早找我辞职，说当组长太憋屈了，我引导他想的就是：你想成为怎样的人？如果想训练自己的领导力，应该怎样做？说到这里，那孩子就知道怎么做了。

类似情况，我都用这个办法来引导，效果都不错。

关于这个问题，我们来使用庄荣辉老师教给我们的有趣实用的模型——灯塔人生，比较清晰。

我们用"灯塔人生"来比喻人生的形态。灯塔划分为六层。第一层叫环境，第二层叫行为，第三层叫能力，第四层叫信念价值观，第五层叫身份角色，第六层就叫愿景。

图 4.5

第二层的行为，很多家长都特别地在意。因为我们总会发现孩子身上有一些不良的行为，总是希望他改过来，我们的办法常常是唠叨、说教，最后的效果总是不太满意。

我们要转变这个行为，如果只是定睛在行为本身，效果确实不好。我们有没有特别好的办法？

想转变孩子的行为时，最好的办法是去到五层，改变身份。

给大家举个例子。儿子小时候比较喜欢军人，不怕苦不怕累，但他就是怕一点，怕理发。每次到理发店，阿姨把他的头一摸，他就浑身痒，像泥鳅似的溜来溜去，搞得我们每次都很难办。

后来有一次我们小区来了两位战士，妈妈看到军人就突然来了灵感，就走过去对战士说：同志，我想请你们帮个忙，我儿子特别崇拜你们军人，但是他有一个问题，就是特别的怕理发。我想请你们去跟他谈一谈，告诉他军人需要理发，而且理发有很多好处，比如说流汗容易擦，头部受伤容易包扎，希望他能够对理发有一个喜乐的心态。战士一听，很爽快地答应了。

他们来到我儿子面前，我儿子抬头一看，突然看到两个真正的军人站在他的面前，简直是惊呆了，整个人变得像雕像一样。

军人叔叔对他说：小朋友，我们看出来你很像一个小战士，只是你的头发有点长。然后军人叔叔把帽子取下来，继续说，你看我们，经常要理发，要把头发理得很短，为什么要这样？我们训练的时候如果说流汗或者受伤，无论是擦汗，还是包扎，都非常方便。你这么喜欢军人，我们相信你是一个勇敢的孩子，所以你以后要经常理发。儿子一边认真地听，一边不住地点头。

奇怪的事情发生在后面。几天后我们带他去理发，理发的阿姨一看见儿子就苦笑，因为之前儿子来剃头的表现让她无比紧张，但这一次跟以前不一样。儿子整个神情都非常的镇定，一点都不乱动。阿姨兴奋地问道：你怎么变啦？你怎么突然能做到不动了呢？儿子严肃地说，军人叔叔说了，理了发便于擦汗，万一受伤还容易包扎，我是小战士，所以我要好好理发。

在这个故事中，我们就看到了行为和身份的互动，我们就巧妙地借用军人的身份来转化他这个行为，没想到问题居然迎刃而解。

有了这一次的启发，后来我们对学生行为的转变，也刻意应用身份的作用。学生平常的阅读时会读到很多的人物传记，总会有他喜欢的人物，看过的电视剧，那些他们崇拜的人，孩子都会记在脑子里。那么当孩子有不好的行为时，我们就用一个相应的人物，借用他曾经做过的事情，来转变孩子的行为，找到一个榜样，孩子的行为就比较容易改变了。

二层的行为和五层的身份，是一组对应的关系，我们千万不能把顺序搞反了。比如说你表扬孩子，你就不能只盯着五层的身份，你一定要盯着二层的行为，比如说一个孩子他在那儿下棋，水平还蛮不错的，结果你马上表扬他，你太厉害了，你简直就是棋王。你的这句话一出口，你表扬的就是身份，是给他贴了一个标签叫棋王，对这个孩子来说其实并不是好事，为什么？他很喜欢你给他的这个身份。他以后就会尽量地少下棋，尤其是不敢找高手下，为什么？他怕下输了，就保不住自己棋王的身份了！他会往后退缩。

那该如何表扬他呢？就是根本就不管他的身份，直接说你看到的行为：刚才你这一步跳马跳得真是很漂亮，一下子憋住了对方的马腿，你自己把整个的右侧全部盘活了，这一步真的走得很妙！你就表扬他的某一步行为。这是很好用的心法。

我们学了一系列课程，值得思考的地方很多。我们一直关注的，是如何抓住家庭的核心，让养育孩子的过程，变成一个幸福的过程。现在我们做一个梳理总结。

第一，文化与哲学的思考，让家人静心。在宏观层面，在哲学和文化的高度上有一些深入的思考，会帮助我们静下心来。

第二，渐变与平衡的规律，让父母安心。孩子的行为改变有一个缓慢的过程；孩子的内心，跟外在的身体之间要找到一个平衡点。渐变与平衡，是有规律的。掌握这些规律，顺势而为。

第三，生发与滋养的守望，让孩子舒心。孩子就像种子一样，需要自己生发，还要得到良好的滋养，家长只能在旁边守望，适当地加点水加点肥，这种温柔的守望，对孩子更有益。

第四，安全和支持的环境，让家庭养心。父母为孩子营造安全而支持的环境，养孩子的心，也养每个家人的心。

愿我们每一位家长，都能通过自己的努力，成为孩子最喜欢的大人，成为我们的孩子最美好的祝福。

课后思考和练习：

1. 一家人在一起画一下家庭平衡轮。

2. 结合自己家庭的情况，想一想为建立成长型家庭，你们要做哪些改变？

3. 回顾学完的内容，想想哪些课带给你特别大的启发？如何建设成长型家庭？一家人一起讨论后，列出一个家庭行动计划。

参考文献

1. 皇甫军伟著：《家庭教育的捷径：以心养心》，广西师范大学出版社，2012 年。

2. 陈鹤琴著：《家庭教育》，华东师范大学出版社，2006 年。

3. ［美］黄丽熏著：《挥别教养十大迷思》，四川大学出版社，2012 年。

4. ［美］约翰·布雷萧著：《家庭会伤人》，四川大学出版社，2007 年。

5. ［美］泰勒·本-沙哈尔著：《幸福的方法》，汪冰、刘骏杰译，中信出版社，2013 年。

6. George E. Vaillant, Triumphs of Experience：the Men of the Harvard Grant Study, BelKnap Press of Harvard University Press, 2012.

7. ［美］卡尔·罗杰斯著：《论人的成长》，石孟磊等译，世界图书出版公司北京公司，2015 年。

8. ［美］黄维仁著：《亲密之旅》，中国轻工业出版社，2010 年。

9. ［美］乔纳森·海特著：《象与骑象人》，李静瑶译，浙江人民出版社，2012 年。

10. 年糕妈妈李丹阳著：《你的亲子关系价值千万》，北京联合出版公司，2019 年。

11. ［美］简·麦戈尼格尔著：《游戏改变世界》，闾佳译，浙江人民出版社，2012 年。

12. 郑红峰注：《中国家训大全》，吉林出版集团有限责任公司，2011 年。

13. ［美］阿尔伯特·埃利斯著：《拆除你的情绪地雷》，赵菁译，机械工业出版社，2016 年。

14. ［美］托马斯·戈登著：《父母效能训练手册》，宋苗译，天津社会科学院出版社，2009 年。

15. ［美］安东尼·比格兰著：《温暖的孩子》，杨帆译，机械工业出版社，2016 年。

16. ［美］玛格丽特·米德著：《萨摩亚人的成年》，周晓虹、李姚年、刘婧译，商务印书馆，2010 年。

17. ［美］迈克尔·古里安著：《核心天性教养法》，严霄霏译，中国人民大学出版社，2015 年。

18. ［美］达娜·萨斯金德等著：《父母的语言》，任忆译，机械工业出版社，2017 年。

19. 周弘著：《周弘：赏识你的孩子》，广东科技出版社，2004 年。

20. ［美］亨利·克劳德、约翰·汤森德著：《为孩子立界线》，吴苏心美译，海天出版社，2009 年。

21. ［美］约翰·汤森德著：《为青少年立界线》，蔡岱安译，四川大学出版社，2007 年。

22. ［美］亨利·克劳德、约翰·汤森德著：《过犹不及》，蔡岱安译，四川大学出版社，2003 年。

23. ［苏］苏霍姆林斯基著：《给父母的建议》，罗亦超译，长江文艺出版社，2021年。

24. ［英］东尼·博赞等著：《思维导图》，叶刚译，中信出版社，2009年。

25. 李晓鹏著：《高考状元的屠龙宝刀》，光明日报出版社，2014年。

26. ［美］戴维思著：《这样学习最有效》，南海出版公司，2001年。

27. ［美］丽莎·米勒著：《灵性孩子》，王欧娅译，上海社会科学院出版社，2017年。

28. ［美］罗伯特·弗里茨著：《最小阻力之路》，陈荣彬译，华夏出版社，2021年。

29. 王宜振编著：《现代诗歌教育普及读本》，西安电子科技大学出版社，2016年。

30. 丁云著：《儿童天生就是诗人》，北京师范大学出版社，2011年。

31. ［美］卡茜·凯奇著：《孩子不同，智能不同》，以诺、翦宇译，江西人民出版社，2008年。

32. ［美］福斯特·克林纳、吉姆·费著：《爱与理智》，王璇译，群言出版社，2007年。

33. 黄河清主编：《家庭教育学》，华东师范大学出版社，2014年。

34. 戴钊著：《自我教练：迈向自我实现之路》，机械工业出版社，2015年。

35. ［美］吉姆·博恩斯著：《幸福家庭10块基石》，于冰译，内蒙古人民出版社，2006年。